本成果得到以下资助：

▶ 湖北省社会科学基金（2018025）

▶ 湖北省普通高等学校人文社会科学重点研究基地
  ——武汉城市圈制造业发展研究中心

▶ 湖北省重点学科——管理科学与工程

▶ 湖北省省属高校优势特色学科群——城市圈经济与产业集成管理

改革开放40年
湖北工业经济
发展研究

Research on Industrial Economy Development of
Hubei Province in the Past 40 Years of Reform and Opening-up

邹　蔚◎著

中国财经出版传媒集团

 经济科学出版社
Economic Science Press

图书在版编目（CIP）数据

改革开放 40 年湖北工业经济发展研究/邹蔚著 . —
北京：经济科学出版社，2019.3
ISBN 978 - 7 - 5218 - 0398 - 3

Ⅰ.①改⋯　　Ⅱ.①邹⋯　　Ⅲ.①工业经济 - 经济发展 -
研究 - 湖北　　Ⅳ.①F427.22

中国版本图书馆 CIP 数据核字（2019）第 051872 号

责任编辑：刘　颖
责任校对：郑淑艳
责任印制：李　鹏

改革开放 40 年湖北工业经济发展研究

邹　蔚　著

经济科学出版社出版、发行　新华书店经销

社址：北京市海淀区阜成路甲 28 号　邮编：100142

总编部电话：010 - 88191217　发行部电话：010 - 88191522

网址：www. esp. com. cn

电子邮箱：esp@ esp. com. cn

天猫网店：经济科学出版社旗舰店

网址：http://jjkxcbs. tmall. com

北京季蜂印刷有限公司印装

710 × 1000　16 开　15.75 印张　250000 字

2019 年 3 月第 1 版　2019 年 3 月第 1 次印刷

ISBN 978 - 7 - 5218 - 0398 - 3　定价：48.00 元

（图书出现印装问题，本社负责调换。电话：010 - 88191510）

（版权所有　侵权必究　打击盗版　举报热线：010 - 88191661

QQ：2242791300　营销中心电话：010 - 88191537

电子邮箱：dbts@ esp. com. cn）

前　言

　　工业作为国民经济的重要组成部分，长期以来占我国 GDP 的 40% 左右，在国民经济中具有举足轻重的作用。经过改革开放 40 年的持续快速发展，我国工业已经建成了门类齐全、独立完整的产业体系，有力地推动了工业化和现代化进程，促进了综合国力和人民生活水平的显著提高。

　　改革开放 40 年，湖北经济社会也取得了快速发展，从 1978 年的前工业化阶段，到 2017 年基本完成了工业化中期以及部分后期的发展目标，正逐步向后工业化阶段迈进。在这一发展过程中，工业的作用也日益凸显。因此通过对改革开放 40 年湖北工业的相关数据运用 DEA 模型、Malmquist 指数、三阶段 DEA – Malmquist 指数模型、区位熵、回归分析、灰色分析等方法测算和分析湖北工业经济的绩效、能源消耗及结构、创新能力、开发区的经济发展，对于深入了解和掌握湖北工业经济发展的历史与现状，促进湖北工业经济持续健康发展具有重要的理论与实践意义。

　　本书以"总—分—总"的形式对改革开放 40 年湖北工业经济发展进行研究。

　　1. "总"：改革开放 40 年湖北工业经济发展的概况分析

　　（1）改革开放 40 年湖北经济发展概况分析。深入分析、了解湖北在"六五"计划至"十二五"规划期间的经济发展情况，以及第一、第二、第三产业和工业发展对全国经济的贡献。

　　（2）改革开放 40 年湖北工业经济发展研究。对改革开放 40 年湖北工业经济规模以上工业总产值等发展情况进行详细分析，从总体上了解和掌握湖北工业的发展情况。

　　2. "分"：改革开放 40 年湖北工业经济发展的特性分析

　　（1）改革开放 40 年湖北工业发展绩效分析。在工业绩效的理论基础上，对改革开放 40 年湖北工业发展的绩效进行静态（DEA 模型）、动态（Malmquist 指数、三阶段 DEA–Malmquist 指数模型）分析，并对各产业主营业务收入和利润总额在全国的地位与作用（区位熵）进行详细分析，以客观、科学地评价湖北工业 40 年的发展绩效。

（2）改革开放 40 年湖北工业能源消耗分析。在工业能耗的理论基础上，对改革开放 40 年湖北三次产业和全行业能耗结构进行分析，进而深入分析湖北工业能耗及其与工业发展、工业万元能耗的关系；通过对工业能耗的回归和灰色分析，对湖北工业能耗的未来发展态势进行预测和分析。

（3）改革开放 40 年湖北工业创新能力分析。改革开放 40 年湖北工业绩效和能耗的分析都凸显了创新对湖北工业发展的重要作用，因此，在对改革开放 40 年湖北专利申请与授权等方面进行深入分析的基础上，对湖北工业的创新能力与全国其他地区进行比较与评价（DEA 模型）；进而通过对湖北与全国的"综合科技进步水平指数"的分析，对科技创新对湖北工业 40 年的发展促进作用进行评价。

（4）改革开放 40 年湖北开发区的发展分析。改革开放重要特色——开发区的设立，无疑对工业的发展具有重要的作用，因此在对全国开发区总体概况进行分析的基础上，分析了开发区对湖北工业经济发展的作用，并从占地面积等方面对湖北开发区的经济发展进行了比较研究，进而对湖北 131 个开发区和 17 个国家级开发区的经济发展进行了评价分析（DEA–Malmquist 指数）。

3. "总"：改革开放 40 年湖北工业经济发展的评价总结

在本书的撰写过程中，曾经的研究生宋维玮，在读研究生陈梦雪、彭锐，即将赴英国深造的本科生刘昌健等同学都进行了前期大量数据、资料的搜集与整理工作；江汉大学商学院、武汉城市圈制造业发展研究中心的同事们也提出了很多宝贵的建议，在此表示衷心感谢！

在本研究成书的过程中，参阅了国内外大量的参考资料，在此谨向文献的编著者表示诚挚的谢意。由于水平有限，时间仓促，书中难免有错误和不足之处，恳请不吝指正，以便在后续的研究工作中改进与提高。

邹蔚

2019 年春于武汉三角湖畔

目 录

第1章
导　论

1.1　改革开放40年中国经济社会的巨大变化

自1978年12月，以党的十一届三中全会为标志，中国开始实行对内改革、对外开放的政策。经过40年的改革开放，我国的经济社会发生了巨大的变化（见表1–1）。

表1–1　　　　　　　　　　1978年与2017年中国经济指标增长比

指标	单位	1978年	2017年	增长倍数	年均增长率(%)
年末总人口	万人	96259	139008	1.44	0.95
就业人员数	万人	40152	77640	1.93	1.71
GDP	亿元	3645.2	827122	226.91	14.92
第一产业	亿元	1027.5	65468	63.72	11.24
第二产业	亿元	1745.2	334623	191.74	14.43
第三产业	亿元	872.5	427032	489.43	17.21
三次产业结构		28∶48∶24	8∶40∶52	—	—
GDP世界排名*		7	2	—	—
GDP占世界的比重	%	2.78	15.56	5.60	—
美国GDP	亿美元	28624.8	193621.3	6.76	5.02
中国GDP占美国的比重		10.67	63.23	—	—
人均GDP	元	381	59660	156.59	13.84
城镇居民人均可支配收入	元	343	36396	106.11	12.70
农村居民人均纯收入	元	134	13432	100.24	12.54

续表

指标	单位	1978 年	2017 年	增长倍数	年均增长率(%)
一般公共预算收入	亿元	1132.3	172567	152.40	13.76
一般公共预算支出	亿元	1122.1	187755#	167.32	14.42
能源生产总量	万吨标准煤	62770	346000#	5.51	4.59
能源消费总量	万吨标准煤	57144	449000	7.86	5.43
货物出口额	亿美元	97.5	153321	1572.52	20.77
货物进口额	亿美元	108.9	124602	1144.19	19.79
汽车产量	万辆	14.9	2901.8	194.75	14.47
社会消费品零售总额	亿元	1558.6	366262	234.99	15.03
铁路客运量	万人	81491	308000	3.78	3.47
民航客运量	万人	231	55000	238.10	15.06
邮电业务总量	亿元	34.1	37321	1094.46	19.65
人民币各项存款余额	万亿元	0.1	164.1	1641.00	20.90
普通高等学校专任教师数	万人	20.6	160.2#	7.78	5.55
普通本专科在校学生数	万人	85.6	2753.6	32.17	9.31
执业(助理)医师	万人	97.8	335	3.43	3.21
医院床位数	万张	110	785	7.14	5.17

注：#为 2016 年数据，＊根据"世界经济信息网"1980 年和 2017 年的名义 GDP（单位：亿美元）计算得到，http：//www.8pu.com/gdp/ranking_1980.html，http：//www.8pu.com/gdp/ranking_2017.html。

资料来源：根据《中国统计年鉴》（2018 年）、《新中国 60 年》整理。

我国国内生产总值（GDP）从 1978 年的 3645.2 亿元增加到 2017 年的 827122 亿元，增长了 204.14 倍，年均增长率达到了 14.92%；第一、第二、第三产业分别增长了 63.72 倍、191.74 倍和 489.43 倍，分别实现年均增长率 11.24%、14.43% 和 17.21%，产业结构从 1978 年的"二一三"（三次产业比为 28∶48∶24）结构变为 2017 年的"三二一"（三次产业比为 8∶40∶52）结构；我国 GDP 占世界的总量从 1980 年的 2.78% 到 2017 年上升到 15.56%，中国 GDP 占美国 GDP 的比重也从 1980 年的 10.67% 上升到 2017 年的 63.23%，成为仅次于美国的世界第二大经济体。

我国人均 GDP 从 1978 年的 381 元增加到 2017 年的 59660 元（2017 年，中国以人均 9481.881 美元排名世界第 70 位；美国以人均 60014.895 美元排名

世界第 5 位；卢森堡以人均 111062.792 美元排名世界第 1 位），增长了
156.59 倍，年均增长率达到了 13.84%；同期年末总人口则由 96259 万人增加
到 139008 万人，增长了 1.44 倍，年均增速为 0.95%，因而导致人均 GDP 的
增速略低于 GDP 的增速；城镇居民人均可支配收入、农村居民人均纯收入分
别从 1978 年的 343 元、134 元增加到 2017 年的 36396 元、13432 元，均增长
了 100 多倍，年均增长率超过 12%，均略低于 GDP 的增速。

我国一般公共预算收入从 1978 年的 1132.3 亿元增加到 2017 年的 172567
亿元，增长了 152.4 倍，年均增长 13.76%，也略低于 GDP 的增速；一般公
共预算支出从 1978 年的 1122.1 亿元增加到 2016 年的 187755 亿元，增长了
167.32 倍，年均增长 14.42%。

我国货物出口额从 1978 年的 97.5 亿美元增加到 2017 年的 153321 亿美
元，增长了 1572.52 倍，年均增长 20.77%；货物进口额从 1978 年的 108.9
亿美元增加到 2017 年的 124602 亿美元，增长了 1144.19 倍，年均增
长 19.79%。

伴随着经济的快速发展，我国能源生产总量从 1978 年的 62770 万吨标
准煤增加到 2016 年的 346000 万吨标准煤，增长了 5.51 倍，年均增长
4.59%；能源消费总量从 1978 年的 57144 万吨标准煤增加到 2017 年的
449000 万吨标准煤，增长了 7.86 倍，年均增长 5.43%，从能源出口国变
为能源进口国。

我国汽车产量从 1978 年的 14.9 万辆增加到 2017 年的 2901.8 万辆，增
长了 194.75 倍，年均增长 14.47%，略高于 GDP 的增速，成为汽车产销
大国。

我国社会消费品零售总额从 1978 年的 1558.6 亿元增加到 2017 年的
366262 亿元，增长了 234.99 倍，年均增长 15.03%，略高于 GDP 的增速；铁
路客运量从 1978 年的 81491 万人增加到 2017 年的 308000 万人，增长了 3.78
倍，年均增长 3.47%；民航客运量从 1978 年的 231 万人增加到 2017 年的
55000 万人，增长了 238.10 倍，年均增长 15.06%，略高于 GDP 的增速；邮
电业务总量从 1978 年的 34.1 亿元增加到 2017 年的 37321 亿元，增长了
1094.46 倍，年均增长 19.65%，高于 GDP 的增速；人民币各项存款余额从
1978 年的 0.1 万亿元增加到 2017 年的 164.1 万亿元，增长了 1641 倍，年均

增长 20.90%，远高于 GDP 的增速。

普通高等学校专任教师数从 1978 年的 20.6 万人增加到 2016 年的 160.2 万人，增长了 7.78 倍，年均增长 5.55%；普通本专科在校学生数从 1978 年的 85.6 万人增加到 2017 年的 2753.6 万人，增长了 32.17 倍，年均增长 9.31%；执业（助理）医师从 1978 年的 97.8 万人增加到 2017 年的 335 万人，增长了 3.43 倍，年均增长 3.21%；医院床位数从 1978 年的 110 万张增加到 2017 年的 785 万张，增长了 7.14 倍，年均增长 5.17%。

1.2 改革开放 40 年中国发展的重要历史节点

1978 年 5 月 10 日，中央党校的《理论动态》第 60 期，刊登了《实践是检验真理的唯一标准》。这篇文章阐明，实践不仅是检验真理的标准，而且是"唯一标准"；实践不仅是检验真理的"唯一标准"，而且是检验党的路线是否正确的"唯一标准"。这篇文章的发表，在全国引起强烈反响，由此引发了一场大讨论。邓小平于 6 月 2 日在全军政治工作会议发表重要讲话，明确提出，实事求是，是毛泽东思想的出发点、根本点。他深刻阐述了实践是检验真理的标准的原理，尖锐批评了"照抄照转照搬"的态度。这个讲话为第一次思想大解放正式拉开了序幕，也为随后中国改革开放事业的成功突围掘开了第一个思想豁口。①

1978 年 11 月，安徽省凤阳县小岗村实行"分田到户，自负盈亏"的家庭联产承包责任制（大包干），拉开了中国对内改革的大幕，国营企业的重大改革——自主经营权、自主调控市场。②

1978 年 12 月 18~22 日，中国共产党第十一届中央委员会第三次全体会议在北京举行，讨论把全党的工作重点转移到社会主义现代化建设上来，实现了新中国成立以来党的历史的伟大转折。

从党的十一届三中全会到第五届全国人大常委会第十五次会议、全国人

---

① 根据"真理标准大讨论——为中国改革掘开思想豁口"相关材料整理，http://news. hexun. com/2008/1978zltl/index. html。

② 根据"1982 家庭联产承包责任制确立——彻底告别'饥饿年代'"相关资料整理，http://news. hexun. com/2008/lccb1982/index. html。

大六届一次会议、党的十三届四中全会，到 2009 年党的十一届全国人大二次会议、2012 年的中国共产党第十八次全国代表大会，以及后续党的十八届三中全会、十八届五中全会、中国共产党第十九次全国代表大会，在中国共产党的领导下，中国一步步坚定地实行对内改革、对外开放的政策，"经过 90 年的奋斗、创造、积累，党和人民必须倍加珍惜、长期坚持、不断发展的成就是：开辟了中国特色社会主义道路，形成了中国特色社会主义理论体系，确立了中国特色社会主义制度"。①

从 1979 年批准福建、广东设立经济特区，到 1990 年开发浦东，再到 2017 年雄安新区的设立，中国由南向北进行了 40 年的改革开放。

从安徽省凤阳县小岗村"分田到户，自负盈亏"的家庭联产承包责任制（大包干），到 1985 年的军队体制改革、1986 年的全民所有制企业改革，到 20 世纪 90 年代的分税制改革、住房市场化改革、外汇管理体制改革、国务院机构改革，到 2004 年的推进资本市场发展的"国九条"颁布、国有商业银行股改，再到 2009 年的医药体制改革，中国进行了全方位的改革开放，并于 2005 年提出建设社会主义新农村的重大历史任务，2013 年首次召开城镇化工作会议，国务院办公厅于 2017 年 5 月 24 日印发《关于县域创新驱动发展的若干意见》，部署推动县域创新驱动发展工作。

从 1979 年 1 月 1 日，中国与世界上最强大的资本主义国家——美国正式建交，到 2001 年正式成为世界贸易组织成员，到国际货币基金组织正式宣布人民币 2016 年 10 月 1 日加入 SDR（special drawing right，特别提款权），中国伴随着改革开放的深入走向了世界。

从 1981 年国债恢复发行，到 1990 年 11 月 26 日上海证券交易所正式成立，到 1992 年第一家公司型封闭式投资基金——淄博乡镇企业投资基金由中国人民银行批准成立，到 2014 年"沪港通"正式启动，中国的金融体系逐步完善。

从 1988 年"科学技术是第一生产力"的提出，到 1995 年制定"科教兴国"战略，到 1999 年提出"西部大开发"战略，到 2006 年实施"中部崛起"

① 胡锦涛在庆祝中国共产党成立 90 周年大会上的讲话［EB/OL］. http：//www. gov. cn/ldhd/2011 - 07/01/content_1897720. htm.

战略,到 2008 年神舟七号完美升空、2012 年中国第一艘航母辽宁号交付海军,科技在我国经济社会发展中的引领与支撑作用日益显著。

从 1984 年提出有计划的商品经济,到 1987 年提出"一个中心两个基本点"的基本路线,到 1996 年提出"建设小康社会"的历史任务,到 2000 年提出"三个代表"重要思想,到 2002 年确定全面建设小康社会的发到目标,到 2012 年"中国梦"的提出,中国的经济体制的改革开放不断推进思想领域的前行。

从 1990 年第 11 届亚运会在北京举办,到 2008 年第 29 届奥运会在北京举办,到 2010 年世博会在上海举办,到 2016 中国杭州 G20 峰会,中国不断向世界展示改革开放的成果。

从 1981 年 8 月 26 日,邓小平在北京会见港台知名人士傅朝枢时首次公开提出解决台湾、香港问题的"一国两制"构想,到 1997 年香港回归祖国,到 1999 年澳门回归祖国,到 2015 年 9 月 3 日习近平指出"我们纪念中国人民抗日战争暨世界反法西斯战争胜利 70 周年,就是要铭记历史、缅怀先烈、珍爱和平、开创未来"。①

改革开放 40 周年大事记见表 1-2。

表 1-2 改革开放 40 年大事记

年份	事件	年份	事件
1978	中共十一届三中全会召开	1985	裁军百万　推进军队体制改革
1979	设立经济特区,中美建交	1986	全民所有制企业改革启动
1980	第五届全国人大常委会第十五次会议召开	1987	提出"一个中心两个基本点"基本路线
1981	国债恢复发行	1988	提出"科学技术是第一生产力"
1982	家庭联产承包责任制确立	1989	中共十三届四中全会召开
1983	全国人大六届一次会议召开	1990	开发浦东,中国股市诞生,第十一届亚运会在北京举行
1984	有计划的商品经济提出	1992	基金诞生,邓小平南方谈话

---

① 抗战胜利 70 周年纪念大会习近平发表重要讲话 [EB/OL]. http://politics. people. com. cn/n/2015/0903/c1001 - 27543265. html.

年份	事件	年份	事件
1993	进行分税制改革， 提出金融改革目标	2006	实施中部崛起战略
1994	住房市场化改革施行	2007	《中华人民共和国物权法》出台
1995	制定科教兴国战略	2008	神舟七号完美升空， 第29届夏季奥林匹克运动会在中国举办
1996	外汇管理体制改革取得重大进展	2009	十一届全国人大二次会议召开， 医药体制改革
1997	提出"建设小康社会"新任务， 香港回归祖国，重庆直辖	2010	中国上海世界博览会举行
1998	国务院机构改革，政府"瘦身"	2011	庆祝中国共产党成立90周年大会
1999	提出西部大开发战略，澳门回归	2012	中国共产党第十八次全国代表大会举行， 中国第一艘航母辽宁号交付海军， 习近平提出"中国梦"
2000	提出"三个代表"重要思想	2013	中共十八届三中全会，高调反腐， 中央首次召开城镇化工作会议
2001	中国正式成为世界贸易组织成员	2014	全面推进依法治国，雾霾防治， "沪港通"正式启动
2002	确定全面建设小康社会的奋斗目标	2015	纪念抗战胜利70周年， 中共十八届五中全会召开
2003	抗击"非典"	2016	人民币正式加入SDR， 2016中国杭州G20峰会
2004	推进资本市场发展的"国九条"颁布， 国有商业银行股改	2017	中国共产党第十九次全国代表大会举行， 设立雄安新区
2005	提出建设社会主义新农村的重大历史 任务	2018	改革开放40周年

注：根据搜狐网"纪念改革开放40周年改革开放40周年大事记（1978~2018）"整理，https：//
www.sohu.com/a/238291622_782055。

1.3　工业在改革开放40年发展中的重要地位

改革开放以来，我国工业持续快速发展，建成了门类齐全、独立完整的产业体系，有力推动工业化和现代化进程，综合国力和人民生活水平显著提高，与此同时，我国产业结构也经历了重大变革和调整。第一产业在GDP中所占比重明显下降，第二产业比重波动较小，一直处于 45% 左右，第三产业逐年持续上升，2012 年以后，第三产业比重逐渐超过第二产业。综合分析可以看出，第二产业是推动经济发展的主要动力，在国民经济中占主导地位，同时也要保持其优势地位，稳步发展，推动我国经济又好又快发展（见图 1 - 1）。

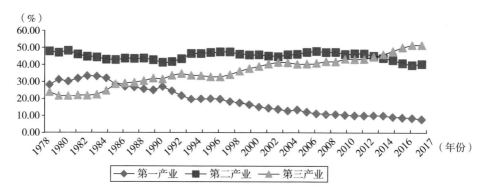

图 1 - 1　1978～2017 年我国三大产业在 GDP 中所占比重

资料来源：根据《中国统计年鉴》（1981～2018 年）、《新中国 60 年》整理得到。

工业作为国民经济的重要组成部分，长期以来占我国国民生产总值的40% 左右，在国民经济中具有举足轻重的作用（见图 1 - 2）。

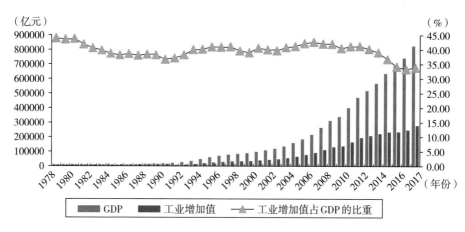

图 1 - 2　1978～2017 年我国工业增加值及其占 GDP 比重趋势

资料来源：根据《中国统计年鉴》（1981～2018 年）、《新中国 60 年》整理得到。

1.4　改革开放40年湖北经济社会的发展变化

在改革开放的宏观环境下，湖北经济社会也取得了快速发展，发生了巨大变化。[①]

——GDP从1978年的151亿元增加至2017年的36522.95亿元（增长了241.87倍，年均增长率达到15.11%）。

——人均GDP从1978年的332.03元/人增加到2017年的61971元/人（增长了186.64倍，年均增长率为14.34%）。

——三次产业结构从1978年的第二、第一、第三产业占比40.47:42.19:17.34变为2017年的第三、第二、第一产业占比10.29:44.52:45.19。

——第一产业GDP从1978年的61.11亿元增加到2017年的3759.69亿元（增长了61.52倍，年均增长率为11.14%）。

——第二产业GDP从1978年的63.71亿元增加到2017年的16259.86亿元（增长了255.22倍，年均增长率为15.27%）。

——第三产业GDP从1978年的26.18亿元增加到2017年的16503.4亿元（增长了630.38倍，年均增长率为17.97%）。

——工业增加值从1978年的52.17亿元增加至2017年的13874.21亿元（增长了265.94倍，年均增长率为15.39%）。

对湖北1978～2017年的GDP（Y）和工业增加值（X）进行回归分析，得到：

$Y = 172.5 + 24997X$，$R^2 = 0.9957$，$Y = 2.2331X^{0.9617}$，$R^2 = 0.9959$

说明工业对湖北的经济社会发展具有重要的作用（见图1-3）。

根据钱纳里与塞尔奎因的工业化阶段划分（见表1-3），湖北从1978年的前工业化阶段，经历了工业化的初期阶段，在2017年左右完成了工业化的中期阶段以及部分工业化后期的发展目标，正逐步向后工业化阶段迈进（见表1-4）。

[①]　根据《湖北统计年鉴》（2017年）、《湖北50年》等相关资料整理。

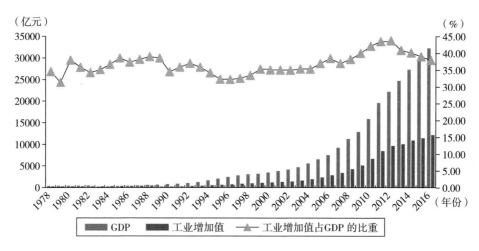

图 1 – 3　湖北 1978 ~ 2016 年地区工业增加值及其占 GDP 比重趋势

资料来源：根据《湖北统计年鉴》（1985 ~ 2017 年）、《湖北 50 年》整理。

表 1 – 3　　　　　　　　钱纳里与塞尔奎因的工业化阶段划分

基本指标	前工业化阶段	工业化实现阶段			后工业化阶段
		工业化初期	工业化中期	工业化后期	
人均 GDP（以 2010 年美元）	827 ~ 1654	1654 ~ 3308	3308 ~ 6615	6615 ~ 12398	12398 以上
产业结构（三次产业结构）	农业 > 工业	农业 > 20% 农业 < 工业	农业 < 20% 工业 > 服务业	农业 < 10% 工业 > 服务业	农业 < 10% 工业 < 服务业
就业结构（第一产业人员比,%）	60 以上	45 ~ 60	30 ~ 45	10 ~ 30	10 以下
城乡结构（城市化率,%）	30 以下	30 ~ 50	50 ~ 60	60 ~ 75	75 以上

资料来源：H. 钱纳里，S. 鲁宾逊，M. 赛尔奎因. 工业化和经济增长的比较研究［M］. 上海：上海三联书店、上海人民出版社，1995.

表 1 – 4　　　　　　1978 ~ 2017 年湖北工业化各阶段的主要指标情况

工业化阶段	前工业化阶段	工业化初期	工业化中期
人均 GDP(元)	332. 03	5452. 46	61971
产业结构(三次产业结构)	41:42:17	20:41:39	10:45:45

工业化阶段	前工业化阶段	工业化初期	工业化中期
就业结构(第一产业人员比,%)	76.98	59.93	36.83
城乡结构(城市化率,%)	14.63	31.20	59.30

资料来源:根据《湖北统计年鉴》(1985~2017年)、《湖北50年》整理。

1.5 国内外有关工业经济发展研究的文献综述

根据我国工业经济发展的重要历史节点,以下从1978改革开放、1992年邓小平南方谈话、2001年加入世贸组织和2014年经济新常态四个阶段来进行阐述。

1.5.1 1978年改革开放后的工业经济发展研究

1978年12月,党的十一届三中全会召开,做出了把全党的工作重点转移到经济建设上来,实行改革开放的伟大决策。1984年2月,国务院在北京召开全国经济工作会议,会议强调:能不能坚定不移地贯彻执行经济工作要以提高经济效益为中心的方针,并且取得成效,是衡量各级经济部门和企业工作好坏的主要标志。改革开放伊始,我国学者对工业经济的研究犹如凤毛麟角,少之又少。前期主要集中在工业管理的理论研究上,后期才逐渐转移到如何提高工业经济效率上。研究焦点主要以政府政策为导向。改革开放后,我国迎来一个开放的经济环境,我国学者积极学习国外先进的管理理论和方法,结合以往的历史经验教训,为我国工业实际发展提供借鉴与指导。吴岐山(1981)在学习了《关于建国以来党的若干历史问题的决议》后指出,只要研究工业经济相关的问题都应该做到以下三点:总结我国工业三十二年发展的经验和教训;了解目前国民经济调整中的新情况;重视马克思主义经济结构理论的学习和运用。沈宏达、万振茂(1982)的部分观点与吴岐山类似,即正确确定我国工业管理的原则,必须以马克思主义的科学社会主义原理和我国现阶段社会主义性质以及生产力和生产关系的发展水平作为出发点,密切结合我国三十年来工业管理原则的实践经验和教训,提出了我国现阶段工业管理原则的基本点:"一个统一,五个结合",即经济与政治的统一,经济性管理与行政性管理的结合，经济调解与法律调解的结合，经济因素与生产技术性因素的结合，经济因素与社会心理因素的结合，物质生产与教育的结合。1984 年，国务院提出以经济效益为中心后，经济效益成为学者研究的焦点。邵名（1986）应用岭回归方法分析了我国工业经济效益的影响因素，建立的计量模型克服了多重共线性的影响。

1.5.2 1992 年邓小平南方谈话后的工业经济发展研究

1992 年以来，随着经济发展战略的调整，计划经济转为市场经济，粗放型向集约型转变，出口商品结构从以出口粗加工、低附加值工业制成品为主转变为以精深加工、高附加值制成品为主，技术含量附加值高的工业制成品出口比重明显上升。研究主要围绕转变工业经济增长方式、转变工业结构等展开。何辉（1997）指出我国目前工业经济增长方式属于粗放型，只重总量而不顾质量，我国转变经济发展方式面临着企业管理质量不高、劳动力剩余等障碍，并提出转变经济发展方式的几点建议。周维富（1998）总结了 1992 年市场经济发展以来我国工业经济中存在生产结构与消费结构矛盾、工业发展质量不高等问题，并提出了相关对策：调整工业结构、刺激消费等。袁达、吴承业（1999）论证了能源消耗量可作为衡量我国工业经济和环境协调发展的指标，强调了环境与发展协调发展的重要性。

1.5.3 2001 年加入世贸组织后的工业经济发展研究

随着"两型社会"、自主创新等发展理念的提出，我国工业经济发展中资源浪费、环境污染、工业结构失调等一系列问题显现出来，逐渐引起政府以及各界人士的重视。我国学者纷纷结合我国工业发展实际情况，对相关问题进行了研究。高闯、韩亮亮、王振鑫（2007）对 30 个省（自治区、直辖市）工业经济自主创新能力进行综合评价，研究发现自主创新综合评价结果与地区工业经济发展显著正相关。张湘赣（2011）提出我国产业结构失衡的矛盾越来越突出，工业产品和产能严重过剩，要转变经济发展方式，生产要素结构由物质消耗为主向技术、管理、提高劳动者素质为主转变，产业结构由第二产业驱动为主向第三产业带动为主转变，区域结构调整由沿海带动向中西部、东中西部协调发展转变。王萱（2013）分析了湖北工业发展面临规模与速度落后于其他省市、工业结构发展失调、发展环境不景气的现状，并从加大财税政策支持、加强工业用地保障、加快煤电要素供给、拓展企业融资渠道、创新优化政府管理五个方面提出建议。李斌、彭星等（2013）基于中国工业面临环境污染和资源浪费的严峻现状，从绿色技术效率和绿色全要素生产率的角度衡量环境规制对中国工业发展方式转变的作用，提出环境规制处于合理范围内才对工业发展方式转变具有促进作用。节约能源与保护环境是工业经济发展永恒的话题，至今都是研究的重点。洪振华、童纪新（2016）对 2000~2014 年江苏省能源消耗与工业经济增长之间的关联度进行了分析，研究结果表明，江苏省第二产业耗能占总耗能的比例随着第二产业增加值占总产值的比重变化而变化。健康的工业经济增长与有效的能源节约可以通过调整产业结构和技术创新来实现。董会忠、綦振法、史成东（2017）实证研究了山东工业总产值与能源消费的动态关系，结果表明，山东省工业经济发展仍然是以大量消耗能源为基础，而原煤在能源结构中又占主导地位，优化能源结构是山东省工业经济发展的方向。

1.5.4 2014 年步入新常态的工业经济发展研究

2014 年，中国经济发展进入新常态。工业经济发展的新特征表现为工业增速趋于放缓，工业结构不断调整，工业经济增长动力从传统增长点转向新增长点。不同时期，研究重点也各有侧重。黄群慧、原磊（2015）总结了 2014 年中国工业经济的发展特征：增速调整下行，但产业结构调整取得了积极进展，增长动力机制逐步走向内生平衡增长，对 2015 年工业经济运行趋势进行了展望：不确定性增加、困难更大、增速进一步下行。进一步提出，适应"新常态"，提高工业经济发展质量和效益，国家可以从需求、供给和产业三个层面出台政策。吴磊（2016）分析了新常态下我国工业发展中面临产能过剩、资源约束、技术水平限制、发达国家再工业化等制约因素，并针对性地提出制定良性产业政策，化解产能过剩、推进技术进步，提高自主创新、发展循环经济，降低资源约束、转变政府职能，创新发展环境等措施来推动我国工业转型发展。杨春柳、王鹏等（2016）基于当前工业水平持续提升、经济格局持续动荡的国际背景，剖析了当代经济存在工业经济增长动力、工业经济结构调整方向、工业经济在世界发展中的作用等一系列问题，并基于这些问题阐述了我国经济发展的新特点新趋势。李艳（2018）从工业经济增速、产业结构、劳动要素供给三个方面分析了我国工业经济发展的新特点和新趋势。新特点主要表现为工业经济增速将进入中长期放缓的阶段，甚至有可能会出现负增长的情况；消费对于经济的推动力逐渐提升，传统工业企业亟待转型升级，服务业和制造业将成为我国未来产业结构长期发展的趋势；人口优势逐渐消失，劳动力成本提高，人力资本短缺现象严重。新趋势主要表现为工业经济增速有望回升；经济增长动力由要素驱动、投资驱动向创新驱动转型；制造业和服务业深度融合发展。

综上所述，我国工业经济发展相关文献研究内容十分广泛，总体而言，发展效益、能源消耗、科技创新是我国工业发展永远的话题。改革开放以来，如何提高发展绩效、降低能源消耗、加强科技创新一直是工业经济发展面临的最大问题。

1.6 改革开放40年湖北工业经济发展的研究

中国改革开放40年，神州大地的变化"当惊世界殊"！而地处华夏中部的湖北，也取得了翻天覆地的变化，尤其工业对湖北经济发展的作用极其重要。因此，本书将从改革开放40年湖北的工业经济发展的几个重要方面进行研究：

第一，对改革开放40年湖北经济的发展概况进行分析，深入了解和掌握湖北经济在"六五"计划至"十二五"规划的发展情况，以及对全国经济的贡献。

第二，对改革开放40年湖北工业经济的规模以上工业总产值、工业增加值、就业人员、固定资产投资、工业出口、工业污染治理等发展状况进行详细的分析，从总体上了解和掌握湖北工业的发展情况。

第三，在工业绩效的相关理论基础上，对改革开放40年湖北工业发展的绩效进行静态、动态、三阶段的分析，并对各产业在全国的地位与作用进行详细、深入分析，客观、科学评价湖北工业40年的发展绩效。

第四，在工业能源消耗的相关理论基础上，对改革开放 40 年湖北三次产业和全行业的能源消耗结构进行分析，进而深入分析改革开放 40 年湖北工业能源消耗及其与工业发展的关系、工业万元能源消耗，通过对工业能源消耗的回归分析和灰色分析，对湖北工业的未来发展态势进行预测和分析。

第五，对改革开放 40 年湖北工业绩效和能源消耗的分析都凸显了创新对湖北工业发展的重要作用，因此，在对改革开放 40 年湖北专利申请与授权、R&D 经费占地区生产总值的比重，以及湖北高新技术产业的生产经营、R&D 活动、新产品开发及销售、技术获取及技术改造、进出口贸易等发展情况进行深入分析的基础上，对湖北工业的创新能力与全国其他地区进行比较与评价，并通过湖北与全国"综合科技进步水平指数"的分析与比较，对湖北科技创新为湖北工业 40 年发展的促进作用进行评价。

第六，作为改革开放重要特色的开发区的设立，无疑对工业发展具有重要的作用，因此在对中国开发区总体概况进行分析的基础上，首先分析了开发区对湖北工业经济发展的作用；其次从占地面积等 9 个方面对湖北开发区的经济发展进行了比较研究；最后对湖北各个开发区的经济发展进行评价分析。

第七，对改革开放 40 年湖北工业的发展进行全面评价与总结。

第 2 章
改革开放 40 年湖北经济发展概况分析

2.1 地区生产总值分析

国内生产总值（GDP）是指一个国家或者地区所有常驻单位在一定时期内生产的所有最终产品和劳务的市场价值，GDP 是衡量一个国家或地区总体经济状况的重要指标。湖北 GDP 从 1978 年的 151 亿元增加至 2017 年的 36522.95 亿元，增长了 241.87 倍，年均增长率达到 15.11%，总体保持稳定增长态势，但增长速度变化区间在 3.70%（1999 年）至 28.29%（1994 年），波动幅度较大（见图 2 - 1、表 2 - 1）。

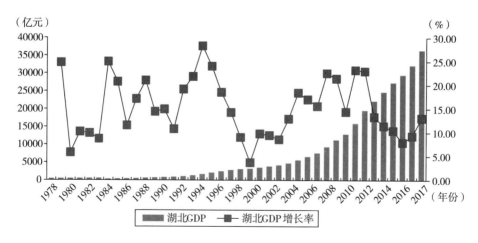

图 2 - 1 1978 ~ 2017 年湖北地区生产总值及增长率变化

资料来源：根据《湖北统计年鉴》（1985 ~ 2017 年）、《湖北 50 年》整理。

表 2 – 1   1978～2017 年湖北地区生产总值及增长率

年份	湖北生产总值(亿元)	增长率(%)	年份	湖北生产总值(亿元)	增长率(%)
1978	151.00	—	1998	3114.02	9.02
1979	188.46	24.81	1999	3229.29	3.70
1980	199.38	5.79	2000	3545.39	9.79
1981	219.75	10.22	2001	3880.53	9.45
1982	241.55	9.92	2002	4212.82	8.56
1983	262.58	8.71	2003	4757.45	12.93
1984	328.22	25.00	2004	5633.20	18.41
1985	396.26	20.73	2005	6590.19	16.99
1986	442.04	11.55	2006	7617.47	15.59
1987	517.77	17.13	2007	9333.40	22.53
1988	626.52	21.00	2008	11328.90	21.38
1989	717.08	14.45	2009	12961.10	14.41
1990	824.38	14.96	2010	15967.61	23.20
1991	913.38	10.80	2011	19632.30	22.95
1992	1088.39	19.16	2012	22250.50	13.34
1993	1325.83	21.82	2013	24791.80	11.42
1994	1700.92	28.29	2014	27379.20	10.44
1995	2109.38	24.01	2015	29550.19	7.93
1996	2499.77	18.51	2016	32297.91	9.30
1997	2856.47	14.27	2017	36522.95	13.08

资料来源：根据《湖北统计年鉴》(1985～2017 年)、《湖北 50 年》整理。

2.1.1 "六五"计划期间呈大幅度持续增长态势

1981～1985 年是拨乱反正后湖北第一个五年计划时期，从 1978 年改革开放起，中国拉开了国营企业的重大改革——自主经营权、自主调控市场。1979 年湖北地区生产总值增长率高达 24.81%。"六五"计划期间，湖北地区生产总值由 1981 年的 219.75 亿元增长至 1985 年的 396.26 亿元，平均增长率达到 15.88%。在经过 1981～1983 较平稳的增速后, 1984 年增长率便由 8.71% 快速增长到 25.00% 的峰值, 增速大大加快。随后的 1985 年 GDP 增速也保持着 20.73% 继续增长, 甚至出现了历史上少有的经济过热。总体而言, "六五" 期间湖北工业取得非常理想的成果, 迎来了一个新的黄金发展期。

2.1.2 "七五" 计划期间呈小波动增长态势

1986～1990 年, "六五" 后期出现的经济过热成为 "七五" 开局的基础, 也是 "七五" 期间必须要面对的难题。"七五" 期间, 湖北地区生产总值由 1986 年的 442.04 亿元增长至 1990 年的 824.38 亿元, 平均增长率达到 16.86%。在 1986～1988 年湖北 GDP 增速经历 11.5%～21% 持续上升达到峰值后, 1988 年增长率下降至 14.45%, 并在 1990 年保持稳定。这五年内湖北经济保持了持续的稳定增长, 并将增长率稳定在了一个适当的速度。

2.1.3 "八五" 计划期间呈高速持续增长态势

1991～1995 年是湖北不平凡的五年, 在 1992 年邓小平南方谈话和党的十四大之后, 人们的观念和经济发展态势发生了巨大的变化, 中国改革进入新的改革时期。"八五" 期间, 湖北地区生产总值由 1991 年的 913.38 亿元增加至 1995 年的 2109.38 亿元, 平均增长率达到 23.28%, 与 "七五" 时期相比有了较明显的增长。1991～1994 年, 湖北 GDP 的增速持续增长达 28.29%, 达到改革开放以来的峰值, 速度大大加快。虽然在 1995 年增速稍稍下降至 24.01%, 但 GDP 仍得到了明显提升, 经济实力显著增强, 提前并超额完成了主要发展目标。

2.1.4 "九五" 计划期间呈大幅降速增长态势

1996～2000 年是湖北经济增长受到较大阻碍的五年。随着 "八五" 计划的目标和任务的圆满完成, 湖北 1996 年的 GDP 增长速率逐渐放缓至 18.51%, 总体经济状态还算理想。然而国际上, 全球化趋势进一步增强, 1997 年始发于泰国的金融危机迅速波及了整个亚洲, 对中国的经济增长带来了较大的冲击。湖北地区生产总值增长率也骤降至 1999 年的 3.7%, 直到

2000 年才有略微的好转。2000 年，湖北 GDP 达到 3545.39 亿元。"九五"期间，湖北地区生产总值由 1996 年的 2499.77 亿元增加至 2000 年的 3545.39 亿元，平均增长率达到 9.13%。虽受金融危机影响较大，但 GDP 总体还是保持着增长的趋势。

2.1.5　"十五"计划期间呈小波动高速增长态势

2001～2005 年是湖北第十个五年计划时期，在世界经济保持较快增长态势，我国经济已出现重大转机的基础上，湖北加快融入全国、全球两大市场，进入以体制和科技创新为主要动力，以经济结构的战略性调整为重要手段，以经济增长方式的转变为根本任务的历史发展阶段。"十五"期间，湖北地区生产总值由 2001 年的 3880.53 亿元增长至 2005 年的 6590.19 亿元，平均增长率达到 14.16%。在 2002 年湖北 GDP 增速经历由 9.45%～8.56% 较小幅度的下降后，2002～2004 年增长率便由 8.56% 快速增长到"十五"时期 18.41% 的峰值，增速大大加快。虽然在 2005 年增速下降至 16.99%，但"十五"时期仍提前并超额完成了主要发展目标，较好地实现了"三年有明显变化的总体要求"。[①]

2.1.6　"十一五"规划期间呈大波动持续增长态势

2006～2010 年是湖北极不平凡的五年，这是湖北自改革开放以来经济发展最快、基础设施建设力度最大、人民群众受益最多、改革开放最有成效、综合实力提升最明显的时期之一。"十一五"期间，湖北地区生产总值从 2006 年的 7617.47 亿元增加至 2010 年的 15967.61 亿元，平均增长率达到 20.33%，与"十五"时期相比有了较明显的增长。五年间，湖北 GDP 的增速大起大落态势，2007 年增长率快速增长到 22.53%；由于 2008 年的经济危机给湖北造成了较艰难的发展环境，2009 年的增速骤降至五年的最低值 14.41%，但在积极快速的应对措施后，湖北 GDP 增速快速回升到 23.2%，达到自 2000 年来的峰值。

---

① 湖北省经济和社会发展第十一个五年计划纲要 [EB/OL]. https://wenku.baidu.com/view/e-7413f1ca76e58fafab003be.html.

2.1.7 "十二五"规划期间呈降速稳定增长态势

"十二五"时期是湖北发展极不平凡和取得巨大成就的五年。经济总量跨越提升,2015 年全省生产总值达到 29550.19 亿元,由"十一五"期末的全国第 11 位上升到第 8 位。[①] "十二五"期间,湖北地区生产总值从 2010 年的 15967.60 亿元增加至 2015 年的 29550.19 亿元,平均增长率达到 10.76%。湖北 GDP 总量保持稳定增长,但增长率由 2011 年的 22.95% 逐步下降至 2015 年的 7.93%,增速降至 2000 ~ 2015 年最低值。但始终保持高于全国、中部靠前的良好发展态势,圆满完成"十二五"规划的目标和任务。

2.1.8 "十三五"规划期间湖北 GDP 未来的发展

由湖北省政府发布的《湖北国民经济和社会发展的第十三个五年规划纲要》指出,湖北预计在 2020 年实现全省总产值达 44400 亿元的伟大目标。2017 年,湖北 GDP 由 2016 年的 32297.91 亿元增长到 36522.95 亿元,增长率为 13.08%,在未来 3 年,湖北 GDP 要保持至少 6.73% 的年平均增长率才能实现 2020 年的目标。

2.2 人均地区生产总值分析

人均 GDP 是发展经济学中衡量经济发展状况的重要指标,是了解和把握一个国家或地区的宏观经济运行状况的有效工具。由图 2 – 2 可见,1978 ~ 2017 年,湖北人均 GDP 由 1978 年的 332.03 元/人上升到 2017 年的 61971 元/人,增加了 186.64 倍,年均增长率为 14.34%,略低于湖北 GDP 的增长率 15.11%。

---

① 湖北省国民经济和社会发展第十三五规划 [EB/OL]. https://wenku.baidu.com/view/40c7608 625c52cc58ad6beaf.html.

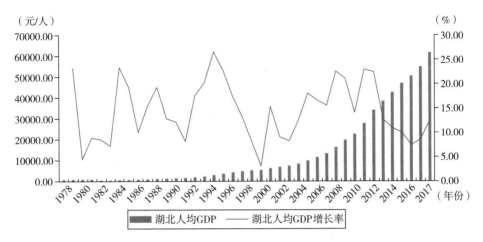

图2-2 1978~2017年湖北人均GDP及增长率

资料来源：根据《湖北统计年鉴》（1985~2017年）、《湖北50年》整理。

"六五"期间，湖北人均GDP由466.32元/人增加至800.69元/人，平均增速为13.35%。1981~1983年都保持着较低的增长速率，1984年增速猛增至23.51%达到峰值。

"七五"期间，湖北人均GDP由881.61元/人增加至1541.17元/人，平均增速为13.99%，呈先上升后下降趋势。但总体波动不大，并也保持人均GDP持续增长的态势。

"八五"期间，湖北人均GDP由1668.03元/人增加至3671.41元/人，平均增速为18.96%。并且前四年人均GDP增速持续上升，到1994年达到峰值26.72%。平均增速为21.80%。相比"七五"规划期间加快了6.82%。

"九五"期间，湖北人均GDP由4310.98元/人增加至6293.00元/人，平均增速为11.38%。受金融危机影响，这段时期的人均GDP增长率持续下降，1999年降至谷底3.13%。相比"八五"时期增速大大下降，与湖北地区生产总值保持基本一致的发展趋势。

"十五"期间，湖北人均GDP由6866.99元/人增加至11554.00元/人，平均增速为12.92%。2003年开始增速加快，并在2004年达到五年内峰值18.14%。

"十一五"期间，人均 GDP 由 13360 元/人增加至 27906.00 元/人，平均增速达到 19.29%，比"十五"规划期间加快了 6.33%。

"十二五"期间，人均 GDP 从 34197.27 元/人增加至 50653.85 元/人，平均增长率只有 10.32%，相对"十五"时期及"十一五"时期增速大大下降，与湖北地区生产总值保持基本一致的发展趋势。

在"十三五"期间，湖北计划 2020 年将人均 GDP 增长到 74000.00 元/人（由 2020 年湖北计划地区生产总值/2020 年湖北计划常住人口计算得出）。在 2017 年湖北人均 GDP 由 2016 年的 55038.40 元/人增长到 61971 元/人，增长率为 12.60%，在未来 3 年，湖北人均 GDP 要保持至少 6.09% 的年平均增长率才能实现 2020 年人均 GDP 达到 74000 元的目标。

2.3　三次产业结构分析

改革开放以来，湖北产业结构发生了巨大变化（见图 2－3）。三次产业结构由 1978 年的 40.47:42.19:17.34 变为 2017 年三次产业结构比为 10.29:44.52:45.19。其中，第一产业占湖北地区生产总值的比重越来越小，其中 1979 年第一产业的比重最高，达到了 45.18%，之后呈波动下降趋势，1991 年降为 30.58%，1999 年降为 20.25%，2008 年降为 15.71%，2017 年仅为 10.29%；第二产业占湖北地区生产总值的比重基本保持在 40% 左右，最高的在 2012 年达到了 50.29%，最低的 1996 年也有 36.95%，2017 年为 44.52%；第三产业占湖北地区生产总值的比重越来越大，1986 年增长到 20.47%，1991 年增长到 30.02%，2000 年增长到 40.78%，之后一直在 40% 左右波动，到 2017 年最高达到了 45.19%。

2.3.1　三次产业贡献率分析

为进一步分析湖北三次产业对湖北经济发展的作用，借助产业贡献率这一指标进行分析。

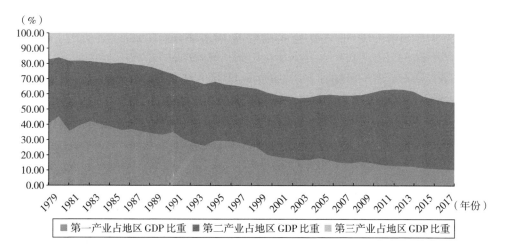

图 2 - 3 1979 ~ 2017 年湖北三次产业结构趋势变化

资料来源：根据《湖北统计年鉴》（1985 ~ 2017 年）、《湖北 50 年》整理。

　　如图 2 - 4 所示，湖北三次产业贡献率处于比较稳定的状态，第二产业对湖北地区生产总值贡献率始终处于重要地位，保持在 60% 左右，最高的 2010 年达到 66.1%，最低的 1989 年仅为 32.20%。第三产业对湖北地区生产总值的贡献率也保持在 40% 左右，第一产业对湖北地区生产总值的贡献率最小。

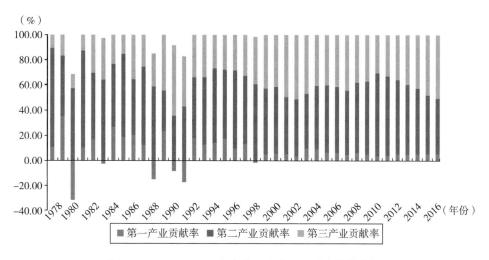

图 2 - 4 1978 ~ 2016 年湖北三次产业贡献率趋势变化

资料来源：根据《湖北统计年鉴》（1985 ~ 2017 年）、《湖北 50 年》整理。

2.3.2 第一产业呈大幅波动缓慢增长态势

湖北第一产业 GDP 由 1978 年的 61.11 亿元增长至 2017 年的 3759.69 亿元，增加了 61.52 倍，平均增长率达到 11.14%（见图 2-5）。

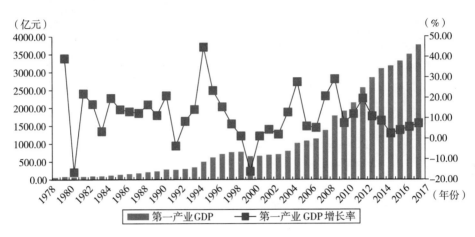

图 2-5　1978～2017 年湖北第一产业 GDP 及增长率变化

资料来源：根据《湖北统计年鉴》（1985～2017 年）、《湖北 50 年》整理。

"六五"期间，国家对重大建设项目、生产力分布和国民经济重要比例关系等做出规划。在农业领域，继续扩大家庭联产承包责任制的改革范围，以连续五个农业"一号文件"的形式推进农业改革。湖北省第一产业 GDP 从 1981 年的 87 亿元增长至 1985 年的 144.44 亿元，平均增长率达到 13.51%。而在此之前，由于"左"倾思想，在经济工作中求成过急而导致比例关系严重失调，发展极为不稳定，如第一产业 GDP 增速从 1979 年的 39.34% 骤降至 1980 年的 -16.36%。经初步调整后，局面得到了好转，1981～1985 湖北第一产业 GDP 都保持稳定上升的趋势。

"七五"期间，湖北省第一产业 GDP 增速没有较大波动，GDP 由 1986 年的 163.61 亿元逐步增加至 1990 年的 289.45 亿元，平均增长率达到 15.33%。这五年湖北省第一产业生产总值高速增长，并在 1990 年增速上升至 21.07%，达到"七五"期间的峰值。

"八五"期间，湖北省第一产业 GDP 增速出现了大幅度的波动（-3.51% ～

44.76%），GDP 由 1991 年的 279.3 亿元逐步增加至 1995 年的 619.77 亿元，平均增长率达到 16.45%。在 1991 年第一产业生产总值有下降趋势，增速降为 -3.51%，但随着 1992 年邓小平南方谈话和党的十四大的召开，强调调整优化产业结构后，湖北省第一产业 GDP 增长率猛然上升，直到 1994 年达到峰值 44.76%。虽然 1995 年增速稍有下降至 23.6%，当 GDP 生产总值还是保持着高速增长的趋势。

"九五"期间，虽然提出了要优化产业结构，着力加强第一产业，但湖北省第一产业生产总值增长率却出现了大幅度下降。第一产业 GDP 从 1996 年的 716.34 亿元减少至 2000 年的 662.3 亿元，平均增长率为负，为 1.94%。第一产业 GDP 增速从 1996 年开始下降，甚至在 1999 年出现了负增长的情况，1999 年增速降至 -15.96%。虽然在 2000 年情况得到了略微的好转，增速提高到了 1.27%，但这五年湖北的第一产业 GDP 还是下降的。

"十五"期间，湖北立足于"打基础，管长远"的工作，着力解决"三农"问题，第一产业 GDP 从 2001 年的 692.17 亿元增长至 2005 年的 1082.13 亿元，平均增长率达到 11.82%。在 2002 年 GDP 增速出现较小幅度的下降后，增长率猛然上升，到 2004 年达到 27.77%，GDP 成功破千亿元，较好实现了"三年有明显变化"的总体要求。

"十一五"期间，第一产业 GDP 增速又出现较大幅度的波动（5.39% ~ 29.17%），GDP 由 2006 年的 1140.41 亿元逐步增加至 2010 年的 2147 亿元，平均增长率达到 17.14%。在 2008 年增长率达到 15 年来的峰值 29.17%。金融危机来袭导致湖北众多工业企业遭受严重打击，2009 年增长率骤降至 7.63%，但总体仍然保持稳定增长速度。

"十二五"期间，第一产业 GDP 由 2011 年的 2569.3 亿元增加至 2015 年的 3309.84 亿元，平均增长率只有 6.54%，增长率呈现不断下降的态势。

步入"十三五"规划的 2016 年第一产业的增速又从 2015 年的 4.18% 激增到 10.56%，增长率大幅上升。

2.3.3　第二产业呈大幅波动快速增长态势

1978 ~ 2017 年，第二产业 GDP 由 63.71 亿元增加至 16259.86 亿元，增长了 255.22 倍，平均增长率达到 15.27%（见图 2 - 6）。

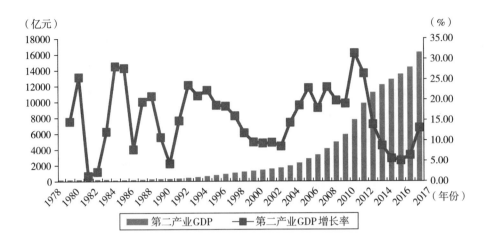

图 2 - 6　1978 ~ 2017 年湖北第二产业 GDP 及增长率变化

资料来源：根据《湖北统计年鉴》（1985 ~ 2017 年）、《湖北 50 年》整理。

"六五"时期，第二产业 GDP 从 1981 年的 92.85 亿元增加至 1985 年 174.35 亿元，平均增长率达到 7.06%。从 1978 年改革开放后湖北省第二产业 GDP 高速增长，但增速不太稳定，1981 年的增速仅为 1.29%。后续五年增速开始保持稳定上升，到 1984 年达到峰值 28.13%，1985 年也只是略微下降至 27.73%。总体而言这五年湖北第二产业得到了稳定的发展，并且 GDP 已略超第一产业。

"七五"时期，湖北第二产业 GDP 从 1986 年的 187.96 亿元增加至 1990 年的 313.39 亿元，平均增长率达到 3.63%。但波动较大，1986 年增速从 1985 年的 27.73% 降至 7.81%，随后又由于国内爆发的经济热，GDP 增速再次呈上升趋势至 1988 年的 20.81%。1989 ~ 1990 则进入了经济的治理整顿期，增长速率也随之放缓，1990 年又下降到 4.3%。

"八五"时期，湖北第二产业 GDP 高速持续增长态势，从 1991 年的 359.86 亿元增加至 1995 年的 780.18 亿元，平均增长率达到 21.34%；增长速率也从 1990 年的 4.3% 上升到 1992 年的 24.24%，并且之后的三年也一直稳定在 20% 左右。这五年产业结构的调整使得湖北省第二产业得到了迅速的发展，GDP 平均增长率达到 23.28%。

"九五"时期，第二产业 GDP 从 1996 年的 923.68 亿元增加至 2000 年的

1437.38 亿元，平均增长率为 11.69%。虽然受 1997 年亚洲金融危机的影响，GDP 增长率有下降的势态，但我国及时提出了对内实行扩大内需政策，想尽一切办法扩大内需，使我国所受影响不大，湖北第二产业生产总值也总体维持着增长的趋势。

"十五"时期，第二产业 GDP 从 2001 年 1574.39 亿元增加至 2005 年的 2852.12 亿元，平均增长率达到 16.01%，其中湖北大力推进新型工业化的政策起着重要作用。

"十一五"时期，新型工业化进程加快，第二产业 GDP 从 2006 年的 3365.08 亿元增加至 2010 年的 7767.24 亿元，平均增长率高达 23.26%，并在 2010 年增速达到 15 年的峰值 28.64%。

"十二五"时期，第二产业 GDP 由 2011 年的 9815.94 亿元增加至 2015 年的 13503.56 亿元，平均增长率达到 8.30%。此时与第一产业出现相似情况，增速开始快速下降，到 2015 年的增速下降到只有 5.07%。

步入"十三五"规划后，2016 年第二产业 GDP 增长率为 6.45%，相较于"十二五"规划，总体呈现稳定增长的趋势。

2.3.4　第三产业呈小幅波动稳定增长态势

1978~2017 年，第三产业逐渐发展起来，GDP 从 1978 年的 26.18 亿元增长至 2017 年的 16503.4 亿元，增长了 630.38 倍，平均增长率为 17.97%，总体增速较第一、第二产业要快（见图 2-7）。

"六五"期间，湖北第三产业 GDP 持续上升，从 1981 年的 39.9 亿元上升至 1985 年的 77.47 亿元，平均增长率达到 18.04%。并且增长速率也呈上升势态，在 1984 年上升至 28.97% 达到峰值后，1985 年下降到 18.53%。这五年湖北的平均第三产业 GDP 增速为 18.04%，但此时第三产业 GDP 相比第一、第二产业要小得多。

"七五"期间，湖北第三产业 GDP 继续稳定上升，从 1986 年的 90.47 亿元增加至 1990 年的 221.54 亿元，平均增长率为 23.39%，比"六五"时期高，并在 1988 年达到峰值 28.70%。到 1990 年第三产业生产总值已与第一产业相差不大。

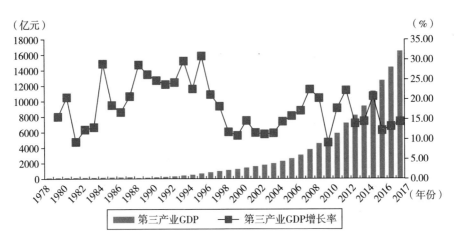

图 2-7 1978~2017 年湖北第三产业 GDP 及增长率变化

资料来源：根据《湖北统计年鉴》（1985~2017 年）、《湖北 50 年》整理。

"八五"期间，交通运输和通信等产业迅速成长，第三产业 GDP 高速上升，从 1991 年的 274.22 亿元增加至 1995 年的 709.43 亿元，并且增长速率波动很小，平均增速为 26.21%，相比"七五"时期略微提升。虽然 GDP 仍略低于第二产业，但已超过了第一产业。其中邓小平南方谈话和党的十四大召开，提出强化交通运输和通信等基础设施建设起着重要作用。

"九五"期间，受亚洲经济危机的影响，湖北第三产业 GDP 增速持续下降，从 21.19% 下降到 1999 年的 10.92%，到 2000 年稍有好转上升到 14.66%。虽然增速下降，但 GDP 仍呈稳定上升势态，从 1996 年的 859.75 亿元上升至 2000 年的 1445.71 亿元，成功突破千亿元，平均增长率为 13.87%。

"十五"期间，服务业迅速成长发展，消费结构升级加快，第三产业 GDP 从 2001 年的 1613.97 亿元增加至 2005 年的 2655.94 亿元，平均增长率为 13.26%。

"十一五"期间，服务业发展提速，第三产业 GDP 从 2006 年的 3111.98 亿元增加至 2010 年的 5894.40 亿元，平均增长率为 17.31%，并在 2007 年达到 2000~2015 年 15 年间的增速峰值 22.51%。

"十二五"时期 GDP 则从 2011 年的 7247.02 亿元增加至 2015 年的 12736.79 亿元，平均增长率为 15.14%。相对于同期的第一、第二产业而言，第三产业在"十二五"时期仍保持着较稳定的增速不断发展，并且在 15 年里都保持着较小的增速变化幅度，较为稳定。

2.3.5　三次产业结构变化分析

湖北三次产业结构调整在不同时期的变化呈现以下特征。

1. "六五"期间第一、第二产业为主体结构

1981～1985年（即"六五"时期），湖北地区生产总值累计1448.36亿元，年均增长15.88%。一二三产业占比由1981年的39.6:42.3:18.2调整为1985年的36.5:44.0:19.6。在此之前，湖北以第一产业为主，这五年湖北工业逐渐发展，第二产业占比也有所增长，比重已与第一产业相近甚至超过第一产业，第三产业GDP虽然也在持续上升，但占比相比第一产业，第二产业要少很多。

2. "七五"期间第三产业占比逐渐增长

1986～1990年（即"七五"时期），湖北地区生产总值累计3127.79亿元，年均增长16.86%。一二三产业占比由1986年的37.0:42.5:20.5调整为1990年的35.1:38.0:26.9。第一产业占比稍低于第二产业，但大致持平，第三产业占比虽仍是最低，但逐渐在增长，越来越接近第一产业。

3. "八五"期间产业占比有所减少

1991～1995年（即"八五"时期），湖北地区生产总值累计7937.9亿元，年均增长23.27%。在此期间，随着产业结构的调整，强化交通运输和通信等基础设施建设；加快能源和重要原材料工业的发展，第二、第三产业发展迅速。从构成看，一二三产业占比由1991年的30.6:39.4:30.0调整为1995年的29.4:37.0:33.6。随着第三产业的发展，第一产业占比逐渐下降，总体而言，此阶段湖北省三产占比较为平均，相差不大。

4. "九五"期间第二、第三产业为主体结构

1996～2000年（即"九五"时期），湖北地区生产总值累计15244.94亿元，年均增长9.13%。在此期间，受金融危机影响，三次产业GDP增速均有下降，但相比起来第三产业发展速度最快，占比已与第二产业相近。从构成看，第一、第二、第三产业占比由1996年的28.7:37.0:34.4调整为2000年的18.7:40.5:40.8，第三产业与第二产业同成为主体结构，而第一产业占比越来越小。

5. "十五"期间第一、第三产业占比有所增长

2001～2005年（即"十五"时期），湖北地区生产总值累计25074.23亿

元，年均增长 14.16%。在此期间，产业结构不断优化，工业经济持续快速增长，"十五"期间确定的主要发展目标均提前和超额完成，湖北得到迅速发展。从构成看，一二三产业占比由 2001 年的 14.9∶49.6∶35.5 调整为 2005 年的 16.5∶42.8∶40.7，第一产业与第三产业比重上升，第二产业比重出现降低，但仍然保持占比最大的主体地位。

6. "十一五"期间第二产业快速发展，仍为主体结构

2006～2010 年（即"十一五"时期），湖北生产总值年均增长 20.33%，比目标高出 3.9 个百分点，改革开放以来首次明显高于全国平均水平。三次产业结构趋向合理，一二三产业比重由 2006 年的 15.2∶44.9∶39.9 调整为 2010 年的 13.6∶49.1∶37.3。第二产业比重越来越大，但第一、第三产业则开始出现降低趋势。

7. "十二五"期间第二、第三产业接近平衡状态

2011～2015 年（即"十二五"时期），湖北生产总值达到 2.96 万亿元，由"十一五"末的第 11 位上升到第 8 位。发展质效不断提高，经济结构调整深入推进，三次产业结构由 2010 年的 13.5∶48.6∶37.9 调整为 2015 年的 11.2∶45.7∶43.1，第二、第三产业处于增长状态，但第三产业增长速度较快，比重接近仍为主体结构的第二产业，而第一产业的比重则越发变小。

8. "十三五"规划 2020 年服务业增加值比重达 48%

湖北"十三五"规划中明确指出，到 2020 年，湖北服务业增加值比重应达 48%，根据 2020 年规划湖北地区总产值 44400 亿元的目标，2020 年湖北服务业增加值应达到 21312 亿元。2016 年湖北服务业增加值为 14263.45 亿元，由此计算出未来四年的平均增长率为 10.56%。按照目前的发展趋势而言，到 2020 年湖北服务业增加值比重很有可能达到 48%。

2.4 湖北经济对全国经济的贡献分析

2.4.1 地区生产总值的比较分析

1978～2017 年，全国生产总值从 3645.22 亿元增加至 827122 亿元，平均增长率达到 14.92%。湖北地区生产总值从 151.00 亿元增加至 36522.95 亿

元，平均增长率达到 15.11% ，略高于全国水平（见图 2 - 8）。如表 2 - 2 所示，湖北地区生产总值的增长势态略高于全国水平，仅在 1978～2000 年的增速（15.43%）略低于全国水平（16.20%）。

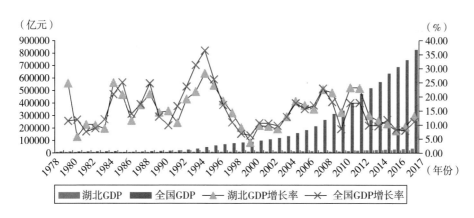

图 2 - 8　1978～2017 年湖北与全国地区生产总值及增速对比

资料来源：根据《中国统计年鉴》（1981～2018 年）、《新中国 60 年》、《湖北统计年鉴》（1985～2017 年）、《湖北 50 年》整理。

表 2 - 2　　　　1978～2017 年湖北与全国地区生产总值平均增速对比分析　　　　单位：%

时期	全国平均增速	湖北平均增速
"六五"期间（1981～1985 年）	14.68	14.73
"七五"期间（1986～1990 年）	15.67	15.78
"八五"期间（1991～1995 年）	26.63	20.67
"九五"期间（1996～2000 年）	10.29	10.94
"十五"期间（2001～2005 年）	13.26	13.20
"十一五"期间（2006～2010 年）	16.77	19.36
"十二五"期间（2011～2015 年）	11.41	13.10
1978～2017 年	14.92	15.11
1978～2000 年	16.20	15.43
2000～2017 年	13.29	14.71

资料来源：根据《中国统计年鉴》（1981～2018 年）、《新中国 60 年》、《湖北统计年鉴》（1985～2017 年）、《湖北 50 年》整理。

湖北位于长江中下游平原，素来有鱼米之乡的美誉，是我国粮食主产区之一。所以湖北第一产业总产值占全国比重相比第二、第三产业要高很多，几乎一直保持在 5% 以上。

湖北第二产业占全国的比重波动较大，但在 2008 年后呈持续上升的趋势，到 2013 年达到峰值 4.87%，并且近几年一直稳定在这个值左右。

湖北第三产业占全国比重的变化较为平缓（见图 2 - 9）。

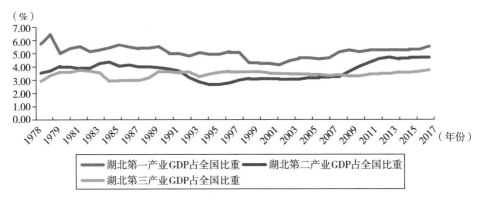

图 2 - 9　1978 ~ 2017 年湖北三次产业占全国比重

资料来源：根据《中国统计年鉴》（1981 ~ 2018 年）、《新中国 60 年》、《湖北统计年鉴》（1985 ~ 2017 年）、《湖北 50 年》整理。

2.4.2　第一产业生产总值的比较分析

改革开放以来，我国第一产业发展迅速，从 1978 年的 1027.54 亿元增长至 2017 年的 65468.00 亿元，平均增长率达到 11.24%。

湖北第一产业 GDP 的增速变动与全国而言有较大的不一致，如图 2 - 10、表 2 - 3 所示，除了"八五"时期和"九五"时期，其他时期湖北第一产业 GDP 的平均增速高于全国水平。总体而言，1978 ~ 2017 年，湖北第一产业 GDP 的平均增速为 11.14%，略低于全国平均增速（11.24%），主要是由于 1978 ~ 2000 年的平均增速相差了 1.5 个百分点，2000 ~ 2017 年的平均增速仍高于全国平均增速。

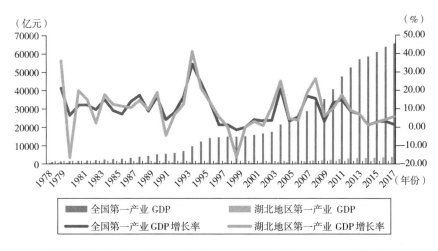

图2–10 1978～2017年全国和湖北地区第一产业GDP及其增长率

资料来源：根据《中国统计年鉴》（1981～2018年）、《新中国60年》、《湖北统计年鉴》（1985～2017年）、《湖北50年》整理。

表2–3 1978～2017年湖北与全国第一产业GDP平均增速对比分析 单位：%

时期	全国平均增速	湖北平均增速
"六五"时期(1981～1985年)	13.33	15.19
"七五"时期(1986～1990年)	14.57	14.92
"八五"时期(1991～1995年)	19.11	16.45
"九五"时期(1996～2000年)	4.25	1.34
"十五"时期(2001～2005年)	8.45	10.32
"十一五"时期(2006～2010年)	12.57	14.69
"十二五"时期(2011～2015年)	8.47	9.04
1978～2017年	11.24	11.14
1978～2000年	12.94	11.44
2000～2017年	9.08	10.37

资料来源：根据《中国统计年鉴》（1981～2018年）、《新中国60年》、《湖北统计年鉴》（1985～2017年）、《湖北50年》整理。

2.4.3 第二产业生产总值的比较分析

改革开放以来，我国第二产业发展迅猛，从1978年的1745.20亿元增长至2017年的334623.00亿元，平均增长率达到14.43%。

　　湖北第二产业 GDP 的增速变动与全国而言有较大的不一致，如图 2 – 11、表 2 – 4 所示，除了"七五"时期和"八五"时期，其他时期湖北第二产业 GDP 的平均增速高于全国水平；总体而言，1978 ～ 2017 年，湖北第二产业 GDP 的平均增速为 15.27%，略高于全国平均增速（14.43%），虽然 1978 ～ 2000 年的平均增速比全国低了 0.76 个百分点，2000 ～ 2017 年的平均增速则高于全国平均增速近 3 个百分点。

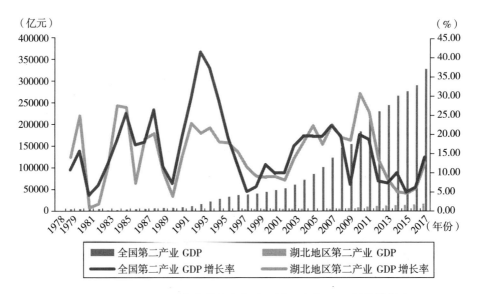

图 2 – 11　1978 ～ 2017 年全国和湖北地区第二产业 GDP 及其增长率

资料来源：根据《中国统计年鉴》（1981 ～ 2018 年）、《新中国 60 年》、《湖北统计年鉴》（1985 ～ 2017 年）、《湖北 50 年》整理。

表 2 – 4　　　　1978 ～ 2017 年湖北与全国第二产业 GDP 平均增速对比分析　　　　单位：%

时期	全国平均增速	湖北平均增速
"六五"时期（1981 ～ 1985 年）	12.02	13.72
"七五"时期（1986 ～ 1990 年）	14.82	12.44
"八五"时期（1991 ～ 1995 年）	30.02	20.01
"九五"时期（1996 ～ 2000 年）	9.70	13.00
"十五"时期（2001 ～ 2005 年）	13.97	14.69

时期	全国平均增速	湖北平均增速
"十一五"时期(2006～2010 年)	16.43	22.18
"十二五"时期(2011～2015 年)	8.52	11.70
1978～2017 年	14.43	15.27
1978～2000 年	15.98	15.22
2000～2017 年	12.45	15.11

资料来源：根据《中国统计年鉴》(1981～2018 年)、《新中国 60 年》、《湖北统计年鉴》(1985～2017 年)、《湖北 50 年》整理。

2.4.4　工业增加值的比较分析

伴随着第二产业的迅猛发展，全国工业增加值从 1978 年的 1603.00 亿元增长至 2017 年的 279997.00 亿元，平均增长率达到 14.15%。

与此同时，湖北工业增加值从 1978 年的 52.17 亿元增长至 2017 年的 13874.21 亿元，增长了 265.94 倍，平均增长率达到 15.39%。

湖北工业增加值占全国的比重由较大的波动，如图 2－12、表 2－5 所示，除"七五"时期和"八五"时期，其他时期湖北工业增加值的平均增

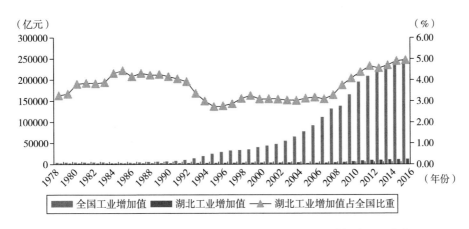

图 2－12　1978～2016 年湖北工业增加值占全国工业增加值比重变化

资料来源：根据《中国统计年鉴》(1981～2018 年)、《新中国 60 年》、《湖北统计年鉴》(1985～2017 年)、《湖北 50 年》整理。

表 2 - 5　　　　　1978～2017 年湖北与全国工业增加值平均增速对比分析　　　单位:%

时期	全国平均增速	湖北平均增速
"六五"时期(1981～1985 年)	11.56	15.11
"七五"时期(1986～1990 年)	14.74	13.20
"八五"时期(1991～1995 年)	29.47	19.10
"九五"时期(1996～2000 年)	10.10	12.80
"十五"时期(2001～2005 年)	14.13	14.40
"十一五"时期(2006～2010 年)	16.20	22.52
"十二五"时期(2011～2015 年)	7.33	11.38
1978～2017 年	14.19	15.45
1978～2000 年	15.78	15.50
2000～2017 年	12.03	15.37

资料来源:根据《中国统计年鉴》(1981～2018 年)、《新中国 60 年》、《湖北统计年鉴》(1985～2017 年)、《湖北 50 年》整理。

速高于全国水平;总体而言,1978～2017 年,湖北工业增加值的平均增速为 15.45%,略高于全国平均增速 (14.19%),虽然 1978～2000 年期间的平均增速比全国低了 0.28 个百分点,2000～2017 年的平均增速则高于全国平均增速 3.34 个百分点。

2.4.5　第三产业生产总值的比较分析

改革开放以来,我国第三产业发展也较为迅速,从 1978 年的 872.48 亿元增长至 2017 年的 427032 亿元,平均增长率达到 17.21%,比第二产业增长更快。同期湖北的第三产业平均 GDP 增速为 17.97%,略高于全国平均水平。

湖北第三产业 GDP 的增速变动与全国而言有较大的不一致,如图 2 - 13、表 2 - 6 所示,"六五""八五""十五"和"十一五"时期,湖北第三产业 GDP 的平均增速均低于全国水平,仅在"七五""九五"和"十二五"时期,湖北第三产业 GDP 的平均增速略高于全国水平。

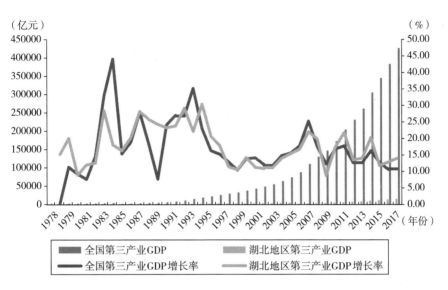

图 2 – 13 1978～2017 年全国和湖北地区第三产业 GDP 及其增长率

资料来源：根据《中国统计年鉴》(1981～2018 年)、《新中国 60 年》、《湖北统计年鉴》(1985～2017 年)、《湖北 50 年》整理。

表 2 – 6 　　　　1978～2017 年湖北与全国第三产业 GDP 平均增速对比分析 　　单位：%

时期	全国平均增速	湖北平均增速
"六五"时期(1981～1985 年)	21.36	16.25
"七五"时期(1986～1990 年)	17.90	23.39
"八五"时期(1991～1995 年)	27.68	26.21
"九五"时期(1996～2000 年)	14.15	15.30
"十五"时期(2001～2005 年)	14.12	12.93
"十一五"时期(2006～2010 年)	18.30	17.29
"十二五"时期(2011～2015 年)	14.80	16.66
1978～2017 年	17.21	17.79
1978～2000 年	18.81	20.00
2000～2017 年	15.17	15.41

资料来源：根据《中国统计年鉴》(1981～2018 年)、《新中国 60 年》、《湖北统计年鉴》(1985～2017 年)、《湖北 50 年》整理。

第3章
改革开放 40 年湖北工业经济发展研究

3.1 规模以上工业总产值分析

　　湖北规模以上工业总产值在湖北地区经济发展中一直处于重要地位。由于 1998 年统计口径发生了变化（规模以上工业在 1998 年以前统计范围为乡及乡以上工业，1998 年后为全部国有工业及年销售收入 500 万元以上非国有工业企业），因此对规模以上工业总产值的分析以 1998 年为分界线，进行分段分析。

　　改革开放 20 年来，湖北工业发展迅速。由图 3 – 1 可见，湖北规模以上工业总产值呈大波动高增长的势态，从 1978 年的 167.21 亿元增长至 1998 年的 6731.31 亿元，平均增长率达到 20.29%，比湖北 GDP 的平均增长率高 3.95 个百分点。

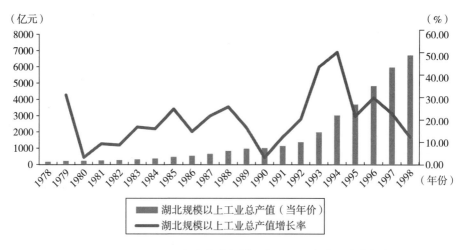

图 3 – 1　1978 ~ 1998 年湖北省规模以上工业总产值及其增长率

资料来源：根据《湖北统计年鉴》（1985 ~ 1999 年）、《湖北 50 年》整理。

　　"六五"时期（1981~1985年），湖北规模以上工业总产值由249.72亿元增加至467.22亿元。这一时期，湖北规模以上工业总产值增长率稳定上升，1985年达到25.62%。平均增长率为16.95%，略高于同期湖北GDP平均增速15.88%。

　　"七五"时期（1986~1990年），湖北规模以上工业总产值由538.28亿元增加至1008.2亿元，平均增长率为16.99%，与同期湖北GDP平均增速16.86%相近。此阶段规模以上工业总产值增长率也出现较大波动，与湖北地区GDP增长趋势相似。1986~1988年，湖北工业总产值增速持续上升，1988年达到峰值26.65%后又开始急速下降，1990年增速仅有3.2%，但总体还是保持稳定上升的趋势。

　　"八五"时期（1991~1995年），湖北规模以上工业总产值由1136.02亿元增加至3697.91亿元，平均增长率为34.32%，远高于同期湖北GDP平均增速23.27%。产业结构的调整使湖北省第二产业得到迅速发展，工业发展尤其迅速。湖北规模以上工业总产值增长率显著上升，从1991年的12.68%增长至1994年的51.82%，达到这20年来的峰值。1995年增速也开始趋于平缓，下降至22.26%。

　　"九五"时期（1996~2000年），因1998年起规模以上工业统计口径发生了变化，故先只分析1996~1998年的数据。这三年湖北规模以上工业总产值由4836.33亿元增加值6731.31亿元，在"九五"期间，湖北工业迅速发展，湖北规模以上工业总产值增长速率开始稳定下来，平均增长率为17.98%，比"八五"时期下降了许多，但也比同期湖北GDP的平均增长率高出6.37个百分点。

　　一直以来"两型社会"的建设都是湖北发展中的战略性发展大事件。在此过程中，湖北产业结构不断得到优化，经济也得到快速发展。由图3-2可见，1999~2016年，湖北工业经济迅速发展，规模以上工业总产值从2000年的3064.43亿元增加至2016年的48766.71亿元，平均增长率达到18.88%，比同期GDP的平均增长率高出4.08个百分点。整体可见湖北规模以上工业总产值保持着较稳定的增长态势。

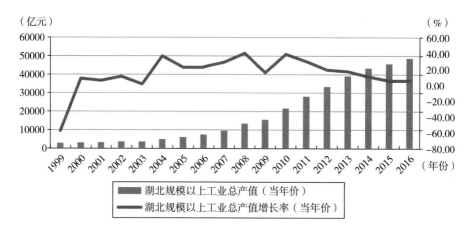

图3-2 1999~2016年规模以上工业总产值及其增长率

资料来源：根据《湖北统计年鉴》（2000~2017年）整理。

2001~2005年，经过"十五"时期的实施，湖北规模以上工业总产值由3239.51亿元增加值6066.96亿元，平均增长率为16.98%，与同期湖北GDP相比，高出2.82个百分点。而此阶段规模以上工业总产值增速也出现较大波动，在2001~2003年轻微波动后处于1.17%的低速增长，而在2004年，规模以上工业总产值增速急剧上升至36.6%，出现快速增长，到2005年则有所回落。

2006~2010年，湖北进入"十一五"时期，此时新型工业化进程加快，工业得到迅速发展。湖北规模以上工业总产值由7454.07亿元增加至21623.12亿元，成功突破2万亿元大关。此时平均增长率也达到30.5%，远高于"十五"时期以及同期湖北GDP的平均增长速度。五年间，增长率始终保持较高态势，并在2008年达到峰值40.13%。2009年金融危机后，增长率下滑至15.7%，但经过采取积极的应对措施后，2010年的规模以上工业总产值有所回升，增长率也回到较高水平。

2011~2015年是"十二五"时期，工业总产值由28072.73亿元增加值45809.57亿元，成功突破4万亿元大关，支柱产业也不断发展壮大。此时的规模以上工业总产值已经处于稳健上升的状态，平均增长率回落至13.02%，但仍高于同期湖北GDP的平均增速。在此期间，湖北规模以上工业总产值增长率不断下降，逐渐由2011年的29.83%回落至2015年的5.57%，增长速度放缓。

2016年是步入"十三五"时期的第一年，湖北工业总产值增长到48766.71

亿元，增长率为 6.46% 在 2015 年的基础上有所回升，但还是远远低于湖北地区总产值的 9.30% 的增长率。

3.2　工业增加值分析

由图 3 – 3 可见，改革开放以来，湖北工业增加值和地区生产总值均呈逐年上升趋势，且 2003 年之后增长速度明显快于 2003 年之前，2015 年湖北工业增加值最高达到 12255.46 亿元，同年，湖北地区 GDP 最高达到 32297.91 亿元。从总体而言，工业增加值占地区 GDP 比重也是逐渐增加的，说明工业在湖北经济发展中的地位日益突出。2012 年比重最高达到 43.75%，几乎占全省 GDP 的半壁江山。《2003 年湖北省政府工作报告》对工业给予高度重视，提出"强化工业的主导地位，强调以信息化带动工业化，增加信息化投入，走新型工业化道路"。在湖北省政府与人民的共同努力下，工业经济发展一路向好，成效显著。

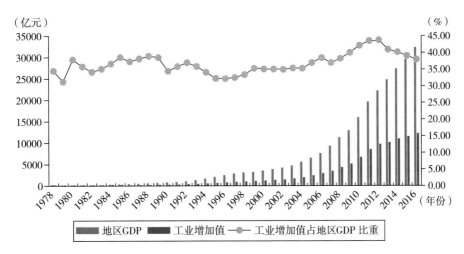

图 3 – 3　1978～2016 年湖北工业增加值及其占 GDP 比重趋势变化

资料来源：根据《湖北统计年鉴》（1985～2017 年）、《湖北 50 年》整理。

"六五"时期（1981～1985 年），湖北地区工业增加值由 78.73 亿元增加至 152.88 元，平均增长率达到 18.05%，所占生产总值比重也由 35.83% 增加至 38.58%。

"七五"时期（1986~1990年），湖北地区工业增加值由164.93亿元增加至284.15元，平均增长率达到14.57%，所占生产总值比重由37.31%减少至34.47%，但仍保持稳定的发展态势。

"八五"时期（1991~1995年），湖北地区工业增加值由327.5亿元增加至680.92元，平均增长率达到20.08%，相比"七五"时期有了显著提升，所占生产总值比重由35.86%减少至32.28%。

"九五"时期（1996~2000年），受金融危机影响，湖北地区工业增加值由805.53亿元增加至1243.24元，平均增长率只达到11.46%，湖北整体经济发展速度也放缓，工业增加值所占生产总值比重反而由32.22%增加至35.07%。

"十五"时期（2001~2005年），湖北地区工业增加值由35.05%的比重增加至37.61%，是整体的1/3。

"十一五"时期（2006~2010年），湖北地区工业增加值所占生产总值比重又从38.45%上升至42.13%，可见新型工业的迅速发展使湖北工业在GDP中发挥着日益重要的作用。

"十二五"时期（2011~2015年），湖北GDP增速逐渐超越规模以上工业增加值，规模以上工业增加值的比重也逐渐下降至39.03%，但总体仍保持较大比重。

3.3 第二产业就业人员分析

为了研究湖北第二产业就业人员情况，选取1978~2016年湖北三次产业就业人数，并计算出各产业占总就业人数的比重来进行分析。

由图3-4可见，第一产业就业人数基数大，占比高，1978年占总就业人数的76.98%，1978年至今，虽然基数没有太大变化，但所占比重却有较大下降。第二产业和第三产业就业人数都有所增加，但第三产业就业人数增速明显快于第二产业，且第三产业就业人数占比从1994年开始超过第二产业，在2015年甚至超过第一产业。第二产业在就业人数占比波动不大，1995年以来，就业人数比重不但没有上升，甚至有所下降。这说明第一、第二产业就业人员呈现向第三产业转移的趋势。随着科技水平的提高，越来越普遍的机械化生产和操作，使第一、第二产业对劳动力人数的需求下降。

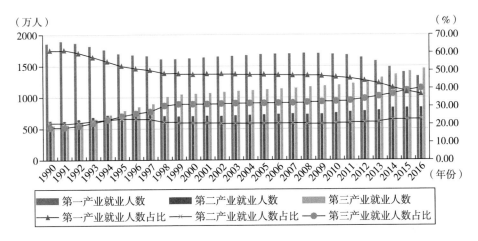

图 3－4 湖北 1990～2016 年三次产业就业结构趋势变化

资料来源：根据《湖北统计年鉴》（2017 年）整理。

3.4 第二产业固定资产投资分析

固定资产投资额是以货币表现的建造和购置固定资产活动的工作量，是反映固定资产投资规模、速度、比例关系和使用方向的综合性指标。选取1978～2015 年湖北第二产业固定资产投资额进行分析（见图 3－5）。

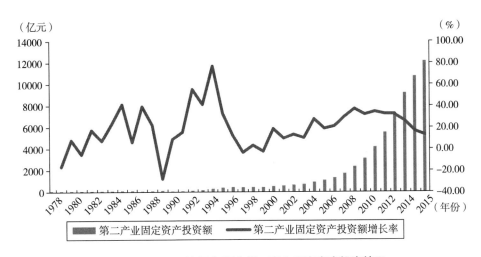

图 3－5 1978～2015 年湖北第二产业固定资产投资情况

资料来源：根据《湖北统计年鉴》（1985～2017 年）、《湖北 50 年》整理。

　　1978～2015 年，湖北第二产业固定资产投资额从 25.28 亿元增加至 12146.51 亿元，平均增长率达到 18.16%，总体保持稳定增长态势，但增长速度变化区间在 -27.87%～76.97%，波动幅度较大。

　　"六五"时期（1981～1985 年），改革开放以来，湖北工业逐渐发展，对第二产业固定资产投资也逐渐加大，从 1981 年的 21.55 亿元增加到 47.42 亿元，增速整体也呈上升的趋势，1985 年增长至峰值 41.26%，平均增长率达到 21.79%。

　　"七五"时期（1986～1990 年），湖北第二产业固定资产投资额从 1986 年的 50.33 亿元增加至 67.41 亿元，平均增长率只有 7.58%。并且这段时期湖北对第二产业固定资产投资增长波动较大，在 1987 年增速上升到 39.42% 后开始下降，1989 年甚至呈负增长，增长率降至只有 -27.87%，1990 年才有所好转，增速再次上升到 8.97%。

　　"八五"时期（1991～1995 年），随着邓小平南方谈话，湖北产业结构进一步调整，工业发展迅速，第二产业固定资产投资额从 1991 年的 77.95 亿元增加至 401.69 亿元，增速也迅速上升，1994 年甚至高达 76.97%，这段时期平均增长率也达到 50.67%。

　　"九五"时期（1996～2000 年），湖北第二产业固定资产投资额增速逐渐趋于平稳，投资额从 1996 年的 451.28 亿元增长至 521.58 亿元，平均增长率为 3.69%。虽远低于"八五"时期增长率，但投资额整体还是保持稳定上升的趋势。

　　"十五"时期（2001～2005 年），湖北工业仍处于发展状态，第二产业固定资产投资额增速保持小波动上升趋势，投资额从 2001 年的 572.19 亿元增长至 1086.34 亿元，成功突破千亿元，平均增长率为 17.38%。

　　"十一五"时期（2006～2010 年），湖北工业保持稳定的发展，第二产业固定资产投资额从 2006 年的 1317.12 亿元增长至 4169.92 亿元，平均增长率达到 33.39%，远高于"十五"时期。

　　"十二五"时期（2011～2015 年），湖北第二产业固定资产投资额呈降速稳定增长态势，从 2011 年的 5526.4 亿元增长至 12146.51 亿元，增速却从 32.53% 降至 13.17%，但始终保持着良好的发展状态，平均增长率为 21.76%。

　　另外，湖北第二产业固定资产投资额在湖北全社会固定资产投资额中所占比重也发生了变化。湖北三次产业固定资产投资额所占比重如图 3 − 6 所示。一直以来，第一产业固定资产投资都较少，占比从 1978 年的 6.67% 到 2015 年的 3.6%，变化较小。在改革开放初期，第二产业固定资产投资额所占比例最大，1978 年高达 75.28%。随着第三产业的逐步发展，其固定资产投资额占比也逐渐加大，1983 年已接近第二产业；一直到 1995 年湖北第二和第三产业固定资产投资额都占主体，并且所占比值也相似。1995 年后，由于交通运输业、房地产业等服务业的快速发展，湖北对第三产业固定资产投资额也越来越多，占比甚至超过了第二产业，一直到近年，第三产业固定资产投资额占比都是最多的。正因为第三产业的发展和崛起对于一个城市的社会与经济发展具有重要的作用，湖北还需要进一步优化产业结构，尤其要注重第三产业的发展。

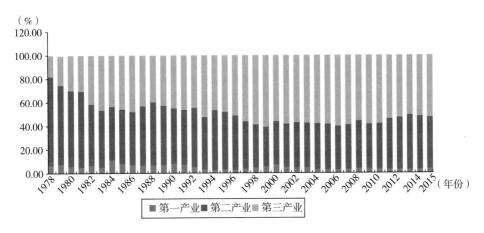

图 3 − 6　1978 ~ 2015 年湖北三次产业固定资产投资额占比

资料来源：根据《湖北统计年鉴》（1985 ~ 2017 年）、《湖北 50 年》整理。

3.5　工业出口分析

出口交货值是衡量工业企业生产的产品在国际市场竞争力的一个重要指标，是现阶段衡量我国大型工业企业融入世界经济的一个主要参数。选取 2000 ~ 2016 年湖北规模以上工业出口交货值进行分析（见图 3 − 7）。

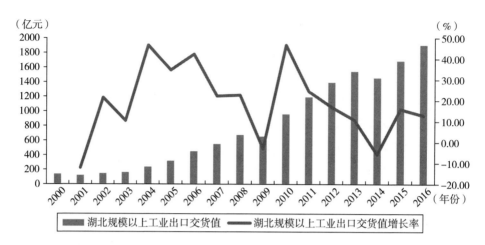

图 3－7　2000～2016 年湖北规模以上工业出口交货值及增长率变化

资料来源：根据《湖北统计年鉴》（1985～2017 年）、《湖北 50 年》整理。

2000～2016 年，湖北规模以上工业出口交货值从 136.49 亿元增加至 1905.07 亿元，平均增长率达到 17.9%，总体保持稳定增长态势，增长速度变化区间在 －12.24%～46.62%，波动幅度较大。

"十五"时期（2001～2005 年），湖北规模以上工业出口交货值从 119.79 亿元增长至 316.36 亿元，平均增长率达到 27.48%。这段时期湖北加快出口产品结构调整，努力拓展国际市场，规模以上工业出口交货值增长率也显著增加，2004 年达到峰值 46.48%。实现了出口交货值快速增长的良好局面。

"十一五"时期（2006～2010 年），湖北规模以上工业出口交货值从 449.94 亿元增长至 958.14 亿元，平均增长率为 20.8%，比"十五"时期减少了 6.68 个百分比。湖北规模以上工业出口交货值增速波动也较大，2006～2009 年整体呈下降趋势，尤其 2008 年的经济危机给湖北造成了较艰难的外部发展环境，2009 年的增速骤降至五年的最低值 －3.05%，出现负增长的现象。但在采取了积极快速的应对措施后，2010 年湖北规模以上工业出口交货值增长率又快速回升到了 46.62%。

"十二五"时期（2011～2015 年），湖北规模以上工业出口交货值从 1191.94 亿元增长至 1688.02 亿元。与第二产业 GDP 出现相似情况，湖北规模以上工业出口交货值增速开始快速下降，到 2014 年的增速下降到只有 －5.69%，五年的平均增长率只有 9.09%，远远小于"十五""十一五"两个时期。但在 2015 年又有所好转，增速再次回升到 15.9%。

3.6　工业污染治理分析

为了分析湖北工业企业对环境污染治理的重视程度，收集 2007～2016 年各种类型工业污染治理的资金投入数据，对此进行分析。

由图 3-8 可见，2007 年以来，湖北工业污染治理方面的资金投入总体呈上升趋势。其中，2009 年、2013 年较前一年上升幅度较大。2009 年、2010 年、2013 年、2014 年的工业污染治理总资金投入较大，其中，废气治理上的资金投入占总投入比重较大。造成废气污染的行业主要有石油加工业、纺织业、发电厂、汽车尾气等，因此这些行业应该重视对废气污染治理，增加资金投入。同时，排名第二的是废水污染治理。造成这类污染的行业主要是印刷业、冶金业、油气开采业等重工业，这类行业应承担相应的社会责任，积极参与污染治理。

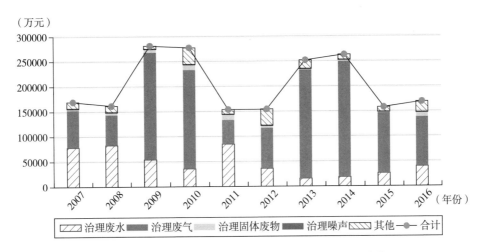

图 3-8　湖北 2007～2016 年工业污染治理情况趋势变化

资料来源：根据《湖北统计年鉴》（2017 年）整理。

3.7 湖北工业对湖北经济发展的作用评价

以上分析结果表明，湖北工业发展呈现以下特点：

第一，工业在全省经济发展中的作用越来越重要。湖北工业产值在全省地区生产总值中占比接近50%，且呈上升趋势，说明湖北工业在地区经济发展中发挥着越来越重要的作用。

第二，第二产业成为全省主导产业，且地位稳固。湖北第二产业增加值占全省GDP比重比较稳定，始终维持在40%左右；对湖北地区GDP贡献处于绝对重要地位，始终保持在50%左右；说明湖北产业结构一直以第二产业为主导产业，第二产业地位比较稳固。

第三，城市化导致第二产业的就业人数稳中有降。湖北第二产业就业人数较稳定，虽然有所增加，但比重却小幅度下降，说明越来越多的人从第一、第二产业转向第三产业，这是城市化的必然结果。

第四，对主要工业污染物治理的总投入有所增加。废水和废气是湖北主要的工业污染物，工业污染治理的总投入虽然整体上有所增加，但是更应该从源头上减少和控制。湖北工业应坚持发展与环保并重，使用清洁能源，减少和控制"工业三废"。

第❹章
改革开放 40 年湖北工业发展绩效研究

4.1 工业绩效的相关理论研究

4.1.1 绩效的相关概念界定

绩效，从管理学的角度看，是组织期望的结果，是组织为实现其目标而展现在不同层面上的有效输出，它包括个人绩效和组织绩效两个方面。绩就是业绩，体现企业的利润目标；效就是效率、效果、态度、品行、行为、方法、方式。经济绩效主要是指对经济与资源分配以及资源利用有关的效率的评价。目前，关于经济绩效的研究主要集中于对区域或企业经济绩效评价及影响因素，而科技创新是影响经济绩效的一个非常重要的因素，所以很多学者单独研究创新对绩效的影响。

关于绩效的概念，至今学术界没有形成一个一致认可的定义，不同领域的学者在绩效的定义上都有自己独特的见解。

坎贝尔（Campbell, 1990）指出，绩效就是行为，应该与结果区分开，因为结果会受系统因素的影响。他认为绩效只包括与组织目标有关的行动或行为。伯纳丁（Bernadinetal, 1998）认为绩效是结果，因为这些工作结果与组织的战略目标、顾客满意度及所投资金的关系最密切。布伦巴赫（Brumbrach, 1998）从行为和结果两个方面对绩效进行了定义，认为绩效是指行为实施后所达到的状态及达到预期的程度。相应地，经济绩效则是指经济活动的行为和结果，是经济行为实施后获得的业绩和效果。曹娜娜（2009）在文献述评的基础上，运用 BS 法（头脑风暴法）对绩效定义作了探索性研究。她认为，绩效就是为了更加有效地向目标迈进而正确地做正确的事。林源源（2010）将经济绩效定义为从事经济活动收到的效果或收益。杨爱婷（2012）认为经济绩效主要指对经济与资源分配及资源利用有关的效率评价。

4.1.2　区域经济绩效相关研究

刘建国（2012）深入剖析了中国区域经济效率的动态演进及其静态空间格局，从空间维度分析了经济效率的溢出效应。计志英（2012）运用随机前沿分析法对东南沿海四省一市的经济效率及其影响因素进行实证分析，研究发现第三产业自身技术效率递减以及 FDI 是一种次优的制度安排，对本土企业具有挤出效应。李海东、吴波亮（2013）运用超效率 DEA 三阶段模型对中国各省市经济发展效率进行评价，研究发现外生的环境和随机误差对我国经济效率影响较大。这些研究对区域经济发展绩效评价提供了很好的借鉴参考。林昌华（2015）以东部地区 10 个省市 2004 ~ 2012 年的面板数据作为样本，构建投入—产出指标体系，采用 DEA-Malmquist 指数法动态测度了东部地区经济发展的全要素生产率，运用灰色关联分析深入探究影响区域发展绩效的相关产业发展因素，得出东部地区经济发展效率呈现不稳定发展状态，且总体上表现出下降态势，而影响区域绩效发展的产业因素作用的次序依次是第三产业、农业、高新技术产业、传统工业的结论。

4.1.3　创新绩效相关研究

刘和东（2010）以 1997 ~ 2007 年 29 个省市大中型工业企业的面板数据为基础，运用 DEA 方法测算了全要素生产率变动及其分解，同时测算了各个地区技术效率的规模效应、投入与产出的冗余与松弛状况，进一步分析了影响全要素生产率及其分解的相关因素。研究发现，样本期内全要素生产率、技术进步有正的上升趋势，技术效率有下降趋势；我国大中型工业企业技术效率地区差异显著；研发人员、研发投入强度、政府资金支持、银行资金支持、技术转移、企业规模、市场竞争度对全要素生产率、技术效率、技术进步有不同程度和方向的影响。孙早、宋炜（2012）利用 2000 ~ 2009 年中国制造业面板数据，估计了企业 R&D 投入对产业创新绩效的效应。研究表明，在资本密集度较高的战略性产业中，企业 R&D 投入对产业创新绩效的正效应不显著；不同所有制企业的 R&D 投入对产业创新绩效的影响是不同的，与国有企业相比，民营企业 R&D 投入与产业创新绩效之间的正相关关系更为显著；企业自主创新能力还有很大的提升空间。张仁寿、黄小军（2012）以广东南沙为例，建立科技自主创新绩效评价指标，运用 Malmquist 指数以及 DEA 中 C^2R、BC^2 以及超效率模型对南沙科技自主创新绩效进行评价。研究结果表明，南沙在"十一五"期间，全要素生产率是增长的，其中技术进步发挥了主要作用，纯技术效率和规模效率是有效率的。与珠三角主要城市进行横向比较发现，2010 年南沙在综合技术效率得分方面排名第一，纯技术效率和规模效率都是有效的；同时南沙在专利授权量，中小学在校生人数和医疗方面还有很大的提升空间。周亚虹（2012）等以中国 2005～2007 年近 3 万家产值在 500 万元以上的工业企业数据为样本，在使用 Cobb – Douglas 生产函数作为企业创新绩效研究基本方程的同时，将 R&D 的积累投入代替企业知识成本，着重讨论 R&D 内生性问题，结合我国工业企业的特点，对 R&D 行为决策进行建模分析找出合适的工具变量，从而避免了参数估计值的不一致性，最后得出加大研发力度、加快创新步伐的结论。汪亚莉（2013）选取 R&D 人员数量、主营业务收入、科技机构数、科技活动经费支出数量、研究就和发展经费支出数量作为创新投入指标，选取专利申请数量、发明专利申请数量、新产品销售收入作为创新产出指标构建指标体系，并运用 DEA 中 C^2R 模型和 DEA-Malmquist 指数方法对中部六省大中型工业企业自主创新绩效进行评价，并分析了影响自主创新绩效的因素，认为市场适度的垄断、加大科技经费支出、加大科技人员投入都能有效提高各省的创新绩效。

4.1.4　工业绩效的影响因素相关研究

魏楚、沈满洪（2008）以 2004 年浙江省 167 个工业行业的截面数据为样本，采用 DEA 非参数方法测算了各行业技术效率，并对影响工业绩效和技术效率的因素进行了回归分析。认为影响技术效率的因素有劳动力的教育水平、国有经济的比重、创新程度的高低、行业的规模。段瑞君（2012）利用 1993～2008 年 36 个工业行业的面板数据，研究了工业行业的经济绩效与影响因素之间的关系。结果表明，就整个工业行业而言，提高工业行业的经济绩效关键在于行业效率和市场需求。但如果分行业看，对于生产型行业，提高行业绩效主要是行业效率、市场需求和行业产值等因素；对于消费型企业，提高行业效率的主要因素是行业效率、行业规模、行业集中度和市场需求。因此，提高行业经济绩效，应根据不同的行业特点，有针对性的采取措施。

4.1.5　工业绩效的评价相关研究

张艳、李楠等（2006）选取总资产贡献率、资产负债率、资本保值增值率、流动资金周转率、成本费用利润率、全员劳动生产率以及产品销售率7个指标采用工业经济绩效综合指标体系评价的方法分析了黑龙江省工业绩效基本情况，同时指出该省工业绩效存在的主要问题和问题成因，并给出对策建议。吴传威、黄章树（2009）提出一种两阶段 DEA 模型来测量工业行业的绩效，包括生产阶段的技术效率和经济效益形成阶段的经济效率。第一阶段评价行业将各种投入转化为产出的能力（经营效率），第二阶段评价行业将生产能力转化为经济效益的能力（经营成果），并以该模型对我国 2007 年大中型工业企业进行了实证分析。李宁、王星等（2013）选取企业单位数、企业资产、从业人员、主营业务成本 4 个指标为投入指标，从业人员利润总额、主营业务税金及附加、主营业务收入 3 个指标为产出指标构建指标体系，采用并行 DEA 模型对上海市、江苏省、浙江省、安徽省、福建省、江西省、山东省六省一市进行了效率测算，并与传统 DEA 测算结果进行对比，认为并行 DEA 模型比传统 DEA 模型具有更强的综合评价能力。李苗（2014）通过构建 PCA/DEA 模型分析了天津滨海新区的工业经济绩效，发现天津滨海新区的工业经济绩效自 2001～2011 年一直呈上升状态，且在 2006 年后赶超了上海浦东新区，后发优势显现。通过利用不变规模报酬对天津滨海新区工业经济的技术效率分析可知，2007～2010 年该新区的技术效率未达到最优结果，存在较多的投入、产出冗余，特别是废弃排放量出现大量冗余，证明新区工业在此期间产业结构不合理，工业污染严峻。戴漾泓（2016）指出当前工业园区绩效评价存在指标设置不合理、评价方法众多、非财务指标无法衡量等问题，提出新的评价思路，构建了包括经济发展、生态效益、减量及循环和绿色管理 4

个一级指标和 15 个二级指标的生态工业园区绩效评价体系。构建的评价体系采用层次分析法（AHP），通过专家两两打分问卷和层次分析法软件（yaahp 软件）来确定各指标的权重，并结合模糊数学方法，引入长沙经济技术开发区案例进行应用分析。在对长沙经济技术开发区的评价中，运用 AHP 模糊综合评价法进行了多级模糊综合评价，得出了园区的一级、二级模糊评价结果。

4.1.6 国内外研究现状评述

从以上研究可看出，目前国内外有关工业或者绩效方面的研究已经取得了丰硕成果，但关于工业绩效的研究相对较少。关于工业的研究，主要是基于产业结构，探讨中国工业发展现状及发展方式的转变。关于绩效的研究，国内外研究对象都主要是以政府、高等教育、公共图书馆为主，辅之以企业绩效、创新绩效等。关于工业绩效的研究，有的以整个行业为研究对象，也有的以一个地区为研究对象。从研究方式上看，早期学者对于绩效的研究一般是从理论方面着手的，少数以数据模型作为支撑的研究也只是基于截面数据，基于面板数据的建立的模型很少。

就目前国内外研究现状而言，关于工业方面的研究越来越多，有些主要针对某个省的工业整体或者某一个工业行业，而很少以行业为测度进行比较分析；有些是以工业企业为主体研究其绩效考核，而不是绩效评价；有些则分析影响工业绩效的因素，而没有进行实证研究，等等。

4.2 工业经济发展绩效评价方法的选择

早在 20 世纪初期，人们就已经开始意识到绩效评价的重要性，国外学者率先对此进行了相关研究。绩效评价就是用一系列数理统计和运筹学方法，采用特定的指标体系，按照一定的标准和程序，通过定性和定量分析，对评价对象进行效益分析。这些评价方法主要包括平衡计分卡、熵权法、层次分析法、模糊综合评价法、数据包络分析法等。通过对相关方法的优缺点及适用范围的比较分析（见表 4 - 1）发现，工业经济发展的绩效评价属于多投入—多产出的绩效评价研究，因此适合采用数据包络分析法进行研究。

表4-1　几种常用评价方法的优缺点及适用范围比较

方法	优点	缺点	适用范围
平衡计分卡	1. 提出一套具体的指标体系，使绩效管理与企业战略紧密联系 2. 财务评价与非财务评价的并重 3. 能够避免企业的短期行为	1. 指标体系不能根据需要选择 2. 工作量极大 3. 部分指标难以量化 4. 权重分配困难	适用于有明确组织战略的企业
熵权法	指标权重通过计算取得，比较客观	1. 指标值变动很小或很突然的变大变小时用起来有局限 2. 需要时间序列较长	适用于需要进行客观评价、避免专家主观判断的情况
层次分析法	1. 原理简单，计算和步骤简便，结果简单明了 2. 能够把难以量化的因素通过两两比较加以量化	1. 权重的设置具有较强的主观性 2. 当因素较多时，容易出现偏差	适用于多因素较少、层次较少，方案较少的简单评价
模糊综合评价法	1. 可以评价那些设计模糊因素的系统 2. 能较好地将定性指标定量化	1. 容易存在评价信息重复 2. 指标权重带有很强的主观性	适用于多因素，多层次，多目标的复杂问题
数据包络分析法	1. 它适用于多输入-多输出的有效性综合评价问题，在处理多输入-多输出的有效性方面具有绝对优势 2. 以决策单元的实际输入数据求得最优权重，排除了很多主观因素，具有很强的客观性 3. 不需要事先设定投入产出关系形式的函数表达式，允许分析者根据管理的重点选择输入输出指标 4. 决策无关，应用DEA方法建立模型前无须对数据进行无量纲化处理	1. 当投入和产出指标较多，决策单元不足时，可能会导致大量决策单元有效 2. 只能反映决策单元的相对发展水平，而不能反映实际发展水平	适用于多输入-多输出相对有效性评价

资料来源：根据相关材料整理。

数据包络分析方法（data envelopment analysis，DEA）是由美国著名的运筹学家查恩斯（A. Charnes）、库珀（W. W. Coopor）和罗德（Rhodes）于1978年提出，以相对效率概念为基础发展起来的一种效率评价方法。在中国最早由中国人民大学的魏权龄教授于1985年向国内介绍。

该方法的原理主要是通过保持决策单元（decision making units，DMU）的输入或者输出不变，借助于数学规划和统计数据确定相对有效的生产前沿面，将各个决策单元投影到DEA的生产前沿面上，并通过比较决策单元偏离DEA前沿面的程度来评价它们的相对有效性。数据包络分析法主要用于多投入、多产出的决策单元，并判断其是否有效，DEA有效即综合效率（技术效率）值为1.000，需要纯技术效率和规模有效效率同时有效，纯技术有效是指该决策单元用最少的投入实现最大的产出，而规模有效是指该决策单元此时的投入规模达到最佳规模。

通过该方法进行绩效评价，最终是对DEA相对无效决策单元的纯技术效率和规模效率进行分析，找到导致其无效的主要原因，从而进行下一步的对策研究。

数据包络分析方法中几个基本概念的解释如下：

（1）决策单元。指的是DEA的评价对象，是具有相同输入和输出指标的实体。

（2）生产可能集。假设某个DMU的输入向量为 $x = (x_1, x_2, \cdots, x_m)T$，输出向量为 $y = (y_1, y_2, \cdots, y_r)T$，那么我们可以用 (x, y) 来表示这个DMU的整个生产活动，集合 $T = \{(x, y)\}$ 即为所有可能的生产活动构成的生产可能集。

（3）生产前沿面。从多目标规划来看，生产前沿面指的是对应的线性多目标规划的有效解所构成的有效面。其描述的是当前技术水平下，有效投入产出向量，即给定投入时的最大产出或给定产出时的最小投入。

（4）技术有效。是指在一定的生产可能集下，在一定的输出情况下，如果投入不可能再减少，这时该生产过程为"技术有效"。"生产"处于最理想的状态，相对于现有的投入量可以获得最大的产出量。

（5）规模有效。若"生产"处于规模效益不变阶段，即若将投入量增加 k 倍，相应的产出量也将增加同样的倍数。若"生产"处于规模效益递增阶段，那么应该考虑增加投入规模，即当投入扩大 k 倍时，可以获得大于 k 倍的产出量。相反，若"生产"处于规模效益递减阶段，则应该考虑减小投入规模。

设有 n 个决策单元 $DMU_j(j=1,2,\cdots,n)$，每个决策单元有 m 种输入和 r 种输出，DMU 输入为 $X_j=(X_{1j},X_{2j},\cdots,X_{mj})T$，$m$ 为输入指标数量，X_{mj} 表示第 j 个决策单元的第 m 种输入，$X_{1j},X_{2j},\cdots,X_{mj}\geq 0\,(j=1,2,\cdots,n)$；$DMU$ 输出为 $Y_j=(Y_{1j},Y_{2j},\cdots,Y_{rj})T$，$r$ 为输出指标数量，表示第 j 个决策单元的第 r 种输出。$Y_{1j},Y_{2j},\cdots,Y_{mj}\geq 0$，$(j=1,2,\cdots,n)$。

基于输入的具有非阿基米德无穷小 ε（可取 $\varepsilon=10-6$）的 C^2R 评价模型具体形式可用如下线性规划模型表示：

$$\min[\theta-\varepsilon(e^T {}^\wedge s^- + e^T s^+)]$$

$$\text{s. t}\begin{cases} \sum_{j=1}^n x_j\lambda_j + s^- = \theta x_0 \\ \sum_{j=1}^n y_j\lambda_j - s^+ = y_0 \\ \lambda_j \geq 0, (0\leq j\leq n) \\ s^+ \geq 0, s^- \geq 0 \end{cases} \tag{4.1}$$

模型中，s^+，s^- 为松弛变量，λ_j 为投入产出指标的权系数，λ_j、s^-、s^+、θ 为待估计参量。

若以上模型最优解为：λ^*，s^{*-}，s^{*+}，θ^*，则

（1）当 $\theta^*=1$，且 $s^{*-}=0$，$s^{*+}=0$ 时，决策单元为 DEA 有效。

即在原投入 x 的基础上，产出已达到最优，在工业绩效评价中说明工业行业绩效达到了较高水平，没有出现资源浪费。

（2）当 $\theta^*=1$，且 $s^{*-}\neq 0$，$s^{*+}\neq 0$ 时，决策单元为弱 DEA 有效。

即该决策单元用比目前少的投入也能得到同样的产出，或者用与目前相同的投入能得到比目前更多的产出。在工业绩效评价中说明工业行业绩效没有达到最有水平，存在资源浪费或利用不当的问题。

（3）当 $\theta^*<1$ 时，决策单元为非 DEA 有效。

说明该决策单元绩效较低，改进空前很大。

4.3 工业经济发展绩效评价指标体系的构建

4.3.1 工业绩效评价指标的选取

目前，学术界对绩效评价指标有多种选取方法，主要包括各种财务指标、生态指标等，每个学者由于在研究领域、教育背景、社会阅历等方面不同，从不同的角度看待问题，因而会选取不同的评价指标。就湖北工业经济绩效而言，评价指标必须能真实、全面反映工业的投入产出现状，为正确评价工业经济绩效奠定基础，从而达到提高绩效的目的。

1. 科学性

工业生产是一定时期生产力与生产关系的反映，它的内在一般规律不以人的意志为转移。在绩效评价中坚持科学性原则，就是必须从工业经济发展的客观实际出发，研究和发现其本质和内在规律，正确处理主观与客观、理论与实际、传统经验与现代管理之间的关系，这是绩效评价工作有效展开的基础。同时还要运用科学的评价方法，才能得出正确的结论。

2. 针对性

与其他行业相比，工业行业有其自身的特殊性，它的投入和产出都比较容易计量，所以绩效评价指标应针对工业行业的特性来选择，一般来说，衡量工业绩效应该从要素投入和效益产出两个角度考虑，工业行业的要素投入主要包括人力、物力、财力三个方面，效益产出最直接的是经济效益，其次是社会效益和环境效益。

3. 全面性

任何评价指标的选择都不可能完全穷尽，只有尽可能选择包含较多信息的工业绩效投入产出指标，才能尽可能地建立科学的绩效评价模型。从人力、物力、财力三个方面选取投入指标，从经济效益、社会效益、环境效益三个方面选取产出指标，以期建立比较科学的绩效评价模型，从而尽可能准确地对湖北工业经济发展绩效做出评估。

4. 可行性

所选取的指标的相关数据必须是可以通过某种方法和手段得到的，收集数据是一个耗时、耗力的过程。数据可以分为一手资料和二手资料。一手资料是指自己通过调研得到的；二手资料是来源于别人的劳动成果，如查阅网站或其他资料。因为研究样本是湖北工业经济的投入产出指标，样本数据的时间轴从 2000～2016 年，研究涉及的指标数据在《湖北统计年鉴》和《中国统计年鉴》都可以得到，故投入产出指标的选取是可行的。

大量研究表明，工业绩效的评价与其他绩效评价不同，它一般基于工业投入和产出两个方面，工业生产就是要素投入和效益产出的过程，即投入一定时，产出越大，效率越高；反之，产出一定时，投入越少，效率越高。影响工业绩效的因素有很多，不可能一一列举。故在工业投入的衡量中，将从人力、物力、财力三个方面各选取几个关键的指标，来研究工业生产中的投入。在工业产出的衡量中，理论上既要考虑经济效益，又要考虑社会和生态效益，但是由于数据的可获取性，仅考虑经济效益。选取合适的投入产出指标，有效评价资源利用和效益产出情况，有助于把握影响效率的关键因素，从而提出提高效率的合理对策。故选取了如下投入、产出指标。

第一，工业投入指标。（1）人力的投入。人力资源是工业生产活动的核心，负责其他资源的分配和管理。在知识经济蓬勃发展的今天，市场的竞争归根到底是人才的竞争。人才是衡量一个企业或行业竞争力的重要因素，它在一定程度上会促进生产活动效率的提高。选取的反映湖北工业人力资源投入的指标，即从业人员年平均数。从业人员年平均数反映湖北工业的人力资源总投入。（2）物力的投入。物质资料的投入是工业生产的载体，是一切生产活动进行的物质基础。反映物力投入的因素包括固定资产的投入和资源的消耗等。当固定资产的投入增加时，意味着市场需求扩大，该企业需要扩大生产规模，说明该企业发展前景良好。选取的反映物力投入的指标是固定资产净值。固定资产净值是由固定资产原值减去累计折旧所得，更好体现了企业实际投入的资源情况。（3）财力的投入。资金的投入是工业生产活动顺利进行的基本保障。任何生产活动都需要一定的资金支持，例如，购买设备、原材料，聘请人才，等等。每个公司成立最初都需要一笔注册资金，公司运行过程中不断需要资金周转，在资金不足时还需要融资来维持运营，这些都表明资金是一个公司经营的血液，没有资金支持的公司下场只有破产倒闭或被兼并。市场上公司因资金缺乏、负债累累而破产或被兼并的示例并不少见。选取反映财力投入的指标是实收资本。实收资本是实际投入企业并依法进行注册的资本，它体现了企业所有者对企业的基本产权关系。实收资本（或股本）的构成比例是确定所有者参与企业财务经营决策的基础，也是企业进行利润分配或股利分配的依据。

第二，工业产出指标。经济效益是工业企业最直接、最主要的产出效益，而且相比于社会效益、环境效益来说更容易衡量，故主要考虑经济效益。一个企业的存在都是以盈利为目的的，企业生产产品进行销售，最直接的产出效益是产值。通常衡量行业经济效益的指标有工业增加值和工业总产值。工业增加值与工业总产值核算的范围是一致的，都是工业生产的范围，所反映的都是工业企业本期生产活动的成果。区别是工业增加值反映的是工业生产活动的最终成果，是工业企业生产过程中新增加的价值量，与中间环节没有重复计算。工业总产值反映的是工业企业生产活动的总成果，包括原材料等转移到产品中的价值量，是工业企业生产的总周转量。因此，用工业增加值来反映经济效益更科学。综合数据可得性和指标选取的合理性，主要选取2000～2005年的工业增加值以及2006～2016年的工业总产值作为产出指标，直接反映湖北工业的产出效益。

对2000～2016年湖北的工业进行绩效评价与分析。分析的原始数据主要源于2001～2017年《湖北统计年鉴》，共收集了湖北工业产值占总产值80%以上的行业2000～2016年的相关数据。由于历年统计年鉴中行业分类以及指标的变动，将2010～2016年分为2000～2005年、2006～2010年和2011～2016年三个年度区间。2000～2005年湖北工业产值占工业总产值80%以上的有16个行业（见表4-2），2006～2010年湖北省工业产值占工业总产值80%以上的有13个行业（见表4-3），2011～2016年湖北省工业产值占工业总产值80%以上的有14个行业（见表4-4）。

表4-2 **2000~2005年湖北工业产值占总产值80%以上行业名单**

编号	行业	编号	行业
1	交通运输设备制造业	9	烟草加工业
2	黑色金属冶炼及压延加工业	10	普通机械制造业
3	化学原料及化学制品制造业	11	电子及通信设备制造业
4	食品加工业	12	电气机械及器材制造业
5	纺织业	13	医药制造业
6	非金属矿物制品业	14	金属制品业
7	电力、蒸汽、热水的生产和供应业	15	有色金属冶炼及压延加工业
8	石油加工及炼焦业	16	饮料制造业

资料来源：根据《湖北统计年鉴》（2001~2006年）整理。

表4-3 **2006~2010年湖北工业产值占总产值80%以上行业名单**

编号	行业	编号	行业
1	交通运输设备制造业	8	通用设备制造业
2	黑色金属冶炼及压延加工业	9	石油加工、炼焦及核燃料加工业
3	化学原料及化学制品制造业	10	有色金属冶炼及压延加工业
4	农副食品加工业	11	电气机械及器材制造业
5	纺织业	12	饮料制造业
6	非金属矿物制品业	13	金属制品业
7	通信设备、计算机及其他电子设备制造业		

资料来源：根据《湖北统计年鉴》（2007~2011年）整理。

表4-4 **2011~2016年湖北工业产值占总产值80%以上行业名单**

编号	行业	编号	行业
1	汽车制造业	4	化学原料和化学制品制造业
2	农副食品加工业	5	非金属矿物制品业
3	黑色金属冶炼和压延加工业	6	纺织业

编号	行业	编号	行业
7	计算机、通信和其他电子设备制造业	11	通用设备制造业
8	电气机械和器材制造业	12	橡胶和塑料制品业
9	酒、饮料和精制茶制造业	13	有色金属冶炼和压延加工业
10	金属制品业	14	专用设备制造业

资料来源：根据《湖北统计年鉴》（2012～2017年）整理。

4.3.2　工业经济发展投入与产出指标的相关性分析

在对投入—产出指标进行筛选上，应充分考虑二者之间是否存在一定的内在联系，即进行相关性分析。因为这种相关性能很好地体现出投入产出之间的相互影响关系，这是 DEA 模型应用的前提和基础。因此，要保证各行业绩效评价结果的客观、真实、有效，必须先进行投入指标和产出指标的相关性分析。考虑到年份的区间分段，特选取 2000 年、2006 年和 2011 年的投入—产出指标进行相关性分析，分析结果见表 4 - 5。

表 4 - 5　　　　　　　湖北工业各行业投入—产出相关性分析

项目	从业人员数	实收资本	固定资产净值
工业增加值（2000 年）	0.732	0.901	0.793
工业总产值（2006 年）	0.689	0.952	0.814
工业总产值（2011 年）	0.826	0.907	0.886

资料来源：根据《湖北统计年鉴》（2001～2012 年）计算得到。

由表 4 - 5 可见，相关性系数均大于 0.5，说明所建立的指标体系中各投入—产出指标在一定程度上具有较强的相关性，也就是投入指标的变动在一定程度上会引起产出指标的改变。因此该评价指标体系的建立是符合实际情况的。

4.3.3　工业经济发展绩效评价指标体系的构建

选取湖北规模以上工业行业 2000～2016 年的相关数据作为研究样本，从投入和产出两个角度选取相关指标，最终建立的评价体系如表 4-6 所示。

表 4-6　　　　　　　　　　湖北工业绩效评价指标体系表

类别	指标
工业经济发展投入	从业人员
	实收资本
	固定资产净值
工业经济发展产出	工业增加值（工业总产值）*

注：* 由于 2006～2016 年的统计数据缺少"工业增加值"的相关数据，因此用"工业总产值"替换。

4.4　规模以上工业经济发展绩效的静态分析

根据表 4-6 评价指标体系，基于投入导向型的规模报酬可变模型，运用 DEAP2.1 软件分别计算出 2000～2016 年湖北工业产值占总产值 80% 以上各行业的综合效率、纯技术效率、规模效率以及规模收益。综合效率反映了工业各行业的发展绩效，综合效率可进一步分解为纯技术效率和规模效率，其中，纯技术效率、规模效率反映了影响工业各行业发展绩效的主要因素。

4.4.1　2000～2005 年工业静态绩效分析

1. 综合效率分析

综合效率反映各个行业的投入产出效率，即在既定的投入情况下，决策单元能够在多大程度上获取产出的能力；或在既定产出的情况下，决策单元能够在多大程度上降低其投入量的能力，从而用来反映被评价对象整体是否有效。若综合效率值为 1.000，说明此行业投入要素实现了最大产出，该行业是有效率的；若综合效率值小于 1.000，说明该行业投入没有实现最大产出，存在效率低下的问题。综合效率只能反映该行业相对效率的高低，而无法解释效率高或低的原因，所以需要进一步分析纯技术效率和规模效率，找出导致效率低下的原因，并结合规模收益情况找出提升技术效率的方法。

（1）综合效率普遍水平较低。从表4－7和表4－8可见，2000～2005年，湖北工业行业的综合效率普遍较低，16个行业6年平均综合效率依次为0.528、0.548、0.671、0.633、0.435、0.459，最后两年甚至低于0.5，低于所有行业平均水平。这说明湖北工业发展效率低下，存在很大的进步空间。

表4－7　　　　　　　　　　2000～2005年湖北工业规模报酬变化

行业	2000年	2001年	2002年	2003年	2004年	2005年
交通运输设备制造业	drs	drs	drs	drs	drs	drs
黑色金属冶炼及压延加工业	drs	drs	drs	drs	drs	drs
化学原料及化学制品制造业	drs	drs	drs	drs	drs	drs
食品加工业	drs	drs	drs	drs	irs	irs
纺织业	drs	drs	drs	drs	irs	irs
非金属矿物制品业	drs	drs	drs	drs	irs	irs
电力、蒸汽、热水的生产和供应业	drs	—	—	—	drs	drs
石油加工及炼焦业	irs	irs	—	—	irs	irs
烟草加工业	—	—	—	—	—	—
普通机械制造业	irs	irs	irs	drs	irs	irs
电子及通信设备制造业	irs	irs	irs	—	irs	irs
电气机械及器材制造业	irs	irs	irs	irs	irs	irs
医药制造业	irs	irs	irs	irs	irs	irs
金属制品业	irs	irs	irs	irs	irs	irs
有色金属冶炼及压延加工业	irs	irs	irs	irs	irs	irs
饮料制造业	irs	irs	irs	irs	irs	irs

注：irs、—、drs分别表示规模报酬递增、不变、递减。

资料来源：根据《湖北统计年鉴》（2001～2006年）计算整理。

表4-8　2000~2005年湖北工业绩效静态评价结果

行业	2000年			2001年			2002年		
	综合效率	纯技术效率	规模效率	综合效率	纯技术效率	规模效率	综合效率	纯技术效率	规模效率
交通运输设备制造业	0.325	1	0.325	0.309	1	0.309	0.521	1	0.521
黑色金属冶炼及压延加工业	0.237	0.859	0.276	0.273	1	0.273	0.407	1	0.407
化学原料及化学制品制造业	0.364	0.497	0.731	0.341	0.652	0.522	0.474	0.619	0.766
食品加工业	0.706	0.932	0.758	0.720	1	0.720	0.894	1	0.894
纺织业	0.498	1	0.498	0.445	0.984	0.452	0.627	0.879	0.714
非金属矿物制品业	0.361	0.476	0.760	0.336	0.463	0.724	0.470	0.592	0.795
电力、蒸汽、热水的生产和供应业	0.430	1	0.430	1	1	1	1	1	1
石油加工及炼焦业	0.933	1	0.933	0.739	1	0.739	1	1	1
烟草加工业	1	1	1	1	1	1	1	1	1
普通机械制造业	0.378	0.537	0.704	0.393	0.574	0.685	0.492	0.619	0.795
电子及通信设备制造业	0.560	1	0.560	0.996	1	0.996	0.810	0.868	0.934
电气机械及器材制造业	0.505	0.884	0.571	0.446	0.811	0.550	0.689	0.922	0.747
医药制造业	0.679	0.901	0.754	0.542	0.746	0.727	0.657	0.717	0.916
金属制品业	0.579	1	0.579	0.535	0.981	0.545	0.700	1	0.700
有色金属冶炼及压延加工业	0.268	0.974	0.276	0.242	0.856	0.283	0.388	0.739	0.525
饮料制造业	0.618	1	0.618	0.449	0.716	0.628	0.604	0.749	0.807
均值	0.528	0.879	0.611	0.548	0.861	0.635	0.671	0.856	0.782

续表

行业	2003 年			2004 年			2005 年		
	综合效率	纯技术效率	规模效率	综合效率	纯技术效率	规模效率	综合效率	纯技术效率	规模效率
交通运输设备制造业	0.395	1	0.395	0.351	1	0.351	0.362	1	0.362
黑色金属冶炼及压延加工业	0.412	1	0.412	0.347	1	0.347	0.428	1	0.428
化学原料及化学品制造业	0.466	0.933	0.500	0.314	0.429	0.733	0.330	0.532	0.620
食品加工业	0.675	0.926	0.729	0.525	0.686	0.765	0.558	0.743	0.752
纺织业	0.539	0.968	0.556	0.319	0.371	0.860	0.368	0.392	0.939
非金属矿物制品业	0.423	0.712	0.593	0.265	0.340	0.779	0.262	0.300	0.876
电力、蒸汽、热水的生产和供应业	1	1	1	0.534	1	0.534	0.455	1	0.455
石油加工及炼焦业	1	1	1	0.315	0.797	0.396	0.273	1	0.273
烟草加工业	1	1	1	1	1	1	1	1	1
普通机械制造业	0.699	1	0.699	0.456	0.590	0.772	0.486	0.637	0.762
电子及通信设备制造业	1	1	1	0.624	1	0.624	0.856	1	0.856
电气机械及器材制造业	0.629	0.636	0.989	0.432	0.824	0.524	0.472	0.871	0.542
医药制造业	0.495	0.506	0.978	0.345	0.625	0.551	0.349	0.539	0.648
金属制品业	0.581	0.910	0.638	0.395	1	0.395	0.369	1	0.369
有色金属冶炼及压延加工业	0.327	0.642	0.509	0.301	0.643	0.468	0.388	0.666	0.582
饮料制造业	0.485	0.610	0.796	0.436	0.726	0.601	0.390	0.798	0.489
均值	0.633	0.865	0.737	0.435	0.752	0.606	0.459	0.780	0.622

资料来源：根据《湖北统计年鉴》（2001～2006 年）计算整理。

（2）综合效率有效的行业并不多。2000～2005年，仅有一个行业始终处于DEA相对有效状态，即烟草加工业。每年处于DEA相对有效的行业并不多。例如，2003年有4个行业处于DEA有效状态，2002年有3个行业处于DEA有效状态，其余年份均只有1个或2个行业处于DEA有效状态。

大部分行业始终处于DEA非有效状态。例如，在2000～2005年，有12个行业6年始终处于DEA非有效状态，占行业总数的75%，这说明绝大部分行业的投入产出效率不高，投入存在利用不足的问题，亟待调整。

少数几个行业在部分年份处于DEA有效状态，在其他年份处于DEA非有效状态，需要进行适当的改善。2000～2005年，有3个行业在部分年份处于DEA非有效状态，分别是电力、蒸汽、热水的生产和供应业，石油加工及炼焦业和电子及通信设备制造业。

（3）不同行业综合效率差距明显，但呈现良好发展趋势。由图4-1可见，不同行业综合效率差异明显，2000～2005年各行业综合效率差距较大，特别是在2000年，综合效率值最高为1.000，而综合效率值最低的黑色金属冶炼及压延加工业仅为0.237，与DEA相对有效（综合效率为1）相差0.763。且从图4-1中可看出，石油加工及炼焦业在这6年间相对效率波动

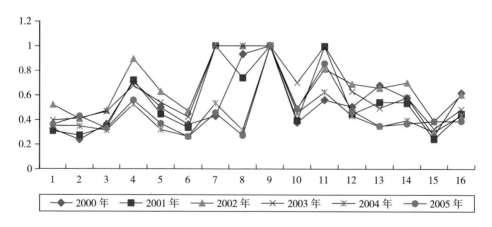

图4-1 2000～2005年湖北工业16个行业综合效率变化

注：16个行业具体表4-20。

资料来源：根据《湖北统计年鉴》（2001～2006年）计算整理。

幅度最大,从 2003 年的 1.000 降低为 2005 年的 0.273,该行业应当调整行业规模,充分发挥规模效益,提高效率。

2. 纯技术效率与规模效率分析

由于综合效率 = 纯技术效率 × 规模效率,因此导致工业行业投入产出效率低下的主要因素有两个:一是纯技术效率较低,即工业行业由于管理和技术等因素影响生产效率;二是规模效率较低,即生产规模影响生产效率。当一个行业出现效率低下的情况时,要从这两个方面寻找原因,并提出措施加以改善。

通常来说,DEA 相对无效主要有两种原因:一是技术有效而规模无效;二是技术无效且规模无效。由图 4 - 2 可见,大部分行业 DEA 无效是由于其技术无效且规模无效,小部分行业是由于技术有效而规模无效。因此,改善行业效率的主要措施是提高技术水平。

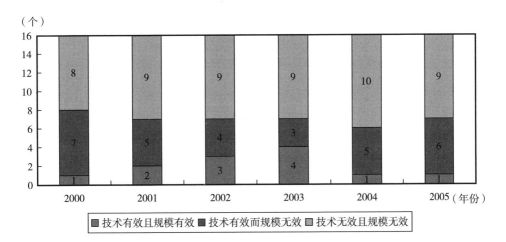

(个)

图 4 - 2 2000 ~ 2005 年湖北工业 16 个行业经济发展效率状态分布

注:16 个行业具体见表 4 - 2。

资料来源:根据《湖北统计年鉴》(2001 ~ 2006 年)计算整理。

2000 ~ 2005 年,2 个综合效率在部分年份有效的行业中的表现为:电力、蒸汽、热水的生产和供应业在 2000 年、2004 年、2005 年综合效率值均较低,主要是纯技术效率差所致;石油加工和炼焦业除 2002 年、2003 年以外,其他年份综合效率呈下降趋势，且下降幅度较大，2000 年为 0.9333，2001 年为 0.739，2004 年为 0.315，2005 年为 0.273，主要是由于纯技术效率在下降；电子及通信设备制造业除 2003 年外，其他年份综合效率低也主要是由于纯技术效率差所致。所以提高技术是关键。

3. 规模收益分析

（1）有 1 个行业处于综合效率有效状态，且呈规模报酬不变。由表 4 - 7、表 4 - 8 可见，2000 ~ 2005 年，仅烟草加工业的综合技术效率指数均为 1.000，并处于最佳规模，表现为规模报酬不变。

（2）部分行业在部分年份处于综合效率非有效状态，且呈规模报酬递减。2000 ~ 2005 年，交通运输设备制造业、黑色金属冶炼和压延加工业、化学原料及化学制品制造业 3 个行业始终处于规模报酬递减，电力、蒸汽、热水的生产和供应业除了综合效率为 1.000 的年份，其他年份均呈规模报酬递减状态。从原始数据可看出这些行业生产总值排名均比较靠前，说明这些行业发展到一定程度，规模过大，从而增加了管理难度和成本，因此，应该适当减小生产规模，优化资源配置，提高生产效率。

（3）部分行业在部分年份处于综合效率非有效状态，且呈规模报酬递增。2000 ~ 2005 年，电气机械及器材制造业、金属制品业、有色金属冶炼及压延加工业、饮料制造业 4 个行业始终处于规模报酬递增，石油加工及炼焦业、电子及通信设备制造业 2 个行业除了综合效率为 1.000 的年份，其他年份均呈规模报酬递增状态。说明这些行业正处于发展初期，规模偏小，需要适当扩大规模，在加大相关投入的同时优化资源配置，提高技术和管理水平。

（4）其他行业在部分年份处于综合效率非有效状态，有时呈规模报酬递增，有时呈规模报酬递减。2000 ~ 2005 年，食品加工业、纺织业等行业在前 4 年规模报酬递减，后 2 年规模报酬递增，可以看出这些行业发展状况不太稳定，在采取一系列措施后发展趋势转为良好。

4.4.2 2006 ~ 2010 年工业静态绩效分析

1. 综合效率分析

（1）综合效率普遍水平较低。从图 4 - 3 可见，2006 ~ 2010 年湖北工业发展综合效率普遍不高，2006～2010 年 13 个行业平均综合效率依次为 0.550、0.567、0.686、0.631、0.665，均处于区间［0.5，0.6］，说明湖北工业发展效率还有待提高，虽然比 2000～2005 年有所进步，但还需要再接再厉，继续加以改善。

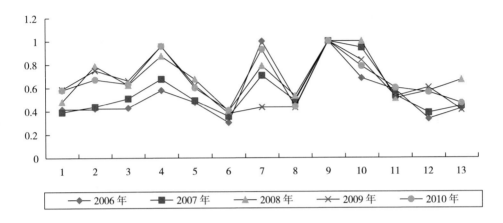

图 4 - 3　2006～2010 年湖北工业 13 个行业综合效率

注：13 个行业具体见表 4 - 3。

资料来源：根据《湖北统计年鉴》（2007～2011 年）计算整理。

（2）综合效率始终有效的行业极少。2006～2010 年，仅有 1 个行业一直处于 DEA 相对有效状态，即石油加工、炼焦及核燃料加工业。每年处于 DEA 有效的行业并不多。2006 年、2008 年分别有 2 个行业处于 DEA 有效状态；2007 年、2009 年和 2010 年分别只有 1 个行业处于 DEA 有效状态。2006～2010 年，有 2 个行业在部分年份处于 DEA 非有效状态，分别是通信设备、计算机及其他电子设备制造业和电气机械及器材制造业。大部分行业一直处于 DEA 非有效状态（2006～2010 年，有 10 个行业一直处于 DEA 非有效状态，占行业总数的 77%）。这说明绝大部分行业的投入产出效率不高，投入存在利用不足的问题，亟待调整。少数几个行业在部分年份处于 DEA 有效状态，也需要进行适当改善。

（3）不同行业综合效率差距明显，但呈现良好发展趋势。由图 4 - 3 可见，一方面，不同行业综合效率差异明显，2006～2010年综合效率值最低的非金属矿物制品业（0.301）与DEA相对有效（综合效率为1）相差0.699，相比于2000～2005年的最大差距0.763来说有所缩小。另一方面，2006～2010年行业综合效率接近于0.62，与2000～2005相比，处于上升趋势。

2. 纯技术效率与规模效率分析

由图4-4可见，与2000～2005年类似，除DEA有效行业外，其余少数行业处于技术有效而规模无效状态，多数行业处于技术无效且规模无效状态，综合效率无效的原因主要在于技术无效。

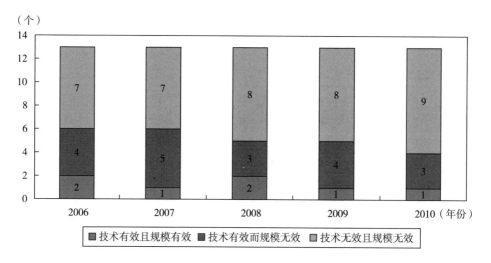

图4-4　2006～2010年湖北工业13个行业经济发展效率状态分布

注：13个行业具体见表4-3。

资料来源：根据《湖北统计年鉴》（2007～2011年）计算整理。

由表4-9可见，2006～1010年，通信设备、计算机及其他电子设备制造业和有色金属冶炼及压延加工业2个行业的综合效率有效只有1年，且处于DEA相对有效状态，其他年份效率均不高。通信设备、计算机及其他电子设备制造业综合效率低是因为纯技术效率和规模效率均较低；有色金属冶炼及压延加工业主要是由于纯技术效率低所致。

表 4-9 2006～2010 年湖北工业绩效静态评价结果

行业	2006 年			2007 年			2008 年		
	综合效率	纯技术效率	规模效率	综合效率	纯技术效率	规模效率	综合效率	纯技术效率	规模效率
交通运输设备制造业	0.416	1	0.416	0.392	1	0.392	0.482	1	0.482
黑色金属冶炼及压延工业	0.423	1	0.423	0.439	1	0.439	0.788	1	0.788
化学原料及化学制品制造业	0.429	0.878	0.488	0.509	1	0.509	0.625	0.896	0.698
农副食品加工业	0.579	0.661	0.875	0.676	1	0.677	0.873	1	0.873
纺织业	0.475	0.516	0.920	0.491	0.668	0.735	0.675	0.752	0.897
非金属矿物制品业	0.301	0.352	0.855	0.355	0.363	0.979	0.401	0.477	0.840
通信设备,计算机及其他电子设备制造业	1	1	1	0.706	0.732	0.964	0.789	0.850	0.928
通用设备制造业	0.502	0.653	0.769	0.490	0.509	0.963	0.532	0.542	0.981
石油加工,炼焦及核燃料加工业	1	1	1	1	1	1	1	1	1
有色金属冶炼及压延工业	0.683	0.922	0.741	0.944	1	0.944	1	1	1
电气机械及器材制造业	0.583	1	0.583	0.536	0.68	0.787	0.510	0.513	0.994
饮料制造业	0.333	0.677	0.491	0.385	0.661	0.583	0.573	0.834	0.687
金属制品业	0.422	1	0.422	0.444	0.917	0.484	0.668	0.985	0.679
均值	0.550	0.820	0.691	0.567	0.81	0.727	0.686	0.834	0.834

续表

行业	2009 年			2010 年		
	综合效率	纯技术效率	规模效率	综合效率	纯技术效率	规模效率
交通运输设备制造业	0.588	1	0.588	0.582	1	0.582
黑色金属冶炼及压延加工业	0.750	1	0.750	0.672	1	0.672
化学原料及化学制品制造业	0.662	0.762	0.868	0.633	0.709	0.893
农副食品加工业	0.956	1	0.956	0.958	1	0.958
纺织业	0.623	0.673	0.925	0.601	0.616	0.975
非金属矿物制品业	0.380	0.392	0.969	0.407	0.434	0.939
通信设备、计算机及其他电子设备制造业	0.434	0.443	0.980	0.929	0.940	0.989
通用设备制造业	0.431	0.489	0.882	0.440	0.448	0.983
石油加工、炼焦及核燃料加工业	1	1	1	1	1	1
有色金属冶炼及压延加工业	0.837	1	0.837	0.785	0.815	0.964
电气机械及器材制造业	0.527	0.532	0.992	0.600	0.707	0.850
饮料制造业	0.602	0.710	0.848	0.562	0.603	0.932
金属制品业	0.409	0.516	0.794	0.468	0.529	0.885
均值	0.631	0.732	0.876	0.665	0.754	0.894

资料来源：根据《湖北统计年鉴》（2007～2011 年）计算整理。

3. 规模收益分析

（1）有1个行业处于综合效率有效状态，且呈规模报酬不变。由表4－9、表4－10可见，2006～2010年，仅石油加工、炼焦及核燃料加工业综合技术效率指数均为1.000，并处于最佳规模，表现为规模报酬不变，说明其投入实现了产出最大化，资源配置较为合理。

表4－10 2006～2010年湖北工业规模报酬变化

行业	2006年	2007年	2008年	2009年	2010年
交通运输设备制造业	drs	drs	drs	drs	drs
黑色金属冶炼及压延加工业	drs	drs	drs	drs	drs
化学原料及化学制品制造业	drs	drs	drs	drs	drs
农副食品加工业	irs	drs	drs	drs	drs
纺织业	drs	drs	drs	drs	drs
非金属矿物制品业	irs	irs	drs	drs	drs
通信设备、计算机及其他电子设备制造业	—	irs	drs	drs	drs
通用设备制造业	irs	irs	drs	drs	drs
石油加工、炼焦及核燃料加工业	—	—	—	—	—
有色金属冶炼及压延加工业	irs	irs	—	irs	irs
电气机械及器材制造业	irs	irs	irs	drs	drs
饮料制造业	irs	irs	irs	irs	irs
金属制品业	irs	irs	irs	irs	irs

注：irs、—、drs分别表示规模报酬递增、不变、递减。

资料来源：根据《湖北统计年鉴》（2007～2011年）计算整理。

（2）部分行业在部分年份处于综合效率非有效状态，且呈规模报酬递减。2006～2010年，交通运输设备制造业、黑色金属冶炼及压延加工业、化学原料及化学制品制造业和纺织业等行业始终处于规模报酬递减。从原始数据可见，这些行业生产总值排名均比较靠前，说明这些行业规模较大者发展程度较高，管理难度和成本有所增加，因此应适当减小生产规模，优化资源配置，加强培训，提高管理水平，从而提高生产效率。

（3）部分行业在部分年份处于综合效率非有效状态，且呈规模报酬递增。2006～2010年，饮料制造业、金属制品业等行业始终处于规模报酬递增，有色金属冶炼及压延加工业除了综合效率为1.000的年份，其他年份均呈规模报酬递增状态。说明这些行业处于发展上升期，或规模偏小，需要适当扩大规模，需要在加大相关投入的同时优化资源配置，提高技术和管理水平。

（4）其他行业在部分年份处于综合效率非有效状态，有时呈规模报酬递增，有时呈规模报酬递减。2006～2010年，非金属矿物制品业、通用设备制造业、电气机械及器材制造业等行业在前几年规模报酬递增，后几年规模报酬递减，可见这些行业发展到一定程度后，急需提高生产技术。

4.4.3　2011～2016年工业静态绩效分析

1. 综合效率分析

（1）综合效率普遍水平较低。从表4-11可见，2011～2016年，14个行业平均综合效率依次为0.693、0.703、0.749、0.777、0.753、0.727，相比于2000－2005年和2006－2010年，综合效率虽有所提高，但距1.000仍有差距，说明湖北工业正蓬勃发展，但效率仍有待提升。

（2）综合效率始终有效的行业较少。2010～2016年，仅有农副食品加工业1个行业一直处于DEA相对有效状态。每年处于DEA有效的行业并不多，2011～2014年各有2个行业处于DEA有效状态，2015～2016年各有1个行业处于DEA有效状态。大部分行业一直处于DEA非有效状态2010～2016年，有12个行业一直处于DEA非有效状态，占行业总数的86%。这说明绝大部分行业的投入产出效率不高，投入存在利用不足的问题，亟待调整。少数几个行业在部分年份处于DEA有效状态，也需要进行适当的改善（2010～2016年，仅有色金属冶炼和压延加工业1个行业一直处于DEA非有效状态）。总体而言，说明这些行业2000～2016年以来发展逐渐趋于良好。低效率行业需要引起重视，针对出现低效率的原因，积极通过提高技术水平、加强管理、调整规模等措施提高行业效率。

表4-11 2011~2016年湖北工业绩效静态评价结果

行业	2011年			2012年			2013年		
	综合效率	纯技术效率	规模效率	综合效率	纯技术效率	规模效率	综合效率	纯技术效率	规模效率
汽车制造业	0.739	1	0.739	0.709	1	0.709	0.822	1	0.822
农副食品加工业	1	1	1	1	1	1	1	1	1
黑色金属冶炼和压延加工业	0.951	1	0.951	0.926	1	0.926	0.834	0.942	0.886
化学原料和化学制品制造业	0.694	0.807	0.860	0.785	0.838	0.937	0.790	0.896	0.882
非金属矿物制品业	0.491	0.550	0.891	0.534	0.554	0.962	0.571	0.596	0.957
纺织业	0.702	0.746	0.940	0.659	0.736	0.895	0.737	0.809	0.911
计算机、通信和其他电子设备制造业	0.516	0.524	0.984	0.557	0.680	0.819	0.722	0.757	0.954
电气机械和器材制造业	0.625	0.719	0.870	0.604	0.676	0.893	0.742	0.771	0.962
酒、饮料和精制茶制造业	0.719	0.809	0.888	0.696	0.824	0.844	0.826	0.872	0.947
金属制品业	0.605	0.769	0.786	0.594	0.717	0.827	0.600	0.616	0.974
通用设备制造业	0.512	0.752	0.681	0.541	0.552	0.981	0.557	0.593	0.941
橡胶和塑料制品业	0.594	1	0.594	0.643	1	0.643	0.788	0.900	0.876
有色金属冶炼和压延加工业	1	1	1	1	1	1	1	1	1
专用设备制造业	0.561	1	0.561	0.589	1	0.589	0.503	0.576	0.873
均值	0.693	0.834	0.839	0.703	0.827	0.859	0.749	0.809	0.927

续表

行业	2014 年			2015 年			2016 年		
	综合效率	纯技术效率	规模效率	综合效率	纯技术效率	规模效率	综合效率	纯技术效率	规模效率
汽车制造业	0.712	1	0.712	0.694	1	0.694	0.693	1	0.693
农副食品加工业	1	1	1	1	1	1	1	1	1
黑色金属冶炼和压延加工业	0.740	0.766	0.966	0.688	0.711	0.968	0.635	0.659	0.963
化学原料和化学制品制造业	0.907	0.945	0.959	0.912	0.915	0.996	0.877	0.880	0.996
非金属矿物制品业	0.609	0.611	0.996	0.602	0.610	0.987	0.583	0.589	0.990
纺织业	0.809	0.847	0.955	0.844	1	0.844	0.886	1	0.886
计算机、通信和其他电子设备制造业	0.939	1	0.939	0.911	1	0.911	0.722	0.816	0.885
电气机械和器材制造业	0.711	0.779	0.912	0.655	0.764	0.857	0.576	0.664	0.867
酒、饮料和精制茶制造业	0.849	0.960	0.884	0.807	0.963	0.838	0.833	1	0.833
金属制品业	0.674	0.769	0.876	0.634	0.796	0.796	0.616	0.785	0.785
通用设备制造业	0.587	0.639	0.918	0.585	0.755	0.775	0.532	0.689	0.772
橡胶和塑料制品业	0.807	0.984	0.820	0.780	1	0.780	0.763	1	0.763
有色金属冶炼和压延加工业	1	1	1	0.896	1	0.896	0.917	1	0.917
专用设备制造业	0.537	0.618	0.870	0.529	0.727	0.727	0.550	0.755	0.729
均值	0.777	0.851	0.915	0.753	0.874	0.862	0.727	0.845	0.863

资料来源：根据《湖北统计年鉴》（2012~2017 年）计算整理。

（3）不同行业综合效率差距明显，但呈现良好发展趋势。由图4－5可见，一方面，不同行业综合效率差异明显，2011～2016年各行业综合效率差距虽然仍较大，但是与2000～2005年和2006～2010年相比，差距最小。另一方面，2010～2016年的行业综合效率接近0.73，比2000～2005年的0.55和2006～2010年的0.62有所上升。这表明湖北工业呈现良好的发展态势，行业效率整体在提高，差距在缩小。

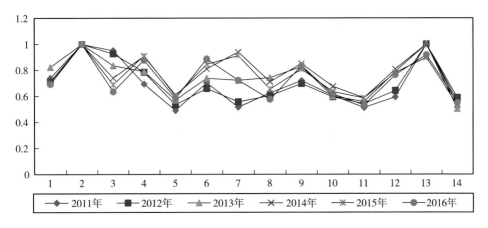

图4－5　2011～2016年湖北工业14个行业综合效率

注：14个行业具体见表4－4。

资料来源：根据《湖北统计年鉴》（2012～2017年）计算整理。

2. 纯技术效率与规模效率分析

由图4－6可见，技术无效且规模无效的行业始终占据较大比重，6年均占行业数的61%以上，而技术有效且规模有效的行业少之又少，大多数行业相对效率无效主要是由于技术效率无效。

由表4－11可见，2011～2016年，有色金属冶炼和压延加工业的综合效率在2011～2014年为1.000，2015年为0.896，2016年为0.917，均由于规模效率降低所致。在其他11个综合效率始终无效的行业中，综合效率较低主要是由于技术效率与规模效率二者的共同作用。

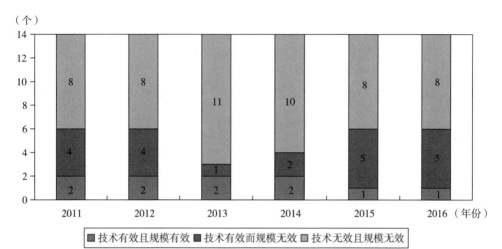

图 4 – 6　2011 ~ 2016 年湖北工业 14 个行业经济发展效率状态分布

注：14 个行业具体见表 4 – 4。

资料来源：根据《湖北统计年鉴》（2012 ~ 2017 年）计算整理。

3. 规模收益分析

（1）有 1 个行业处于综合效率有效状态，且呈规模报酬不变。2011 ~ 2016 年，仅农副食品加工业的综合技术效率指数为 1.000，并处于最佳规模，表现为规模报酬不变。

（2）部分行业在部分年份处于综合效率非有效状态，且呈规模报酬递减。2011 ~ 2016 年，仅汽车制造业一个行业始终处于规模报酬递减（见表 4 – 12）。从原始数据可见，其生产总值排名比较靠前，且就目前而言，湖北的汽车制造业企业较多，规模较大，由此增加了管理难度和成本，导致规模报酬递减，因此应提高技术水平和管理水平，优化资源配置，提高生产效率。

表 4 – 12　　　　　　　　2011 ~ 2016 年湖北工业规模报酬变化

行业	2011 年	2012 年	2013 年	2014 年	2015 年	2016 年
汽车制造业	drs	drs	drs	drs	drs	drs
农副食品加工业	—	—	—	—	—	—
黑色金属冶炼和压延加工业	drs	drs	drs	drs	irs	irs
化学原料和化学制品制造业	drs	drs	drs	drs	irs	irs

行业	2011 年	2012 年	2013 年	2014 年	2015 年	2016 年
非金属矿物制品业	drs	drs	drs	drs	irs	irs
纺织业	irs	irs	irs	irs	irs	irs
计算机、通信和其他电子设备制造业	irs	irs	irs	irs	irs	irs
电气机械和器材制造业	irs	irs	irs	irs	irs	irs
酒、饮料和精制茶制造业	irs	irs	irs	irs	irs	irs
金属制品业	irs	irs	irs	irs	irs	irs
通用设备制造业	irs	irs	irs	irs	irs	irs
橡胶和塑料制品业	irs	irs	irs	irs	irs	irs
有色金属冶炼和压延加工业	——	——	——	——	irs	irs
专用设备制造业	irs	irs	irs	irs	irs	irs

注：irs、——、drs 分别表示规模报酬递增、不变、递减。

资料来源：根据《湖北统计年鉴》（2012～2017 年）计算整理。

（3）部分行业在部分年份处于综合效率非有效状态，且呈规模报酬递增。2011～2016 年，纺织业，计算机、通信和其他电子设备制造业，电气机械和器材制造业，酒、饮料和精制茶制造业，金属制品业，通用设备制造业，橡胶和塑料制品业，专用设备制造业 8 个行业始终处于规模报酬递增，有色金属冶炼和压延加工业除了综合效率为 1.000 的年份，其他年份均呈规模报酬递增状态。说明这些行业规模偏小，需要适当扩大规模，提高技术和管理水平。

（4）其他行业在部分年份处于综合效率非有效状态，有时呈规模报酬递增，有时呈规模报酬递减。2011～2016 年，非金属矿物制品业和通用设备制造业等行业在前几年呈现规模报酬递增，后几年呈现规模报酬递减，说明这些行业发展到一定规模后，面临"瓶颈"，亟待突破。

4.5　工业发展绩效的动态分析

无论是 C^2R 模型还是 BC^2 模型，都只能对效率进行静态评价，而不能考察决策单元在一段时间内效率的动态变化。Malmquist 指数正好弥补了 C^2R 模型和BC²模型的缺陷，它不仅可以用于面板模型，还能进行垂直分析比较。

全要素生产率（Malmquist）指数最初是由马尔姆奎斯特（Sten Malmquist，1953）作为一种消费指数提出，凯夫斯（Caves，1994）等在扩展马尔姆奎斯特的思想的基础上将其应用到生产率变化的度量中，该指数能反映决策单元前后期生产率的变化，可以用于测算生产率的增长，并可将其分解为技术变动和效率变动。

4.5.1 全要素生产率指数

用 (X_t,Y_t) 和 (X_{t+1},Y_{t+1}) 分别表示时期 t 和时期 $t+1$ 的投入和产出，分别用 $D_0^t(X_t,Y_t)$ 和 $D_0^t(X_{t+1},Y_{t+1})$ 表示以 t 时期和 $t+1$ 时期技术为参照的时期 t 的投入产出向量的产出距离函数。t 时期技术、产出角度的全要素生产率指数为：

$$Mt_0(X_t,Y_t,X_{t+1},Y_{t+1})=\frac{Dt_0(X_{t+1},Y_{t+1})}{Dt_0(X_t,Y_t)} \qquad (4.2)$$

类似的 $t+1$ 时期技术、产出角度的全要素生产率指数为：

$$M_0^{t+1}(X_t,Y_t,X_{t+1},Y_{t+1})=\frac{D_0^{t+1}(X_{t+1},Y_{t+1})}{Dt+1_0(X_t,Y_t)} \qquad (4.3)$$

为解决生产技术参照系的选择过于随意的问题，菲尔等（Fare et al.，1994）以两个时期技术全要素生产率指数的几何平均值作为全要素生产率指数：

$$M_0(X_t,Y_t,X_{t+1},Y_{t+1})=\left(\frac{D_0^t(X_{t+1},Y_{t+1})}{D_0^t(X_t,Y_t)}\times\frac{D_0^{t+1}(X_{t+1},Y_{t+1})}{D_0^{t+1}(X_t,Y_t)}\right)^{\frac{1}{2}} \qquad (4.4)$$

4.5.2 全要素生产率指数的分解

西木祖和佩奇（Nishimuzu and Page，1982）用生产函数法将全要素生产率的变化分解为技术效率变化和技术进步变化两部分。菲尔（Fare，1994）证明全要素生产率指数同样可分解为不变规模报酬假定下技术效率变化指数（EC）和技术进步指数（TP）两部分。

$$M_0(X_t,Y_t,X_{t+1},Y_{t+1})=EC\times TP \qquad (4.5)$$

$EC>1$ 表示 DMU 在 $t+1$ 期与 $t+1$ 期前沿面的距离相对于在 t 期与 t 期前

沿面的距离较近，相对技术效率提高；$EC = 1$ 表示技术效率不变；$EC < 1$ 表示技术效率下降。$TC > 1$ 表示技术进步；$TC = 1$ 表示技术不变；$TC < 1$ 表示技术落后。

当规模报酬发生变化时，技术效率变化指数还可进一步分解为纯技术效率指数和规模效率指数，即

$$M_0(X_t, Y_t, X_{t+1}, Y_{t+1}) = PC \times SC \times TP \tag{4.6}$$

4.5.3　2000~2005年工业绩效动态分析

由图4-7可见，2000~2005年，湖北工业绩效波动较大，整体上是上升的。全要素生产率从2000~2001年的1.041上升到2004~2005年的1.134，上升了9.3%。分阶段来看，全要素生产率在2002~2003年达到最高值1.199，在2003~2004年达到最低值0.984。2000~2005年，湖北工业的技术效率是上升的，从2000~2001年的0.973上升到2004~2005年的1.047，上升了7.4%，技术效率最高值1.401出现在2001~2002年，最低值0.731出现在2003~2004年。2000~2005年，湖北工业的技术进步也是上升的。从2000~2001年的1.041上升到2005年的1.083，上升了4.2%，技术进步最低值0.748出现在2001~2002年，最高值1.419现在2002~2003年。由此可见，湖北工业各方面的效率都处于上升状态。

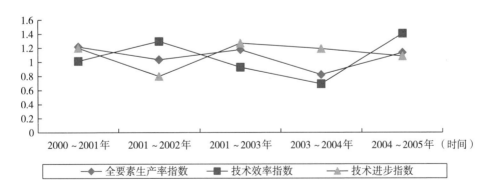

图4-7　2000~2005年湖北工业各项指数变化

资料来源：根据《湖北统计年鉴》（2001~2006年）计算整理。

从细分行业看，2000～2005 年，16 个行业中有 12 个行业的全要素生产率指数大于 1。其中，电力、蒸汽、热水的生产和供应业的绩效水平提升最快，全要素年均增长 22.6%，效率提升的主要原因在于技术进步，该行业 6 年内技术进步指数为 1.213，年均增长 21.3%，说明电力、蒸汽、热水的生产和供应业在这 6 年内技术进步上升幅度很大，技术效率也处于行业前沿。有 4 个行业的全要素生产率指数小于 1，均由于技术效率下降所致。其中，石油加工及炼焦业技术效率下降幅度最大，年均下降 21.8%（见表 4-13）。

表 4-13   2000～2005 年湖北规模以上工业行业各项效率指数变动

行业	技术效率变动	技术进步指数	纯技术效率变动	规模效率变动	全要素生产率指数
交通运输设备制造业	1.022	1.109	1	1.022	1.133
黑色金属冶炼及压延加工业	1.126	1.060	1.031	1.092	1.193
化学原料及化学制品制造业	0.981	1.088	1.014	0.968	1.068
食品加工业	0.954	1.083	0.956	0.998	1.033
纺织业	0.941	1.087	0.829	1.135	1.023
非金属矿物制品业	0.938	1.064	0.912	1.029	0.998
电力、蒸汽、热水的生产和供应业	1.011	1.213	1	1.011	1.226
石油加工及炼焦业	0.782	1.221	1	0.782	0.955
烟草加工业	1	1.120	1	1	1.120
普通机械制造业	1.051	1.087	1.035	1.016	1.143
电子及通信设备制造业	1.089	1.096	1	1.089	1.193
电气机械及器材制造业	0.986	1.106	0.997	0.989	1.091
医药制造业	0.875	1.087	0.902	0.970	0.952
金属制品业	0.914	1.090	1	0.914	0.996
有色金属冶炼及压延加工业	1.076	1.095	0.927	1.161	1.179
饮料制造业	0.912	1.103	0.956	0.954	1.006
均值	0.975	1.106	0.971	1.004	1.078

资料来源：根据《湖北统计年鉴》（2001～2006 年）计算整理。

由表4－14可见，仅黑色金属冶炼及压延加工业1个行业在2000～2005年6年内全要素生产率始终大于1，说明该行业始终处于行业前沿水平。交通运输设备制造业，电力、蒸汽、热水的生产和供应业烟草加工业，电气机械及器材制造业，金属制品业，有色金属冶炼及压延加工业等6个行业6年内有5年均处于行业前沿水平，说明这些行业发展比较良好。

表4－14 2000～2005年湖北规模以上工业各行业全要素生产率指数

行业	2000～2001年	2001～2002年	2002～2003年	2003～2004年	2004～2005年
交通运输设备制造业	1.136	1.295	0.987	1.160	1.108
黑色金属冶炼及压延加工业	1.157	1.181	1.184	1.232	1.212
化学原料及化学制品制造业	0.980	1.092	1.213	0.983	1.087
食品加工业	1.071	0.963	0.987	1.012	1.144
纺织业	0.917	1.124	1.057	0.860	1.198
非金属矿物制品业	0.951	1.096	1.101	0.887	0.973
电力、蒸汽、热水的生产和供应业	0.953	1.006	1.242	2.145	1.084
石油加工及炼焦业	0.855	1.197	1.334	0.529	1.101
烟草加工业	1.024	0.811	1.228	1.549	1.118
普通机械制造业	1.217	0.990	1.934	0.731	1.145
电子及通信设备制造业	1.990	0.689	1.824	0.656	1.474
电气机械及器材制造业	1.086	1.256	1.105	0.872	1.175
医药制造业	0.902	0.972	1.028	0.795	1.089
金属制品业	1.055	1.008	1.191	0.771	1.006
有色金属冶炼及压延加工业	0.951	1.229	1.064	1.321	1.386
饮料制造业	0.791	1.052	1.079	1.193	0.962
均值	1.041	1.048	1.199	0.984	1.134

资料来源：根据《湖北统计年鉴》（2001～2006年）计算整理。

4.5.4 2006～2010 年工业绩效动态分析

由图 4 - 8 可见，2006～2010 年，湖北工业整体绩效呈上升趋势，全要素生产率从 2006～2007 年的 1.098 上升到 2009～2010 年的 1.321，上升了 22.3%。分阶段来看，全要素生产率在 2009～2010 年达到最高值 1.321，在 2008～2009 年达到最低值 0.908。2000～2005 年，湖北工业的技术效率是上升的，从 2006～2007 年的 1.045 上升到 2009～2010 年的 1.062，上升了 1.7%，技术效率最高值 1.231 出现在 2007～2008 年，最低值 0.910 出现在 2008～2009 年。2006～2010 年，湖北工业的技术进步也是上升的。从 2006～2007 年的 1.051 上升到 2009～2010 年的 1.244，上升了 19.3%，技术进步最低值 0.829 出现在 2007～2008 年，最高值 1.244 出现在 2009～2010 年。由此可见，湖北工业各方面的效率都有了较大提高。

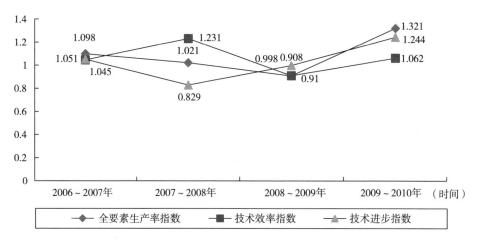

图 4 - 8　2006～2010 年湖北工业各项指数

资料来源：根据《湖北统计年鉴》（2007～2011 年）计算整理。

从细分行业来看，2006～2010 年 13 个行业中有 12 个行业的全要素生产率指数大于 1。其中，有色金属冶炼及压延加工业的绩效水平提升最快，全要素年均增长 15.3%，效率提升的主要原因在于技术效率提升，5 年内技术效率变动指数为 1.14，年均增长 14%，说明有色金属冶炼及压延加工业在这 5

年内技术效率上升幅度很大。通信设备、计算机及其他电子设备制造业的全要素生产率指数小于1，为0.999，年均下降0.1%，主要是技术效率下降所致（见表4-15）。

表4-15 2006~2010年湖北规模以上工业行业各项效率指数变动

行业	技术效率变动	技术进步指数	纯技术效率变动	规模效率变动	全要素生产率指数
交通运输设备制造业	1.088	1.023	1	1.088	1.113
黑色金属冶炼及压延加工业	1.123	1.025	1	1.123	1.151
化学原料及化学制品制造业	1.103	1.017	0.948	1.163	1.121
农副食品加工业	1.134	0.984	1.109	1.023	1.116
纺织业	1.061	1.011	1.045	1.015	1.073
非金属矿物制品业	1.079	1.018	1.054	1.024	1.098
通信设备、计算机及其他电子设备制造业	0.982	1.018	0.985	0.997	0.999
通用设备制造业	0.968	1.058	0.910	1.063	1.024
石油加工、炼焦及核燃料加工业	1	1.050	1	1	1.050
有色金属冶炼及压延加工业	1.035	1.019	0.970	1.068	1.055
电气机械及器材制造业	1.007	1.030	0.917	1.099	1.037
饮料制造业	1.140	1.011	0.972	1.174	1.153
金属制品业	1.026	0.998	0.853	1.203	1.025
均值	1.056	1.020	0.980	1.078	1.077

资料来源：根据《湖北统计年鉴》（2007~2011年）计算整理。

由表4-16可见，黑色金属冶炼及压延加工业和饮料制造业2个行业在2006~2010年全要素生产率始终大于1，说明这2个行业始终处于行业前沿水平。交通运输设备制造业，化学原料及化学制品制造业，农副食品加工业，纺织业，非金属矿物制品业，石油加工、炼焦及核燃料加工业，电气机械及器材制造业，金属制品业8个行业5年内有4年均处于行业前沿水平，说明这些行业发展比较良好。

表 4 – 16　　2006 ～ 2010 年湖北规模以上工业各行业全要素生产率指数

行业	2006～2007 年	2007～2008 年	2008～2009 年	2009～2010 年
交通运输设备制造业	1.100	0.988	1.148	1.231
黑色金属冶炼及压延加工业	1.040	1.499	1.008	1.116
化学原料及化学制品制造业	1.168	1.139	0.998	1.191
农副食品加工业	1.195	0.985	1.058	1.246
纺织业	1.001	1.160	0.949	1.201
非金属矿物制品业	1.146	1.031	0.922	1.334
通信设备、计算机及其他电子设备制造业	0.750	0.966	0.517	2.663
通用设备制造业	1.138	0.879	0.865	1.271
石油加工、炼焦及核燃料加工业	1.097	0.875	1.025	1.237
有色金属冶炼及压延加工业	1.369	0.965	0.803	1.168
电气机械及器材制造业	1.071	0.709	1.078	1.415
饮料制造业	1.223	1.129	1.099	1.163
金属制品业	1.096	1.147	0.616	1.424
均值	1.098	1.021	0.908	1.321

资料来源：根据《湖北统计年鉴》（2007～2011 年）计算整理。

4.5.5　2011～2016 年工业绩效动态分析

由图 4 – 9 可见，2011～2016 年，湖北工业整体绩效波动较小，呈下降趋势。全要素生产率从 2011～2012 年的 1.108 下降到 2015～2016 年的 1.038，下降了 7%。分阶段来看，全要素生产率在 2011～2012 年达到最高值 1.108，在 2012～2013 年达到最低值 0.980。2011～2016 年，湖北工业的技术效率是下降的，从 2011～2012 年的 1.018 下降到 2015～2016 年的 0.964，下降了 5.4%，技术效率最高值 1.070 出现在 2012～2013 年，最低值 0.964 出现在 2015～2016 年。2011～2016 年，湖北工业的技术进步也是下降的。从 2011～2012 年的 1.088 下降到 2015～2016 年的 1.077，下降了 1.1%，技术进步最低值 0.915 出现在 2012～2013 年，最高值 1.088 出现在 2011～2012 年。由此可见，湖北工业效率在此期间略有下降。

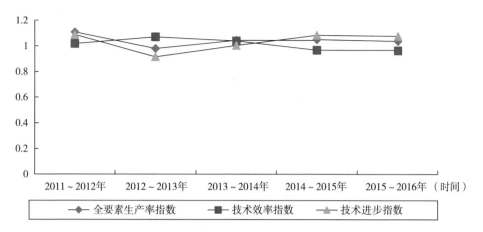

图 4 – 9　2011～2016 年湖北工业各项指数变化

资料来源：根据《湖北统计年鉴》（2012～2017 年）计算整理。

　　从细分行业来看，2011～2016 年 14 个行业中有 13 个行业的全要素生产率指数大于 1。其中，非金属矿物制品业的绩效水平提升最快，全要素年均增长 8.6%，效率提升的主要原因在于技术进步，6 年内技术效率变动指数为1.049，年均增长 4.9%，说明非金属矿物制品业在这 6 年内技术进步幅度很大。黑色金属冶炼和压延加工业的全要素生产率指数小于 1，其全要素生产率为 0.975，年均下降 2.5%，主要是技术效率下降所致（见表 4 –17）。

表 4 –17　　　2011～2016 年湖北规模以上工业行业各项效率指数变动

行业	技术效率变动	技术进步指数	纯技术效率变动	规模效率变动	全要素生产率指数
汽车制造业	0.987	1.043	1	0.987	1.030
农副食品加工业	1	1.031	1	1	1.031
黑色金属冶炼和压延加工业	0.923	1.056	0.920	1.003	0.975
化学原料和化学制品制造业	1.048	1.050	1.018	1.030	1.100
非金属矿物制品业	1.035	1.049	1.014	1.021	1.086
纺织业	1.048	0.992	1.06	0.988	1.040
计算机、通信及其他电子设备制造业	1.069	1.010	1.092	0.979	1.080
电气机械和器材制造业	0.984	1.027	0.984	0.999	1.010
酒、饮料和精制茶制造业	1.030	1.021	1.043	0.987	1.051

续表

行业	技术效率变动	技术进步指数	纯技术效率变动	规模效率变动	全要素生产率指数
金属制品业	1.004	1.040	1.004	1	1.043
通用设备制造业	1.007	1.047	0.983	1.025	1.055
橡胶和塑料制品业	1.051	1.005	1	1.051	1.056
有色金属冶炼和压延加工业	0.983	1.049	1	0.983	1.031
专用设备制造业	0.996	1.025	0.945	1.054	1.021
均值	1.011	1.032	1.004	1.007	1.043

资料来源：根据《湖北统计年鉴》（2012～2017年）计算整理。

由表4-18可见，化学原料和化学制品制造业，非金属矿物制品业，酒、饮料和精制茶制造业，橡胶和塑料制品业4个行业在2011～2016年全要素生产率始终大于1，说明这4个行业始终处于行业前沿水平。纺织业，计算机、通信和其他电子设备制造业，金属制品业，通用设备制造业，专用设备制造业5个行业6年内有5年均处于行业前沿水平，说明这些行业发展比较良好。

表4-18　　　2011～2016年湖北规模以上工业各行业全要素生产率指数

行业	2011～2012年	2012～2013年	2013～2014年	2014～2015年	2015～2016年
汽车制造业	0.995	1.081	0.893	1.062	1.135
农副食品加工业	1.718	0.604	0.98	1.087	1.055
黑色金属冶炼和压延加工业	0.997	0.965	0.872	0.999	1.049
化学原料和化学制品制造业	1.136	1.066	1.13	1.079	1.093
非金属矿物制品业	1.085	1.089	1.076	1.080	1.100
纺织业	1.069	0.929	1.065	1.118	1.029
计算机、通信和其他电子设备制造业	1.155	1.109	1.329	1.053	0.82
电气机械和器材制造业	1.035	1.089	0.979	0.999	0.954
酒、饮料和精制茶制造业	1.057	1.047	1.050	1.031	1.070

续表

行业	2011~2012 年	2012~2013 年	2013~2014 年	2014~2015 年	2015~2016 年
金属制品业	1.054	0.956	1.155	1.020	1.042
通用设备制造业	1.091	1.053	1.057	1.092	0.985
橡胶和塑料制品业	1.148	1.033	1.046	1.048	1.012
有色金属冶炼和压延加工业	1.008	1.061	0.974	0.961	1.164
专用设备制造业	1.116	0.789	1.085	1.08	1.076
均值	1.108	0.980	1.044	1.05	1.038

资料来源：根据《湖北统计年鉴》（2012~2017 年）计算整理。

4.5.6　2000~2016 年工业绩效动态分析

由图 4-10 可见，湖北工业绩效的整体发展趋势。从总体而言，湖北工业全要素生产率和技术进步指数略有下降，技术效率指数有所上升，且上升幅度较大。除了 2000~2005 年技术效率指数小于 1 外，其他阶段的全要素生产率、技术效率指数和技术进步指数都大于 1，这说明湖北工业总体上处于前沿水平。分阶段来看，2000~2005 年全要素生产率为 1.078，主要由技术进步拉动；2006~2010 年全要素生产率为 1.077，主要由技术效率拉动；2011~2016 年全要素生产率为 1.043，由技术效率和技术进步共同推动。

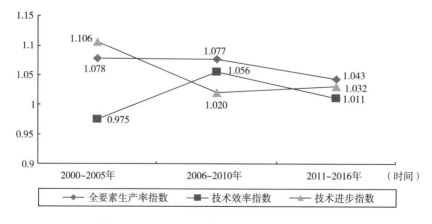

图 4-10　2000~2016 年湖北工业各项指数变化

资料来源：根据《湖北统计年鉴》（2001~2017 年）计算整理。

4.6 基于三阶段 DEA-Malmquist 指数模型的工业 绩效分析

4.6.1 三阶段 DEA-Malmquist 指数模型概述

三阶段 DEA-Malmquist 指数模型可有效剔除非经营因素（外部环境和随机误差）对效率的影响，还能反映一段时期内效率的动态变化，从而使所计算的效率值能更加真实地反映决策单元的内部管理水平。其构建和运用主要分为三个阶段。

第一阶段：传统 DEA-Malmquist 指数模型。

菲尔（1994）、凯夫斯（1994）等学者将产出导向的全要素生产率指数表示为：

$$M_0(X_t,Y_t,X_{t+1},Y_{t+1}) = \left(\frac{D_0^t(X_{t+1},Y_{t+1})}{D_0^t(X_t,Y_t)} \times \frac{D_0^{t+1}(X_{t+1},Y_{t+1})}{D_0^{t+1}(X_t,Y_t)} \right)^{\frac{1}{2}} = EC \times TP$$

$$(4.7)$$

用 (X_t,Y_t) 和 (X_{t+1},Y_{t+1}) 分别表示时期 t 和时期 $t+1$ 的投入和产出，用 $D_0^t(X_t,Y_t)$ 和 $D_0^t(X_{t+1},Y_{t+1})$ 分别表示以 t 时期和 $t+1$ 时期技术为参照的时期 t 的投入产出向量的产出距离函数。

西木祖和佩奇（1982）用生产函数法将全要素生产率的变化分解为技术效率变化和技术进步变化两部分。菲尔（1994）证明全要素生产率指数可分解为不变规模报酬假定下技术效率变化指数（EC）和技术进步指数（TP）两部分。

$EC > 1$ 表示 DMU 在 $t+1$ 期与 $t+1$ 期前沿面的距离相对于在 t 期与 t 期前沿面的距离较近，相对技术效率提高；$EC = 1$ 表示技术效率不变；$EC < 1$ 表示技术效率下降。$TC > 1$ 表示技术进步；$TC = 1$ 表示技术不变；$TC < 1$ 表示技术落后。当规模报酬发生变化时，技术效率变化指数还可进一步分解为纯技术效率指数和规模效率指数。

$$M_0(X_t,Y_t,X_{t+1},Y_{t+1}) = PC \times SC \times TP \qquad (4.8)$$

第二阶段：相似 SFA 回归模型。

第一阶段得到的投入松弛变量受环境因素、随机误差和管理效率三个因素的影响，为了得到真实的效率值，需要对其进行分离。以投入导向为例，设有 n 个决策单元，每个决策单元有 m 种投入，假设有 p 个环境变量，分别对每个决策单元的投入变量进行 SFA 分析，可构建 SFA 方程如下：

$$S_{ik} = f^i(z_k; \beta^i) + v_{ik} + u_{ik} \tag{4.9}$$

其中，S_{ik} 表示第 k 个决策单元第 i 项投入的松弛变量，$i = 1$，2，$\cdots$，m，$k = 1$，2，$\cdots$，n；$z_k = (z_{1k}, z_{2k}, \cdots, z_{pk})$ 表示 p 个环境变量，β^i 为环境变量的待估参数；$f^i(z_k; \beta^i)$ 表示环境变量对投入松弛变量 S_{ik} 的影响，$f^i(z_k; \beta^i) = z_k\beta^i$。$v_{ik} + u_{ik}$ 为混合误差项，v_{ik} 为随机干扰，假设 $v_{ik} \sim N(0, \sigma_{vi}^2)$；$u_{ik}$ 表示管理无效率，假设其服从截断正态分布，即 $u_{ik} \sim N^+(u^i, \sigma_{ui}^2)$；$u_{ik}$ 与 v_{ik} 独立不相关。$\gamma = \dfrac{\sigma_{ui}^2}{\sigma_{ui}^2 + \sigma_{vi}^2}$ 为技术无效率方差占总方差比重，当 γ 的值趋近 1 是，管理因素占主导地位；当 γ 值趋近 0 时，随机误差的影响占主导地位。

利用 SFA 回归结果对投入进行调整，使每个决策单元处于相同的环境和运气之下，公式如下：

$$\hat{x}_{ik} = x_{ik} + [\max_k\{z_k\beta^i\} - z_k\beta^i] + [\max_k\{\hat{v}_{ik}\} - \hat{v}_{ik}] \tag{4.10}$$

其中，x_{ik} 表示第 k 个决策单元第 i 项投入的实际值，$i = 1$，2，$\cdots$，m，$k = 1$，2，$\cdots$，n，$\hat{x}_{ik}$ 为调整后的值；β^i 为环境变量估计值；$\hat{v}_{ik}$ 为随机干扰项的估计值。

第三阶段：调整后的 DEA 模型。

将第二阶段调整后的投入数据代替原始投入数据，产出仍为原始产出，再次采用 dMalmquist 指数模型计算效率，从而得到剔除外部环境因素和随机误差之后的效率值。

4.6.2　投入产出指标、环境变量的选取及数据来源

1. 投入产出指标的选取

选取工业产出指标为规模以上工业总产值。从已有文献来看，关于产出指标的衡量一般选取的是工业总产值、工业增加值和主营业务收入。通过相

关文献比较分析和数据的可获得性，最终选取工业总产值作为产出指标。因为工业增加值是指工业企业在一定时期内以货币形式表现的生产活动的最终成果，它缺少中间产品转移价值，而正是中间产品价值的计算，反映了资源配置效率，且该数据无法获得，故不予采用。在应用三阶段 DEA 模型时，要求投入指标和产出指标之间具有相关性。用 Pearson 相关检验分别计算出工业总产值、主营业务收入与投入指标之间的相关性，结果表明，工业总产值与投入指标之间的相关性更强，故选择工业总产值作为产出指标。这与郭亚军（2012）、赵爽等（2016）的选取是一致的。

工业投入指标选取了从业人员年平均数、固定资产净值和 R&D 经费支出等 3 个指标。它们分别代表企业在劳动力、资本、研发投入三个方面的投入。这与郭亚军（2012）的选取是一致的。

各项投入与产出指标之间必须符合"同向性"假设，即当某项投入增加时，产出不得减少。选用国内外学者常用的 Pearson 相关性检验并运用 SPSS 软件进行检测。计算结果见表 4 – 19。由表 4 – 19 可见，投入和产出变量均在 1% 显著性水平下通过双尾检验，说明该投入产出指标符合"同向性"原则，具有合理性。

表 4 – 19　2011 ~ 2015 年湖北省规模以上工业 28 个行业投入与产出变量的 Pearson 相关系数

产出项	从业人员年平均数	固定资产净值	R&D 经费支出
工业总产值	0.892 ** (0.000)	0.839 ** (0.000)	0.671 ** (0.000)

注：** 表示在 1% 显著水平（双侧）上显著；括号中为 p 值。

资料来源：根据《湖北统计年鉴》（2012 ~ 2016 年）计算整理。

2. 环境变量的选取与说明

环境变量一般指对工业生产效率产生影响但不在样本主观可控范围内的因素。主要从政治、经济、和技术三个方面加以考虑。在兼顾数据可得性的同时，选取了政府补助、出口交货值/工业销售产值、财务费用、行业企业数、万元产值电力消耗这五个环境指标。

政策方面，选取政府补助（亿元）来衡量政府对各行业的扶持力度，它反映了各个行业在国内发展的宏观环境以及发展机遇。

经济方面，选取出口交货值/工业销售产值来衡量该行业的出口情况。这与李鹏（2014）的研究一致。出口交货值占工业销售产值比重较大时，说明市场开放程度较高，从而有利于促进生产。这与徐妍（2016）的研究一致。选取财务费用（亿元）来衡量企业的融资成本。这与李洪伟（2012）、付冰婵等（2017）的研究一致。融资成本越高，说明行业越不景气，预期行业效率越低。选取行业企业数（个）来衡量行业规模。企业数较多的行业规模较大，容易形成规模效益，预期效率越高。

技术方面，选用万元产值电力消耗（千瓦时/万元）来衡量资源利用水平方面。这与郭亚军（2012）的研究一致。万元产值电力消耗越高，说明资源利用水平越低，效率越低。

3. 数据的来源与选择

投入产出指标以及环境变量的原始数据均源于 2012～2016 年的《湖北统计年鉴》，经过计算整理所得，真实可靠。选择 2011～2015 年为研究期间的原因：由于 2010 年之前，汽车制造业并没有作为一个单独的行业列出，而汽车制造业在湖北省工业经济发展中占有非常重要的地位，不能忽视，且故研究期间起于 2010 年。另外，2016 年缺乏各行业 R&D 经费支出，故研究期间止于 2015 年。选择 28 个行业的原因是：2011～2016 年《湖北统计年鉴》中制造业包括 31 个行业，但由于其中 3 个行业（皮革、毛皮、羽毛及其制品和制鞋业，废弃资源综合利用业，金属制品、机械和设备修理业）缺失数据较多，经过筛选后留下 28 个行业。①

----

① 28 个行业如下：1. 农副食品加工业；2. 食品制造业；3. 酒、饮料和精制茶制造业；4. 烟草制造业；5. 纺织业；6. 纺织服装、服饰业；7. 木材加工和木、竹、藤、棕、草制品业；8. 家具制造业；9. 造纸和纸制品业；10. 印刷和记录媒介复制业；11. 文教、工美、体育和娱乐用品制造业；12. 石油加工、炼焦和核燃料加工业；13. 化学原料和化学制品制造业；14. 医药制造业；15. 化学纤维制造业；16. 橡胶和塑料制品业；17. 非金属矿物制品业；18. 黑色金属冶炼和压延加工业；19. 有色金属冶炼和压延加工业；20. 金属制品业；21. 通用设备制造业；22. 专用设备制造业；23. 汽车制造业；24. 铁路、船舶、航空航天和其他运输设备制造业；25. 电气机械和器材制造业；26. 计算机、通信和其他电子设备制造业；27. 仪器仪表制造业；28. 其他制造业。

4.6.3 实证结果分析

1. 第一阶段传统 DEA 实证结果

利用 DEAP2.1 软件,采用传统的 DEA-Malmquist 指数对 2010～2015 年湖北省工业 28 个规模以上行业的生产效率进行了计算,结果见表 4-20。

表 4-20　　　　　　　　传统 DEA-Malmquist 指数及其分解

行业编号	Tfpch Malmquist 指数	技术效率	技术进步	纯技术效率	规模效率
4	1.279	1.002	1.277	1	1.002
8	1.236	1.123	1.100	1	1.123
26	1.181	0.964	1.224	1.164	0.828
11	1.156	0.963	1.200	1	0.963
6	1.076	1.042	1.033	1.086	0.959
10	1.071	0.880	1.217	0.924	0.952
20	1.050	0.824	1.274	0.976	0.845
21	1.043	0.842	1.239	0.987	0.853
17	1.039	0.981	1.059	1.077	0.911
16	1.037	0.872	1.189	1.008	0.865
22	1.025	0.803	1.276	0.919	0.874
25	1.005	0.824	1.220	0.988	0.834
9	0.981	0.935	1.049	0.938	0.998
13	0.980	0.871	1.124	1.035	0.842
15	0.968	0.842	1.150	1	0.842
23	0.965	0.850	1.135	1	0.850
14	0.960	0.797	1.204	0.911	0.876
1	0.954	0.843	1.131	1	0.843
24	0.953	0.778	1.224	0.790	0.985
28	0.952	0.739	1.289	0.920	0.803
18	0.950	0.905	1.050	0.870	1.040
2	0.941	0.874	1.077	1.009	0.867
5	0.941	0.900	1.046	1.040	0.865

续表

行业编号	Tfpch Malmquist 指数	技术效率	技术进步	纯技术效率	规模效率
7	0.941	0.880	1.069	0.872	1.009
27	0.937	0.756	1.240	0.855	0.884
3	0.934	0.850	1.099	1.017	0.835
12	0.919	0.948	0.969	1	0.948
19	0.897	0.755	1.188	0.842	0.897
均值	1.009	0.876	1.152	0.969	0.904

资料来源：根据《湖北统计年鉴》（2012~2016年）计算整理。

由表4-20可见，在未剔除环境变量和随机因素的前提下，湖北省工业总体效率呈上升趋势，平均生产率达到1.009，年均增长0.9%，增长幅度不明显。主要原因是技术进步增长幅度为15.2%，而技术效率则呈下降趋势，下降幅度为12.4%。28个行业中有12个行业生产效率呈现上升趋势，主要归因于技术进步；16个行业生产效率呈下降趋势，主要归因于技术效率下降。25个行业技术效率呈下降趋势，主要是由于纯技术效率和规模效率下降所致。由于该结果包含了环境因素和随机因素的干扰，并不能反映各行业的真实效率情况，故还需进一步的调整和测算。

2. 第二阶段SFA回归结果

将第一阶段分离出来的投入变量的松弛变量作为被解释变量，环境变量作为解释变量，利用Frontier4.1软件进行SFA回归分析，计算结果见表4-21。从表4-21可见，环境变量对投入松弛变量的系数大多数能通过显著性检验，说明外部环境因素对工业生产投入冗余存在显著影响。进一步，劳动力投入松弛变量、研发投入松弛变量这两种投入松弛变量的γ值分别为0.7863、0.6391，接近于1，且均达到1%的显著性水平，说明这两种投入中管理因素的影响占主导地位；对于资本投入松弛变量，其γ值为0.3904，接近于0，且达到1%的显著性水平，表明资本投入中，随机误差影响占主导地位。这一结果表明管理因素和随机误差对工业生产效率存在着显著影响，因此应用SFA对管理因素和随机误差进行剥离是很有必要的。

表 4 – 21　　　　　　　　　　　第二阶段 SFA 回归结果

自变量	劳动力投入 松弛变量	资本投入 松弛变量	研发投入 松弛变量
常数项	6. 6035 *** (6. 1346)	40. 4906 ** (2. 1824)	9. 4368 ** (2. 8034)
政府扶持	– 0. 1609 (– 1. 0322)	10. 0712 * (2. 0571)	2. 1918 *** (5. 8440)
对外开放水平	5. 4916 (1. 0842)	51. 0512 (0. 3391)	50. 5705 *** (4. 2115)
融资成本	– 0. 0592 (– 1. 6226)	14. 0493 *** (15. 4518)	0. 5276 *** (5. 7897)
行业规模	0. 0035 ** (2. 6077)	– 0. 1811 *** (– 5. 2583)	– 0. 0178 *** (– 5. 0194)
资源利用水平	0. 0010 (1. 2527)	0. 0134 (0. 5000)	– 0. 0018 (0. 9541)
σ^2	27. 9188 *** (3. 3478)	12477. 396 *** (823. 5326)	100. 3601 ** (2. 6405)
γ	0. 7863 *** (10. 9498)	0. 3904 *** (4. 8931)	0. 6391 *** (3. 9090)
Log likelihood	– 351. 0709	– 837. 0607	– 468. 1749
LR test of the one-sided error	47. 7710	9. 4154	13. 2169

注：*、**、*** 分别表示在10%、5%、1% 显著性水平上显著；括号中数为相应估计量 t 统计量。

资料来源：根据《湖北统计年鉴》（2012～2016 年）计算整理。

　　进一步考察环境变量对三种投入松弛变量的系数，由于环境变量是对各投入松弛变量的回归，所以当回归系数为正时，表示增加环境变量将会增加投入松弛变量，即会导致投入的浪费或减少产出；相反，当回归系数为负时，表示增加环境变量会减少投入松弛，即有利于减少投入的浪费或增加产出。下面逐一说明五种环境变量对各投入松弛变量的影响。

（1）政府扶持力度。该变量对劳动力投入松弛变量的系数为负，未通过10%的显著性检验；对资本投入松弛变量和研发投入松弛变量的系数为正，且分别通过10%和1%的显著性检验。这表明政府扶持力度加大时，对劳动力投入的松弛变量没有显著影响，而会导致资本投入松弛变量和研发投入松弛变量增加，从而对工业生产效率产生不利影响。这一结论与理论预期相反。这是由于政府补贴的过度投入或不合理配置可能导致工业的过度投入，而管理水平的低下可能导致工业投入冗余的增加，从而导致低效问题。

（2）对外开放水平。出口交货值/工业销售产值对劳动力投入松弛变量、资本投入松弛变量和研发投入松弛变量的系数均为正。且劳动力投入松弛变量和资本投入松弛变量未通过10%的显著性检验，研发投入松弛变量通过1%的显著性检验。表明对外开放水平对劳动力和固定资产的投入无显著影响，但是对外开放水平的提高会促使企业面临较大的国外竞争压力，从而促使企业提高科技水平，增加研发投入，同时也可能带来信息安全隐患。

（3）融资成本。该变量对劳动力投入松弛变量的系数为负，但未通过10%的显著性检验。对资本投入松弛变量和研发投入松弛变量的系数为正，且均通过1%的显著性检验。这表明，融资成本增加对劳动力投入松弛变量无显著影响。但融资成本增加导致资本投入松弛变量和研发投入松弛变量增加，这说明融资成本的增加会导致固定资产和研发投入减少，从而减少产出。

（4）行业规模。该变量对劳动力投入松弛变量的系数为正，通过5%的显著性检验。对资本投入松弛变量和研发投入松弛变量的系数为负，且均通过1%的显著性检验。说明行业规模的扩大会导致机构人员冗余，管理难以提高，效率降低，但规模的扩大也可能会减少企业固定资产投入和研发投入的不合理增加，从而促进企业资金的合理配置，进而导致企业效率的提升。

（5）资源利用水平。该变量对劳动力松弛变量和资本投入松弛变量的系数为正，对研发投入松弛变量系数为负，均未通过10%显著性检验。说明万元产值电力消耗对从业人员年平均数、固定资产净值和R&D经费投入没有显著影响。

3. 第三阶段调整后的 DEA 实证结果

将调整后的投入变量与原始产出再次采用传统 DEA-Malmquist 指数模型进行计算，得到剔除环境变量和随机因素影响后的效率值，结果见表 4 – 22。

表 4 – 22　　调整后的 2011 ~ 2015 年湖北省工业 DEA-Malmquist 指数及其分解

行业编号	Tfpch Malmquist 指数	技术效率	技术进步	纯技术效率	规模效率
8	1. 368	1. 273	1. 075	1	1. 273
11	1. 334	1. 241	1. 075	1	1. 241
10	1. 276	1. 187	1. 075	1	1. 187
27	1. 266	1. 178	1. 075	0. 999	1. 179
7	1. 223	1. 137	1. 075	1	1. 137
2	1. 183	1. 101	1. 075	1. 001	1. 100
28	1. 182	1. 100	1. 075	1	1. 100
22	1. 180	1. 096	1. 076	0. 998	1. 098
16	1. 179	1. 096	1. 075	1. 003	1. 093
21	1. 158	1. 074	1. 078	1. 003	1. 071
14	1. 157	1. 074	1. 077	0. 999	1. 075
1	1. 151	1. 039	1. 107	1	1. 039
3	1. 143	1. 057	1. 081	1. 001	1. 056
26	1. 143	1. 056	1. 082	1. 004	1. 052
25	1. 132	1. 047	1. 081	1	1. 047
17	1. 128	1. 038	1. 086	1. 005	1. 033
20	1. 128	1. 047	1. 078	1	1. 047
13	1. 124	1. 030	1. 091	0. 999	1. 031
24	1. 112	1. 035	1. 075	0. 998	1. 036
4	1. 109	1. 031	1. 075	1	1. 031
9	1. 109	1. 031	1. 076	1. 001	1. 030
5	1. 098	1. 004	1. 094	1	1. 004
15	1. 052	0. 978	1. 075	1	0. 978

续表

行业编号	Tfpch Malmquist 指数	技术效率	技术进步	纯技术效率	规模效率
23	1.035	0.971	1.066	1	0.971
6	1.027	0.961	1.069	1.001	0.960
19	1.009	0.937	1.077	0.999	0.938
12	1.001	0.931	1.075	1	0.931
18	0.977	0.901	1.084	0.996	0.905
均值	1.139	1.056	1.079	1	1.055

资料来源：根据《湖北统计年鉴》（2012～2016 年）计算整理。

对比表 4-20 和表 4-22 可知，剔除环境因素和随机因素影响后，湖北省工业各行业生产效率发生了较大的变化。全要素生产率大于 1 的行业由 12 个上升为 27 个，仅黑色金属冶炼和压延加工业 1 个行业在调整前后全要素生产率均小于 1，这说明该行业的效率确实有待提高。从总体效率来看，2011～2015 年湖北省工业总体效率明显上升，从 1.009 上升到 1.139，上升幅度为 13.9%。此外，技术效率、纯技术效率和规模效率都有所上升，技术进步指数有所下降。全要素生产率最高的是家具制造业，为 1.368，其技术效率和规模效率都有较大幅度上升，技术效率上升主要原因是技术进步。全要素生产率最低的行业是黑色金属冶炼和压延加工业，其值为 0.977，其技术效率和规模效率均与所下降，技术效率下降主要是由于纯技术效率下降。经过调整后，15 个行业的全要素生产率有所上升，说明环境因素和随机误差对这些行业的生产效率产生负面影响，这些行业应该积极主动加以克服。其中，仪器仪表制造业上升幅度最大，上升了 32.9%，说明仪器仪表制造业生产率受环境因素和随机误差影响最大。只有烟草制造业，纺织服装、服饰业，计算机、通信和其他电子设备制造业这 3 个行业全要素生产率有所下降，说明环境因素和随机误差导致其生产率虚高，该行业应积极有效地利用政府补助、出口、融资成本、行业规模、资源利用水平等环境因素来提高效率。

将调整前后的技术效率指数、技术进步指数、纯技术效率指数和规模效率指数分别进行对比（见图 4-11 至图 4-14）。从总体而言，调整前，湖北省工业技术效率和规模效率被低估，技术进步指数和纯技术指数波动更大；调整后，湖北省工业技术效率和规模效率有所上升，且各行业技术进步指数

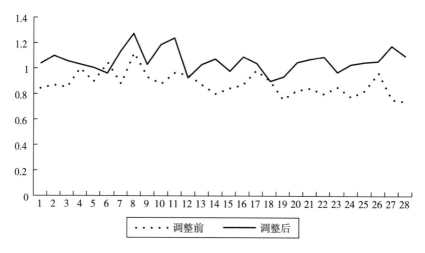

图 4-11 调整前后技术效率指数变化

注：28 个行业见第 93 页脚注，下同。

资料来源：根据《湖北统计年鉴》（2012~2016 年）计算整理。

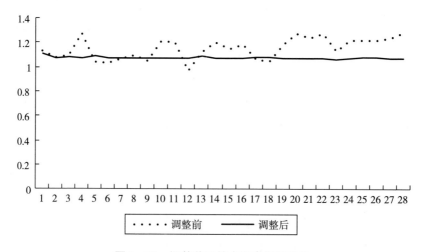

图 4-12 调整前后技术进步指数变化

资料来源：根据《湖北统计年鉴》（2012~2016 年）计算整理。

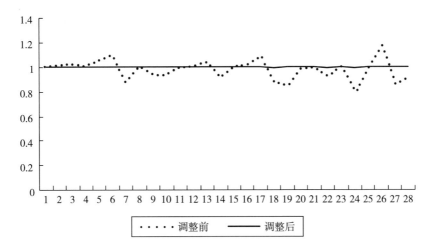

图4-13 调整前后纯技术效率指数变化

资料来源：根据《湖北统计年鉴》（2012～2016年）计算整理。

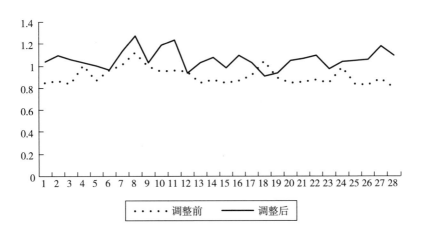

图4-14 调整前后规模效率指数变化

资料来源：根据《湖北统计年鉴》（2012～2016年）计算整理。

和纯技术指数波动更小更稳定。这说明环境因素和随机误差造成湖北省工业
各行业技术效率和规模效率降低，并加大各行业技术进步和纯技术效率的
差距。

进一步地,以效率值1为临界点,按照纯技术效率与规模效率可划分为四个区域:第一个区域为"双高型";第二个区域为纯技术效率高但规模效率低的"高低型";第三个区域为纯技术效率低但规模效率高的"低高型";第四个区域为"双低型"。由图4-15可见,大部分行业均处于"双低型"区域。由图4-16可见,经过调整后,大部分行业处于"双高型"。这说明湖北省工业大部分行业的技术和管理水平较为成熟,也意味着湖北省工业效率受环境因素和随机因素影响较大,受影响较大的文教、工美、体育和娱乐用品制造业,印刷和记录媒介复制业,仪器仪表制造业等行业应该制定有效的措施,克服环境因素和随机因素的不利影响,提高行业效率。

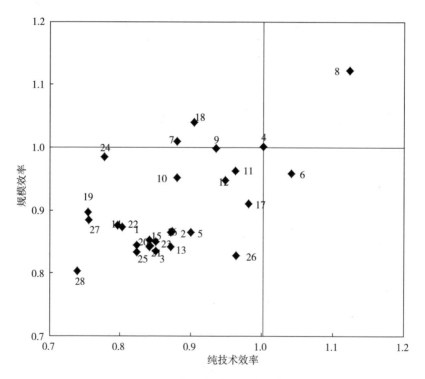

图4-15 调整前第一阶段效率值

资料来源:根据《湖北统计年鉴》(2012~2016年)计算整理。

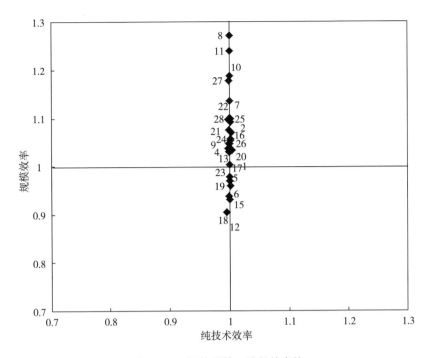

图4-16 调整后第三阶段效率值

资料来源:根据《湖北统计年鉴》(2012~2016年)计算整理。

4.6.4 结论

综合以上分析,可以得到以下结论。

第一,环境因素和随机误差对湖北省工业生产效率产生重要影响。在经过第二阶段的环境因素与随机误差调整后,各行业的生产效率发生了明显变化,这说明环境因素和随机误差确实对湖北省工业的生产效率产生的重要影响。调整后,全要素生产率大于1的行业由12个上升为27个,仅黑色金属冶炼和压延加工业1个行业在调整前后全要素生产率均小于1,这说明该行业的效率确实有待提高,纯技术效率和规模效率均有待提高。

第二,湖北省工业全要素生产率的提升得益于技术效率和技术进步。湖北省工业全要素生产率在2011~2015年实现了快速增长,增长幅度达13.9%,主要是由于技术效率和技术进步的共同作用所致。

第三,政府补贴、对外开放水平、融资成本、行业规模有较大影响。通过第二阶段SFA回归分析可见，政府补贴可能会导致企业投入过度，从而降低生产效率；对外开放水平的提高会增加企业科技创新的能力，但也可能造成信息安全隐患问题；融资成本的增加会导致企业固定资产和研发投入减少，从而减少产出；行业规模的盲目扩大也可能会增加固定资产投入和研发投入的盲目增加，导致资金不合理配置，从而降低生产效率。

第四，环境因素和随机误差的存在导致技术效率和规模效率被低估，使各行业间的技术进步和纯技术效率差距更为明显。说明环境因素和随机误差的剔除是很有必要的。

第五，规模效率是影响湖北省工业全要素生产效率高低的主要因素。调整后第三阶段各行业的纯技术效率值趋近于1，大部分行业的规模效率值大于1，这说明规模效率是影响行业效率的主要因素，合理的扩大或缩小行业规模有利于减少投入要素的浪费，提高资源利用效率。

为进一步提高湖北省工业生产率，提出以下建议以供参考。

第一，充分利用外部环境有利因素。考虑到外部环境与随机误差的重要性及不可控性，要合理利用外部环境因素提高效率。应合理控制政府支持力度，适当给予政府补贴，使资源得到有效的配置而非盲目的投资，以免出现过犹不及的情况；坚持走出去与引进来相结合，着力提高科技水平和国际市场竞争力，防止技术与信息外泄；合理选择融资渠道，降低融资成本；适当增加企业数，控制行业规模，充分利用规模效应带来的好处同时规避其潜在风险，可以提高企业间的竞争力，实现资源优化配置。

第二，根据生产效率采取不同措施。湖北省各行业的效率水平高低不一，应根据自身的生产效率类型采取相应的措施。高效率行业应该充分利用自身优势，再接再厉，优化投入要素结构，提高生产效率；低效率行业应该清除认识到自身的处境，虚心学习，取长补短，合理配置投入资源，加强创新，着力提高技术水平和管理水平。

第三，政府和企业各自其职谋发展。政府应该积极为工业发展提供良好的政策和资金支持，不断优化和改善市场运营环境；企业需要积极履行自身的使命，优化市场资源配置，不断提高经营和管理水平。政府和企业都应该明确自身在市场经济中的职责，为创造一个健康和谐的经济环境而努力。

4.7　工业各产业在全国的地位与作用分析

4.7.1　区位熵方法简介

区位熵（location quotient，LQ）是评价区域优势产业的一种基本分析方法，是由哈盖特（P·Haggett，1972）首先提出并运用于区位分析中，主要用于衡量某一区域要素的空间分布情况，反映某一产业部门的专业化程度，以及某一区域在高层次区域的地位和作用。通过计算某一区域产业的区位熵，即 LQ 值，可以找到该区域在全国具有一定地位的优势产业，并根据 LQ 值的大小来衡量其专门化率，LQ 的值越大，其专门化程度越高。

j 地区 i 产业的区位熵指数计算公式为：

$$LQ_{ij} = \frac{L_{ij}/L_j}{L_i/L} \times 100\% \tag{4.11}$$

LQ_{ij} 为 j 区域 i 产业的区位熵；L_{ij} 为 j 地区 i 产业的指标值；L_i 为全国 i 产业的指标值，即 $L_i = \sum_j L_{ij}$；L_j 为 j 地区全部产业的指标值，即 $L_j = \sum_i L_{ij}$，L 为全国所有产业的相关指标。

若 LQ_{ij} < 100%，则表示 j 区域的 i 指标值相对于全国水平来说处于劣势；

若 LQ_{ij} = 100%，则表示 j 区域的 i 指标值相对于全国水平来说处于均势；

若 LQ_{ij} > 100%，则表示 j 区域的 i 指标值相对于全国水平来说有一定优势。

4.7.2　规模以上工业主营业务收入区位熵分析

《国民经济行业分类》国家标准（GB/T4754—2011）于 2011 年 11 月 1 日实施，因此选用 2011 年之后的数据进行分析，以确保数据的一致性。选取湖北和全国 41 个规模以上工业行业 2012～2016 年的主营业务收入作为样本数据，分析湖北规模以上工业行业的区位熵，数据源于 2013～2017 年《湖北统计年鉴》和《中国统计年鉴》，分析结果如下。

1. 始终保持优势的行业不多

由表 4-23 可见，2012～2016 年，区位熵始终大于 100%，即相对于全国

表 4 - 23　　　湖北规模以上工业主营业务收入区位熵

单位：%

编号	行业	2012 年	2013 年	2014 年	2015 年	2016 年	平均值
1	煤炭开采和洗选业	7.38	9.40	10.27	10.36	6.69	8.82
2	石油和天然气开采业	20.73	19.13	17.78	1459.79	16.65	306.82
3	黑色金属矿采选业	120.15	116.15	117.27	103.36	110.02	113.39
4	有色金属矿采选业	43.11	35.51	20.42	16.87	17.66	26.71
5	非金属矿采选业	269.51	275.14	263.54	256.96	246.11	262.25
6	开采辅助活动	311.81	114.85	94.22	85.03	100.54	141.29
7	其他采矿业	101.65	153.03	110.05	69.47	261.53	139.15
8	农副食品加工业	173.85	175.89	179.77	155.82	176.83	172.43
9	食品制造业	120.78	121.94	123.67	132.41	131.56	126.07
10	酒、饮料和精制茶制造业	204.10	218.26	230.63	251.87	237.79	228.53
11	烟草制品业	170.60	159.14	166.78	466.85	181.62	229.00
12	纺织业	142.89	140.57	147.31	121.27	140.87	138.58
13	纺织服装、服饰业	111.05	110.54	107.60	97.13	101.49	105.56
14	皮革、毛皮、羽毛及其制品和制鞋业	22.71	25.98	33.14	33.08	38.01	30.58
15	木材加工和木、竹、藤、棕、草制品业	73.82	76.50	79.59	69.51	74.77	74.84
16	家具制造业	40.32	46.92	52.87	50.27	56.61	49.40
17	造纸和纸制品业	99.96	89.48	96.45	86.75	91.60	92.85
18	印刷和记录媒介复制业	96.12	121.38	120.74	109.33	113.84	112.28
19	文教、工美、体育和娱乐用品制造业	22.88	31.68	24.50	24.45	31.28	26.96
20	石油加工、炼焦和核燃料加工业	51.68	55.45	58.35	55.44	64.64	57.11
21	化学原料和化学制品制造业	118.90	118.19	122.03	112.86	117.91	117.98

续表

编号	行业	2012年	2013年	2014年	2015年	2016年	平均值
22	医药制造业	113.54	106.88	108.36	117.48	106.12	110.48
23	化学纤维制造业	34.63	27.90	29.93	22.68	23.92	27.81
24	橡胶和塑料制品业	83.56	89.42	95.22	83.71	93.23	89.03
25	非金属矿物制品业	121.56	127.34	130.78	117.46	130.56	125.54
26	黑色金属冶炼和压延加工业	136.23	121.99	94.52	70.12	76.59	99.89
27	有色金属冶炼和压延加工业	84.50	85.32	78.42	63.42	64.81	75.29
28	金属制品业	94.05	95.56	98.17	82.64	93.73	92.83
29	通用设备制造业	64.25	69.37	68.54	61.21	65.99	65.87
30	专用设备制造业	60.19	70.77	73.48	67.76	74.82	69.40
31	汽车制造业	214.45	204.91	203.01	189.78	196.70	201.77
32	铁路、船舶、航空航天和其他运输设备制造业	85.34	87.31	82.64	75.97	84.79	83.21
33	电气机械和器材制造业	56.38	65.14	64.83	58.13	64.78	61.85
34	计算机、通信和其他电子设备制造业	43.75	45.50	50.25	48.83	58.29	49.32
35	仪器仪表制造业	36.56	39.88	46.77	52.37	49.31	44.98
36	其他制造业	143.33	150.45	161.24	137.90	130.55	144.69
37	废弃资源综合利用业	84.17	78.03	93.54	73.66	98.67	85.61
38	金属制品、机械和设备修理业	77.49	97.56	104.31	98.29	96.89	94.91
39	电力、热力生产和供应业	99.08	74.81	72.65	63.17	73.24	76.59
40	燃气生产和供应业	67.51	71.19	66.67	53.07	62.93	64.27
41	水的生产和供应业	75.13	88.82	88.26	91.17	89.32	86.54

资料来源：根据《湖北统计年鉴》（2013～2016年）计算整理。

水平一直保持优势的行业有 12 个，分别是黑色金属矿采选业，非金属矿采选业，农副食品加工业，食品制造业，酒、饮料和精制茶制造业，烟草制造业，纺织业，化学原料和化学制品制造业，医药制造业，非金属矿物制品业，汽车制造业，其他制造业。其中，非金属矿采选业和酒、饮料和精制茶制造业的区位熵在 2012～2016 年均达到 200% 以上，说明这 2 个行业相对于全国来说发展优势非常明显。

2. 超过半数的行业与全国相比始终处于劣势

煤炭开采和洗选业、有色金属矿采选业等 23 个行业在这 5 年内一直低于全国水平，其中煤炭开采和洗选业的区位熵值最低，平均值仅为 8.82%。熵值平均值低于 50% 的行业有 8 个，分别是煤炭开采和洗选业（8.82%），有色金属矿采选业（26.71%），文教、工美、体育和娱乐用品制造业（26.96%），化学纤维制造业（27.81%），皮革、毛皮、羽毛及其制品和制鞋业（30.58%），仪器仪表制造业（44.98），计算机、通信和其他电子设备制造业（49.32%）和家具制造业（49.4%）。

3. 优势行业的发展贡献较大

将 2012～2016 年湖北规模以上工业的主营业务收入的均值及占比与区位熵变化合并可知（见表 4-24），2012～2016 年，占湖北规模以上工业主营业务收入前 16 位的行业，其主营业务收入占到了全部行业主营业务收入的 80.69%，其中有 21 个行业区位熵在 2012～2016 年呈增加趋势。增长幅度最大的是其他采矿业（159.88%），有 20 个行业区位熵在 2012～2016 年呈下降趋势，下降幅度最大的是开采辅助活动（-211.28%）。

表 4-24　2012～2016 年湖北规模以上工业主营业务收入和区位熵变化　　单位:%

行业	主营业务收入占比	主营业务收入占比累计	区位熵变化
汽车制造业	12.45	12.45	-17.75
农副食品加工业	10.08	22.52	2.97
化学原料和化学制品制造业	8.81	31.33	-0.99
黑色金属冶炼和压延加工业	6.53	37.86	-59.64

续表

行业	主营业务收入占比	主营业务收入占比累计	区位熵变化
非金属矿物制品业	6.46	44.32	9.00
纺织业	4.89	49.22	−2.02
计算机、通信和其他电子设备制造业	4.03	53.24	14.54
电力、热力生产和供应业	3.92	57.16	−25.84
电气机械和器材制造业	3.79	60.95	8.40
有色金属冶炼和压延加工业	3.45	64.39	−19.70
酒、饮料和精制茶制造业	3.41	67.80	33.68
金属制品业	3.06	70.86	−0.32
通用设备制造业	2.74	73.60	1.74
橡胶和塑料制品业	2.43	76.04	9.68
食品制造业	2.36	78.39	10.77
医药制造业	2.29	80.69	−7.43
专用设备制造业	2.21	82.90	14.63
石油和天然气开采业	2.09	84.99	−4.07
纺织服装、服饰业	2.04	87.03	−9.56
石油加工、炼焦和核燃料加工业	2.00	89.02	12.96
铁路、船舶、航空航天和其他运输设备制造业	1.38	90.41	−0.55
烟草制品业	1.32	91.73	11.03
非金属矿采选业	1.22	92.95	−23.40
造纸和纸制品业	1.18	94.14	−8.36
木材加工和木、竹、藤、棕、草制品业	0.91	95.04	0.96
黑色金属矿采选业	0.87	95.91	−10.13
印刷和记录媒介复制业	0.68	96.59	17.72
皮革、毛皮、羽毛及其制品和制鞋业	0.40	96.99	15.29
文教、工美、体育和娱乐用品制造业	0.36	97.35	8.40
仪器仪表制造业	0.35	97.70	12.75

行业	主营业务收入占比	主营业务收入占比累计	区位熵变化
家具制造业	0.34	98.04	16.29
其他制造业	0.34	98.38	-12.79
燃气生产和供应业	0.30	98.68	-4.58
废弃资源综合利用业	0.29	98.97	14.50
开采辅助活动	0.24	99.21	-211.28
煤炭开采和洗选业	0.23	99.44	-0.69
化学纤维制造业	0.19	99.63	-10.71
有色金属矿采选业	0.15	99.77	-25.46
水的生产和供应业	0.14	99.91	14.19
金属制品、机械和设备修理业	0.09	100.00	19.39
其他采矿业	0.00	100.00	159.88

资料来源：根据《湖北统计年鉴》（2013～2016 年）计算整理。

4.7.3 规模以上工业利润总额区位熵分析

选取湖北和全国 41 个规模以上工业行业 2012～2016 年的利润总额作为样本数据，分析湖北规模以上工业行业的区位熵，数据源于 2013～2017 年《湖北统计年鉴》和《中国统计年鉴》，分析结果如下。

1. 始终保持优势的行业较少

由表 4-25 可见，2012～2016 年，区位熵始终大于 100% 的行业有 9 个，分别是非金属矿采选业，农副食品加工业，酒、饮料和精制茶制造业，烟草制造业，纺织业，非金属矿物制品业，汽车制造业，其他制造业以及电力、热力生产和供应业。平均值大于 100% 的行业有 12 个，除了以上 9 个行业外，还有其他采矿业，化学原料和化学制品制造业，金属制品、机械和设备修理业。其中，非金属矿采选业和汽车制造业比较具有优势，区位熵值均达到 200% 以上。

表4-25　湖北规模以上工业利润总额区位熵

单位：%

编号	行业	2012年	2013年	2014年	2015年	2016年	平均值
1	煤炭开采和洗选业	5.31	12.29	20.93	59.68	8.96	21.43
2	石油和天然气开采业	-1.28	-5.95	-18.70	-76.37	120.64	3.67
3	黑色金属矿采选业	42.36	43.35	62.76	57.56	42.44	49.69
4	有色金属矿采选业	46.08	51.10	41.40	38.50	33.63	42.14
5	非金属矿采选业	355.20	329.85	290.03	275.02	261.72	302.36
6	开采辅助活动	-95.98	-2078.06	41.13	282.48	142.61	-341.57
7	其他采矿业	23.92	35.01	152.30	37.17	427.50	135.18
8	农副食品加工业	200.38	213.69	201.17	184.18	170.48	193.98
9	食品制造业	109.13	91.07	97.23	102.11	93.99	98.71
10	酒、饮料和精制茶制造业	167.84	182.83	175.05	170.83	161.61	171.63
11	烟草制品业	122.74	116.39	157.50	165.86	231.74	158.85
12	纺织业	145.46	140.44	137.86	125.38	140.58	137.94
13	纺织服装、服饰业	116.29	111.06	91.05	86.38	83.82	97.72
14	皮革、毛皮、羽毛及其制品和制鞋业	17.67	16.50	21.00	19.01	22.53	19.34
15	木材加工和木、竹、藤、棕、草制品业	80.12	85.04	76.18	77.14	74.58	78.61
16	家具制造业	51.28	40.29	48.35	47.10	56.67	48.74
17	造纸和纸制品业	81.56	73.62	77.34	84.09	76.99	78.72
18	印刷和记录媒介复制业	80.23	95.48	109.48	107.57	102.11	98.97
19	文教、工美、体育和娱乐用品制造业	29.86	36.16	25.36	25.59	33.22	30.04
20	石油加工、炼焦和核燃料加工业	-127.31	1.16	-329.51	9.49	27.97	-83.64
21	化学原料和化学制品制造业	98.93	131.73	125.44	113.34	89.74	111.84

续表

编号	行业	2012 年	2013 年	2014 年	2015 年	2016 年	平均值
22	医药制造业	106.92	90.14	86.45	88.97	85.61	91.62
23	化学纤维制造业	60.37	44.95	49.16	50.42	21.20	45.22
24	橡胶和塑料制品业	91.49	97.95	104.87	104.73	94.54	98.71
25	非金属矿物制品业	117.03	133.75	145.59	136.13	133.18	133.13
26	黑色金属冶炼和压延加工业	90.06	69.95	54.71	-404.69	55.78	-26.84
27	有色金属冶炼和压延加工业	32.46	35.37	24.33	7.15	15.08	22.88
28	金属制品业	79.99	87.89	80.37	83.74	72.91	80.98
29	通用设备制造业	82.90	68.59	66.93	49.83	54.11	64.47
30	专用设备制造业	47.77	53.28	60.65	61.24	53.23	55.23
31	汽车制造业	304.95	227.27	203.24	217.89	228.95	236.46
32	铁路、船舶、航空航天和其他运输设备制造业	86.74	71.99	36.24	43.52	41.91	56.08
33	电气机械和器材制造业	52.23	65.32	60.43	60.88	49.58	57.68
34	计算机、通信和其他电子设备制造业	40.22	36.90	27.35	35.83	54.93	39.05
35	仪器仪表制造业	43.11	43.62	49.75	54.93	46.99	47.68
36	其他制造业	120.95	145.85	171.36	128.78	176.17	148.62
37	废弃资源综合利用业	63.61	61.89	13.28	28.63	35.06	40.49
38	金属制品、机械和设备修理业	45.48	51.03	88.33	120.67	423.11	145.72
39	电力、热力生产和供应业	199.11	135.27	157.77	146.75	145.15	156.81
40	燃气生产和供应业	97.74	92.24	93.25	98.45	87.28	93.79
41	水的生产和供应业	-105.09	43.90	96.61	70.21	25.45	26.22

资料来源：根据《湖北统计年鉴》（2013～2016 年）计算整理。

2. 始终处于劣势的行业较多

木材加工和木、竹、藤、棕、草制品业，家具制造业等23个行业在2012～2016年区位熵始终小于100%，说明这些行业的利润总额与全国相比处于劣势。其中，皮革、毛皮、羽毛及其制品和制鞋业，文教、工美、体育和娱乐用品制造业，石油加工、炼焦和核燃料加工业，有色金属冶炼和压延加工业等4个行业的区位熵始终小于50%；开采辅助活动，石油加工、炼焦和核燃料加工业，黑色金属冶炼和压延加工业3个行业的平均区位熵为负值，这些行业在某些年份的利润总额为负值，说明这些行业在2012～2016年发展情况不理想。

3. 优势行业贡献较大

将2012～2016年湖北规模以上工业的利润总额的均值及占比与区位熵变化合并可知（见表4-26），2012～2016年，占湖北规模以上工业利润总额前13位的行业，其主营业务收入占到了全部行业利润总额的81.1%，其中有19个行业区位熵在2012～2016年呈增加趋势，增长幅度最大的是其他采矿业（403.59%）。有22个行业区位熵在2012～2016年呈下降趋势，下降幅度最大的是非金属矿采选业（-93.48%）。

表4-26　　　　2012～2016年湖北规模以上工业利润总额和区位熵变化　　　单位:%

行业	利润总额占比	利润总额占比累计	区位熵变化
汽车制造业	20.10	20.10	-76.01
农副食品加工业	9.69	29.79	-29.89
电力、热力生产和供应业	9.10	38.90	-53.95
非金属矿物制品业	7.84	46.73	16.15
化学原料和化学制品制造业	7.58	54.31	-9.19
酒、饮料和精制茶制造业	4.48	58.79	-6.23
纺织业	4.41	63.20	-4.87
电气机械和器材制造业	3.60	66.80	-2.65
医药制造业	3.33	70.12	-21.31
通用设备制造业	2.89	73.02	-28.79
橡胶和塑料制品业	2.76	75.78	3.05
烟草制品业	2.74	78.52	109.00

行业	利润总额占比	利润总额占比累计	区位熵变化
食品制造业	2.58	81.10	-15.14
金属制品业	2.57	83.67	-7.09
计算机、通信和其他电子设备制造业	2.46	86.13	14.71
纺织服装、服饰业	1.87	87.99	-32.47
专用设备制造业	1.84	89.83	5.46
非金属矿采选业	1.83	91.66	-93.48
木材加工和木、竹、藤、棕、草制品业	1.00	92.66	-5.54
造纸和纸制品业	0.93	93.59	-4.57
铁路、船舶、航空航天和其他运输设备制造业	0.85	94.44	-44.83
印刷和记录媒介复制业	0.77	95.21	21.88
黑色金属冶炼和压延加工业	0.67	95.88	-34.28
燃气生产和供应业	0.61	96.49	-10.46
黑色金属矿采选业	0.58	97.07	0.08
有色金属冶炼和压延加工业	0.57	97.64	-17.38
仪器仪表制造业	0.51	98.15	3.88
有色金属矿采选业	0.38	98.52	-12.45
文教、工美、体育和娱乐用品制造业	0.36	98.89	3.36
其他制造业	0.35	99.24	55.22
家具制造业	0.35	99.58	5.39
煤炭开采和洗选业	0.34	99.93	3.65
皮革、毛皮、羽毛及其制品和制鞋业	0.27	100.20	4.87
化学纤维制造业	0.20	100.39	-39.16
废弃资源综合利用业	0.10	100.50	-28.55
水的生产和供应业	0.10	100.59	130.54
金属制品、机械和设备修理业	0.06	100.65	377.64
石油加工、炼焦和核燃料加工业	0.01	100.66	155.28
其他采矿业	0.00	100.67	403.59
开采辅助活动	-0.03	100.63	238.59
石油和天然气开采业	-0.63	100.00	121.92

资料来源：根据《湖北统计年鉴》（2013～2016年）计算整理。

第5章
改革开放40年湖北工业能源消耗研究

5.1 工业能源消耗的相关理论研究

国内外关于能源消耗的相关研究十分丰富，在此将通过三个角度来梳理国内外相关研究的发展动态。

5.1.1 能源消耗与经济增长关系探究

从推动经济增长的主要因素看，古典的经济学和内生经济增长理论认为，推动经济增长的主要因素是资本、劳动以及技术进步。对此，斯蒂格利茨（Stiglitz，1974）、达斯古普塔（Dasgupta，1974）和加格（Garg，1978）将能源、自然资源因素考虑进新古典增长模型，运用 Ramsey-Cass-Koopmans 模型对包括能源在内的可竭性能源的最优开采、利用路径进行了分析。

随后越来越多的学者意识到能源在经济发展中的作用，对于二者关系的研究也随之增多。万浪（1984）首先提出中华人民共和国成立35年来，中国能源经济有了很大发展，取得很大成就，主要表现在能源产量的大幅增加，实现能源自给的同时向外出口，人均能源消耗提高和能源消费结构改进等方面，同时指出我国存在严重的能源问题：（1）全国能源供应比较紧张；（2）农村生活用能严重短缺；（3）由于能源的短缺，砍树伐草造成植被的破坏，水土流失现象严重。进而阐明能源和经济发展之间的相互关系，突出强调能源是经济发展的制约因素这一观点的正确性，提出能源开发不是越多越好、必须适度的这一观点。最后，在不同能源消费增长系数（β）情况下，

115

对我国能源发展进行了预测，得出我国能源事业已经走上健康的符合客观要求的发展道路、前景是十分令人鼓舞的观点。

陶斌贤（1996）首先提出能源与经济发展之间存在着以下关系：（1）能源消费与经济发展存在的正相关关系；（2）能源消费增长速度与经济增长速度存在正向依存关系；（3）在时间上能源建设应该先行、超前开发，否则"远水解不了近渴"，阻碍国民经济的持续协调发展。其次为准确把握未来能源经济关系的发展变化，对经济结构变化、能源结构与能源工业投资、能源的供应与价格变动以及经济效率、能源效率、管理水平等因素进行了研究和测定。再次运用可用能源可供性、能源对经济增长的影响度以及能源耗竭程度等指标测算了经济增长的能源障碍。最后指出能源经济关系的变化是由多种因素共同作用的结果，解决能源问题需要减轻经济发展对能源的依赖强度，必须统筹规划、综合治理，采取重大的战略措施。

张明慧、李永峰（2004）首先引入相关学者利用 Cobb-Douglas 生产函数得出的能源是我国经济发展过程中不可完全替代的限制性要素这一观点，说明了能源与经济之间的关系：（1）经济增长对能源存在依赖性；（2）能源的可持续性要以经济增长为前提。其次进行能源与经济增长的定量分析，通过 Granger 因果关系检验，运用 Cobb-Douglas 生产函数和回归分析法得出能源与经济增长相关系数，并对相关系数进行了评价。最后得出了能源与经济增长存在着密切关系，但不是严格的双向因果关系这一结论，并给出了相关建议：（1）努力改变观念，防止顾此失彼；（2）根据我国经济增长速度确定合理能源发展计划；（3）增加能源发展投入，保障能源健康发展。

肖涛等（2012）首先回顾了国内外相关学者关于能源消耗与 GDP 的关系研究，指出以前研究中没有考虑到不同能源禀赋地区的能源消耗与经济增长关系的差异这一不足之处；其次利用实证模型与数据样本判别了 30 个省份是能源输出省还是输入省；然后利用计量经济学的分析方法对经济增长的能源消耗进行协整检验，判断二者是否存在协整关系；最后得出以下两个结论：能源输入省，在长期上存在从 GDP 到能源消耗的单向因果关系，短期上存在能源消耗与 GDP 的双向因果关系；能源输出省，无论从长期还是短期上都存在能源消耗与 GDP 的双向因果关系。

5.1.2 工业能源消耗相关研究

能源是工业经济可持续发展的动力与支撑，工业的能源消耗强度高低必然会对地区的能源战略产生深刻影响。在工业能源能源消耗问题上，齐志新等（2007）首先指出要想找到降低单位 GDP 能源消耗的途径，达到"十一五"规划目标，只有准确回答2002年以前单位 GDP 能源消耗持续下降的原因和 2002～2006 年不降反升的原因。其次引入影响能源消费量和单位 GDP 能源消耗强度的因素：能源消耗量以及能源消耗强度，运用拉氏因素分解法得到能源消费量的增量以及能源消费强度的增量，并对工业增加值总量、轻重工业比例以及轻重工业能源消费数量的数据进行整理。然后对上述数据进行描述分析得到工业部门能源消费量和能源强度增量的因素分解结果；最后得出结论：一方面，重工业比例每增加（减少）1 个百分点，则工业部门能源消耗量（减少）约 866 万吨标煤；另一方面，工业轻重结构的变化对工业能源强度和单位 GDP 能源消耗的影响在大多数年份都较小，但近几年（2002～2006 年）其影响越来重要。

关于实证研究展现工业能源消耗的重要性，付允等（2008）首先引入了低碳城市的理论内涵，指出低碳城市就是通过在城市发展低碳经济，创新低碳技术，改变生活方式，最大限度地减少城市温室气体排放，彻底摆脱以往大量生产、大量消费和大量废弃的社会经济运行模式，形成结构优化、循环利用、节能高效的经济体系，形成健康、节约、低碳的生活方式和消费模式，最终实现城市的情节发展、高效发展、低碳发展和可持续发展的观点；其次分析了国内外低碳城市的发展现状，主要是低碳社区（低碳丹麦发展模式）和低碳东滩（低碳上海发展模式）；最后给出低碳城市的发展路径，主要有：能源的低碳化——基地低碳；经济的低碳化——结构低碳；社会发展的低碳化——方式低碳；技术发展的低碳化——支撑低碳。

孔婷（2010）在运用 1998～2007 年 30 个省份年度数据，通过建立区域面板数据模型，对中国 6 个区域的工业能源消耗强度及其影响因素进行了实证分析，结果表明 6 个区域工业能源消耗强度的关键影响因素各不相同，其中，工业结构调整、技术进步和外商直接投资是推动中国大部分区域工业能源消耗强度降低的主要因素，能源消费结构调整和能源价格的提升均可显著降低华东地区、西北地区的工业能源消耗强度，地区经济发展则可显著降低华北和西南地区的工业能源消耗强度。

在能源与产业结构调整下中国工业碳排放峰值调节机制研究中，刘晓辉等（2016）首先对我国工业碳排放现状在能源与产业结构调整的情况下进行了分析，主要包括碳排放时间与空间的分析，以及产业结构与工业碳排放的分析；其次进行工业碳排放峰值 LEAP 构建与数据处理，运用终端能源消耗工业碳排放估算工业碳排放量的方法以及进行我国工业碳排放峰值情景分析与参数设置；最后得出中国工业碳排放量将在 2035 年达到峰值，未来工业碳排放量呈倒"U"形变化趋势，并认为能源结构调整对降低工业碳排放量有效果，并且对第二产业影响效果最为显著的结果。

5.1.3 区域能源消耗与经济增长关系研究

在能源问题得到越来越多关注的情况下，除了从能源与经济关系的客观角度探究问题因果关系外，学者们开始结合不同区域的发展特征，进行能源消耗的研究。

毛国平、吴超（2009）首先对湖南省能源消耗情况进行了分析，指出无论从能源的需求量还是增长率来看，随着湖南工业化进程的加速，对能源的需求也在不断增加。其次分析了湖南工业环境污染情况，指出湖南省的环境污染从总体来说仍然在不断加重，但环境恶化的总体趋势有逐步改善的趋势。然后对湖南省的产业结构变动进行了分析，表明湖南省的产业结构反映了工业化过程中的一般规律这一观点。最后对产业结构与能源环境的关系进行了分析，结果表明湖南省的能源消耗与产业发展结构具有很大关联，工业部门环境污染物的产生比较集中。

史安娜、李森（2011）运用 LMDI 方法对南京市工业经济能源消费碳排放进行实证分析，研究表明产业规模效益是南京市工业经济碳排放增长的主要促进因素，能源强度效应是其主要抑制因素，并在此基础上提出了有针对性的减排建议。

郭海湘等（2015）通过建立城市低碳竞争评价指标体系，对湖北城市圈进行主成分分析评价，并在此基础上借助系统动力学建模对城市低碳竞争力的演化进行仿真模拟，发现武汉的城市低碳竞争力先期领先于其他城市，而后被黄石超越，并指出大部分城市在发展低碳竞争力过程中存在产业结构不合理和环境质量变差等问题。

从上述三个方面可以看出，能源消耗与经济发展存在一定的关系，以下将利用回归分析和前述研究鲜少用到的灰色关联模型来探讨湖北工业能源消耗与工业总产值间的关系。

5.2　三次产业能源消耗结构分析

湖北三次产业的能源消耗主要以用电量为衡量指标，此处将 1990～2015 年三次产业用电量进行重点分析。由图 5 - 1 可见，1990～2015 年，湖北用电量呈现稳步增长趋势，从 1990 年的三次产业共计消耗 265.73 亿千瓦时到 2015 年的 1862.00 亿千瓦时，年均增长率达 8.10%。1990～2015 年，湖北用电量的消耗主体为第二产业，由 1990 年的 226.89 亿千瓦时增加至 2015 年的 1317.00 亿千瓦时，用电量远高于其他产业用电量。而第三产业的平均增幅却是三次产业中最大的。第一产业电力消耗量在 1990～2015 年波动极大，在

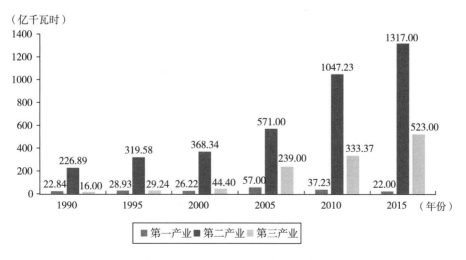

图 5 - 1　1990～2015 年湖北三次产业电力消耗

资料来源：根据《湖北统计年鉴》（1991～2016 年）整理。

1990 年第一产业用电量为 22.84 亿千瓦时，在 2005 年增长至 57.00 亿千瓦时，但在 2015 年又下降至 22.00 亿千瓦时。

由图 5 - 2 可见，1990 年湖北三次产业用电总量中，第一、第二、第三产业占比分别为 8.60%、85.38%、6.02%，第二产业占主体；到了 2015 年，三次产业占用电总量的比重变化为 1.18%、70.73% 和 28.09%。第一产业占比保持在 25 年间呈下降趋势，第二产业也呈现波动下降趋势，但仍然为占比最大的主体部分，而第三产业呈现波动上升趋势，逐渐增长至占比超过全省三次产业用电量的 1/4。

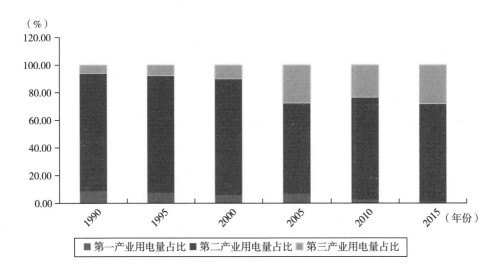

图 5 - 2　1990~2015 年湖北三次产业电力消耗占比

资料来源：根据《湖北统计年鉴》（1991~2016 年）整理。

总体而言，1990~2015 年，随着湖北产业结构的不断优化，第二、第三产业一直是用电量的主体。

5.3　湖北全行业能源消耗结构分析

按照全社会电力平衡表，湖北按用电消费分为 7 组：农、林、牧、渔、水利业，工业，建筑业，交通运输和邮电通信业（后期部分年份改为"交通运输、仓储和邮政业"），商业、饮食、物资供销和仓储业（后期部分年份改为"批发、零售业和住宿、餐饮业"），非物质生产部门（后期部分年份改为"其他"），生活消费。

5.3.1 1990年全行业能源消耗结构分析

由图5-3可见，1990年，湖北全行业用电量中工业用电占比80%，是用电量最多的主体行业，其次是农、林、牧、渔、水利业，占比8%；这两个行业占据湖北用电量总额近90%。而剩下的行业相对而言用电量较少，生活消费占6%；非物质生产部门占3%；交通运输和邮电通信业，商业、饮食、物资供销和仓储业，建筑业占比接近，均约占1%。此时对电力的需求，主要还是集中在湖北的第一产业和第二产业，第三产业对于电力的利用相对较低。

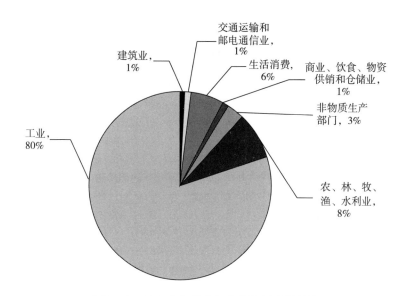

图5-3 1990年湖北全行业用电量比例结构

资料来源：根据《湖北统计年鉴》（1991年）整理。

5.3.2 1995年全行业能源消耗结构分析

由图5-4可见，相较于1990年，1995年湖北全行业用电量中，占比最大的还是工业，但比例有所下降，占76%。生活消费用电量占比由1990年的6%增长到9%，超过农、林、牧、渔、水利业的7%，占据第二。交通运输和邮电通信业以及商业、饮食、物资供销和仓储业的用电量均有上升，从1990年的1%占比增长到2%。但是，建筑业和非物质生产部门的用电量无明显变化，用电量维持在1%和3%。由此可见，1990~1995年，第一产业和第二产业的用电量占比有所下降，而第三产业用电量占比逐渐上升且增长迅速。

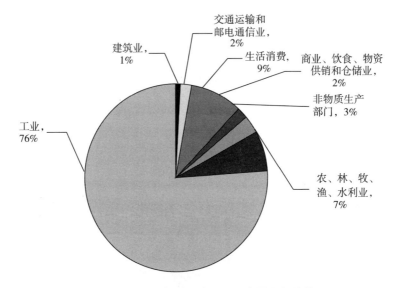

图5-4　1995年湖北全行业用电量比例结构

资料来源：根据《湖北统计年鉴》（1996年）整理。

5.3.3　2000年全行业能源消耗结构分析

1995~2000年，工业和农、林、牧、渔、水利业用电量占比依旧保持着下降的趋势，分别从1990年的80%和8%下降至2000年的72%、5%。但生活消费用电占比仍然持续增长至13%（见图5-5），稳居湖北全行业用电量第二。与此同时，非物质生产部门和商业、饮食、物资供销和仓储业用电量占比也都有1个百分点的增长，分别增长至4%和3%。建筑业的用电量占比依旧保持不变，稳定在占湖北全行业用电量的1%。

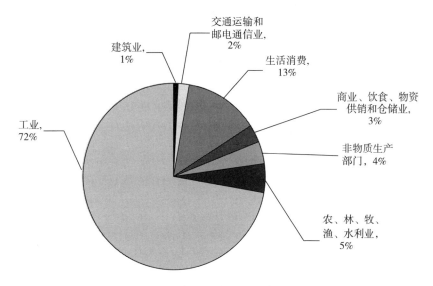

图 5－5 2000 年湖北全行业用电量比例结构

资料来源：根据《湖北统计年鉴》（2001 年）整理。

5.3.4 2005 年全行业能源消耗结构分析

由图 5－6 可见，2005 年，工业用电量中占比已经降至 65%，而与之相
对的生活消费的用电量占比也持续增长至 18%。农、林、牧、渔、水利业和
非物质生产部门的用电量占比相较于 2000 年均有 1 个百分点的增长，分别增
长至 6% 和 5%。建筑业、交通运输和邮电通信业以及商业、饮食、物资供销
和仓储业三个行业的用电量占比在这 5 年内分别稳定在 1%、2% 和 3%。

5.3.5 2010 年全行业能源消耗结构分析

2010 年，由图 5－7 可见，湖北全行业用电量占比中占比最大的两个行业
工业和生活消费出现了与往年相反的趋势，工业用电量占比由 2005 年的 65%
增长至 73%，生活消费用电量占比由 2005 年的 18% 下降至 14%。与此同时，
交通运输和邮电通信业、非物质生产部门和农、林、牧、渔、水利业的用电
量占比，都有所下降，分别下降至 1%、4% 和 3%。商业、饮食、物资供销
和仓储业的用电量在五年内上升 1 个百分点至 4%。建筑业的用电量占比依旧
保持 1% 不变。

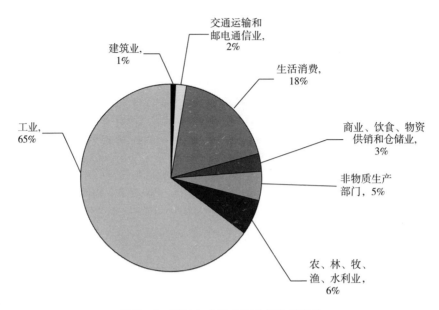

图 5 - 6　2005 年全行业用电量比例结构

资料来源：根据《湖北统计年鉴》（2006 年）整理。

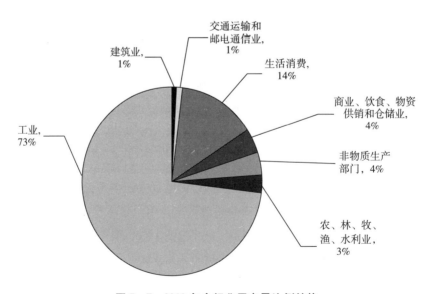

图 5 - 7　2010 年全行业用电量比例结构

资料来源：根据《湖北统计年鉴》（2011 年）整理。

5.3.6 2015年全行业能源消耗结构分析

由图5−8可见，到了2015年，"十二五"规划圆满完成任务，工业用电量占比业再次降到70%以下，仅占全省全行业用电量的69%。在1990年用电量占全省全行业用电量8%且仅次于工业的农、林、牧、渔、水利业，其用电量在2015年仅占全省全行业用电量的1%，生活消费，商业、饮食、物资供销和仓储业，建筑业，交通运输和邮电通信业四个行业的用电量占比均有1个百分点的增长，分别增长至15%、5%、2%和2%。非物质生产部门在2010~2015年用电量占比也从4%增长至6%。

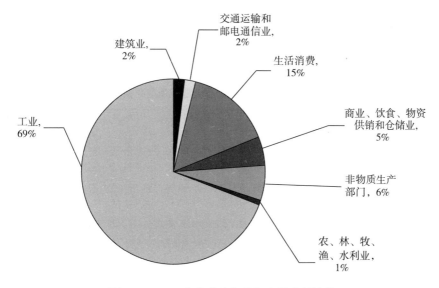

图5−8 2015年湖北全行业用电量比例结构

资料来源：根据《湖北统计年鉴》（2016年）整理。

由此可见，1990~2015年，湖北省全行业用电量主要集中在工业。但第一产业和第二产业的用电量占比一直保持着波动下降的趋势，而第三产业的用电量占比则呈现波动上升的趋势。

5.4 规模以上工业能源消耗分析

通过对 1980～2016 年湖北能源消费总量的相关数据的搜集与分析，发现煤炭、石油、天然气和水电的消费总量单位在 2000 年后不一致，为保证分析的可比性与一致性，以下分析将分为 1980～1999 年和 2000～2016 年两个阶段进行。

5.4.1 1980～1999 年规模以上工业能源消耗分析

1. 规模以上工业能源消耗消费总量分析

由表 5－1 可见，1980～1999 年湖北规模以上工业能源消耗总量从 2010.66 万吨折标煤增长到 5703.52 万吨折标煤，平均增幅达到 5.71%。

表 5－1　　　　1980～1999 年湖北规模以上工业能源消费总量及结构

年份	总计 （万吨折标煤）	煤炭 （万吨）	石油 （万吨）	天然气 （亿立方米）	水电 （亿千瓦时）
1980	2010.66	1807.23	334.15	0.20	56.08
1981	2191.62	1956.24	361.29	0.22	66.44
1982	2388.87	1989.50	381.56	0.25	102.79
1983	2562.62	2192.25	372.20	0.27	104.10
1984	2755.83	2383.44	384.36	0.29	114.34
1985	3094.20	2691.22	433.94	0.34	117.97
1986	3291.47	2917.20	444.96	0.26	122.08
1987	3590.36	3289.63	468.70	0.37	142.78
1988	3870.12	3507.52	493.49	0.47	166.40
1989	4039.63	3545.93	524.36	0.54	192.09
1990	4002.39	3504.30	535.51	0.58	184.29
1991	4162.53	3789.01	524.85	0.45	178.71
1992	4472.41	3935.58	574.64	0.64	181.58

续表

年份	总计 （万吨折标煤）	煤炭 （万吨）	石油 （万吨）	天然气 （亿立方米）	水电 （亿千瓦时）
1993	4344.26	4405.99	590.69	0.83	205.47
1994	4762.86	5025.02	595.26	0.78	202.49
1995	5107.35	5408.99	626.38	0.76	221.28
1996	5406.96	5668.20	702.93	0.71	225.12
1997	5622.20	5904.35	749.17	0.66	245.83
1998	5581.87	5911.34	687.84	0.82	262.21
1999	5703.52	5993.29	721.92	0.92	251.45

资料来源：根据《湖北统计年鉴》（1985～2000年）、《湖北50年》整理。

2. 规模以上工业能源消耗消费结构分析

煤炭的消耗量从1980年的1807.23万吨上升到1999年的5993.29万吨，平均增幅达到6.61%；石油的消耗量从1980年的334.15万吨上升到1999年的721.92万吨，平均增幅为4.26%；天然气的消耗量从1980年的0.20亿立方米上升到1999年的0.92亿立方米，平均增幅为9.90%；水电的消耗量从1980年的56.08亿千瓦时下降到1999年的251.45亿千瓦时，平均增幅为8.89%。

1980～1999年，湖北规模以上工业能源消耗结构以煤炭、石油这两种能源的消耗量最多，天然气、水电的消耗量仅占小部分，但是天然气、水电消耗量的平均增幅要大于煤炭和石油的平均增幅，说明1980～1999年湖北整体工业能源消耗结构一直处于不断优化的趋势。

5.4.2　2000～2016年规模以上工业能源消耗分析

1. 规模以上工业能源消耗消费总量分析

工业能源消耗结构一直是工业能源消耗中的热点问题，优化能源结构将是湖北工业发展的重要方向之一。由表5-2可见，2000～2016年湖北规模以上工业能源消耗总量从5023.67万吨折标煤增长到13954.63万吨折标煤，平均增幅达到6.98%。

表 5 - 2　2000 ～ 2016 年湖北省规模以上工业能源消费总量及结构

单位：万吨折标煤

年份	总计	煤炭	洗精煤	焦炭	原油	燃料油	汽油	柴油	煤油	炼厂干气	液化石油气	焦炉煤气	电力（亿千瓦时）
2000	5023.67	2866.27	555.85	456.84	660.31	49.92	11.34	28.57	1.14	15.08	4.33	16.65	401.75
2001	5118.15	2989.88	569.77	457.05	573.98	51.71	12.87	24.09	1.37	20.16	3.92	15.36	384.07
2002	5727.43	3582.80	567.61	478.46	597.99	54.99	12.80	34.43	1.26	19.71	4.49	16.85	410.52
2003	5923.43	3838.87	603.17	532.69	637.53	65.86	13.08	49.11	1.57	22.21	11.71	16.22	439.50
2004	7111.78	4726.04	712.24	643.79	759.83	59.72	11.54	27.65	1.87	26.63	6.46	21.79	555.51
2005	9105.67	6629.10	956.93	800.82	824.44	56.47	26.55	52.21	5.14	31.83	4.81	29.00	641.21
2006	9810.86	6927.79	914.29	789.95	851.49	36.03	34.27	51.67	2.34	34.78	5.49	28.07	610.73
2007	9849.85	6549.55	1134.86	810.30	907.94	29.95	14.12	42.89	1.02	34.92	6.43	28.37	728.19
2008	9831.64	6342.84	1137.75	952.27	838.66	25.46	16.92	42.76	0.85	32.93	5.32	31.36	841.33
2009	10312.48	6681.74	1218.19	904.60	947.28	17.35	15.94	42.51	1.27	33.58	3.01	36.65	829.51
2010	11308.94	7211.93	1355.22	1120.83	1022.26	12.46	18.36	47.72	1.49	36.45	3.43	40.13	1032.58
2011	12328.80	8077.16	1427.61	1172.72	1025.26	8.89	11.65	45.49	1.02	33.18	3.46	42.39	1162.64
2012	12083.97	7674.12	1340.05	1113.90	946.99	8.55	14.62	48.30	0.93	29.64	2.47	39.18	1215.06
2013	13310.45	8270.13	1382.42	1114.39	1176.30	6.74	13.48	49.72	1.08	34.68	8.95	38.59	1281.29
2014	13766.37	7984.97	1346.53	1124.40	1290.47	6.87	12.09	58.52	1.34	38.47	31.30	38.23	1317.88
2015	13827.77	7724.61	1320.69	1030.01	1299.01	6.05	11.11	54.59	1.00	38.32	39.14	37.80	1311.13
2016	13954.63	7433.21	1253.29	1095.31	1239.61	4.22	12.08	48.76	1.14	36.44	27.33	35.69	1311.43

资料来源：根据《湖北统计年鉴》（2001～2017 年）整理。

2. 规模以上工业能源消耗消费结构分析

煤炭的消耗量从 2000 年的 2866.27 万吨折标煤上升到 2016 年的 7433.21 万吨折标煤，平均增幅达到 6.14%；洗精煤的消耗量从 2000 年的 555.85 万吨折标煤上升到 2016 年的 1253.29 万吨折标煤，平均增幅为 5.21%；焦炭的消耗量从 2000 年的 456.84 万吨折标煤上升到 2016 年的 1095.31 万吨折标煤，平均增幅为 5.62%；原油的消耗量从 2000 年的 660.31 万吨折标煤上升到 2016 年的 1239.61 万吨折标煤，平均增幅为 4.02%；燃料油的消耗量从 2000 年的 49.92 万吨折标煤下降到 2016 年的 4.22 万吨折标煤，平均降幅为 14.31%；汽油的消耗量从 2000 年的 11.34 万吨折标煤上升到 2016 年的 12.08 万吨折标煤，平均增幅为 0.40%；柴油的消耗量从 2000 年的 28.57 万吨折标煤增长到 2016 年的 48.76 万吨折标煤，平均增幅为 3.40%，相对而言较稳定；煤油虽然 2016 年仍然是 2000 年的 1.14 万吨折标煤，但期间波动较大，2005 年最高达到 5.14 万吨折标煤，2008 年最低为 0.85 万吨折标煤；炼厂干气的消耗量从 2000 年的 15.08 万吨折标煤增加至 2016 年的 36.44 万吨折标煤，平均增幅达到 5.67%；液化石油气的消耗量从 2000 年的 4.33 万吨折标煤波动上升至 2016 年的 27.33 万吨折标煤，平均增幅达 12.20%；焦炉煤气的消耗量从 2000 年的 16.65 万吨折标煤增加 2016 年的至 35.69 万吨折标煤，平均增幅达 4.88%；电力的消耗量从 2000 年的 401.75 亿千瓦时增加至 2016 年的 1314.13 亿千瓦时，平均增幅高达 7.67%。

2000~2016 年，湖北规模以上工业能源消耗结构以煤炭、电力、洗精煤、原油、焦炭这五种能源的消耗量最多。其中，煤炭的消耗量更是达到了 7433.21 万吨折标煤，电力的消耗量更是达到了 1311.43 万吨折标煤，洗精煤的消耗量更是达到了 1253.29 万吨折标煤，原油的消耗量达到了 1239.61 万吨折标煤，焦炭的消耗量达到 1095.31 万吨折标煤，这五种能源的消耗量均达到 1000 万吨折标煤以上，分别占湖北工业能源总量的 53.27%、9.40%、8.98%、8.88% 和 7.85%，总体几乎达到湖北工业能源消耗的 90%。

2000~2016 年，湖北规模以上工业能源消耗种类中增长幅度最大的是液化石油气，平均增幅达到 15.81%；其次是电力和煤炭，分别为 8.2% 和

6.83%；出现负增长的能源有燃料油、汽油以及煤油，三者平均降幅分别为13.12%、0.14%和0.87%。由此可见，近年来，我国液化石油气自给率逐年提高，2011年达到93%，而湖北则随着经济实力的不断提升，能源消耗结构也在经济发展中不断优化，液化石油气作为工业省份的重要能源也在不断提高其比重，尤其是大型石油石化企业越来越重视液化石油气的综合利用；而由于燃料油、柴油等因与低碳经济发展相悖而继续受到排斥并缩水，加上"西气东送"二线工程途经湖北武汉，燃料油进一步受到天然气的冲击。

总体而言，2000~2016年，湖北整体工业能源消耗结构一直处于不断优化的趋势，煤炭、原油、电力、焦炭的消耗量占很大比重，清洁能源液化石油气、电力的利用比例不断上升，燃料油等高排放的能源不断下降，低碳经济的发展理念在湖北能源消耗结构中体现得日益明显。但由于煤炭消耗量占比过高，碳排放量也仍然处于较高的位置，这对湖北经济的可持续发展将带来许多不利影响。

3. 高效能源消费量分析——以洗精煤为例

高效能源是指能源使用效率较高的能源。根据湖北2000~2016年整体工业能源消耗分析中，煤炭的消耗量一直都占较高的比重，但是洗精煤的利用度相对而言却不太高，因此，应将重点放在节约能源，减少碳排放的高效能源——洗精煤的利用效率的提升方面。

洗精煤是指经洗精煤厂机械加工后，降低了灰分、硫分，去掉一些杂质，适合一些专门用途的优质煤。洗精煤具有提高煤炭质量、减少燃煤污染物排放、提高煤炭利用效率、节约能源、优化产品结构、提高产品竞争能力、减少运力浪费等作用。

2000~2016年，湖北洗精煤占煤炭消耗量比与洗精煤增长率如图5-9、表5-3所示，洗精煤在煤炭的占比总体上属于小波动较稳定的状态，然而占比最高也只有19.39%，不及煤炭总量的1/5，并且洗精煤的增长率出现了大波动的下降趋势。由此可见，洗精煤在湖北的利用效率有待提高，在未来的发展道路上，应该要采取相应的措施以提高洗精煤在能源消耗中的比重。

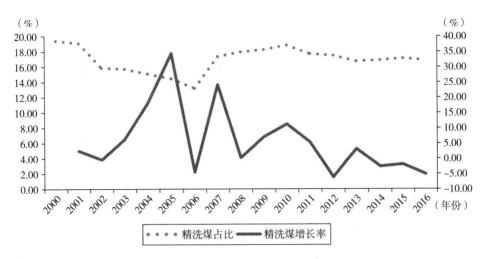

图 5 - 9　2000~2016 年湖北规模以上工业能源消耗洗精煤占比及增长率趋势

资料来源：根据《湖北统计年鉴》（2001~2017 年）整理。

表 5 - 3　　　　2000~2016 年湖北洗精煤占煤炭消耗量比与洗精煤增长率

年份	煤炭 （万吨折标煤）	洗精煤 （万吨折标煤）	洗精煤占比 （%）	洗精煤增长率 （%）
2000	2866.27	555.85	19.39	
2001	2989.88	569.77	19.06	2.50
2002	3582.80	567.61	15.84	-0.38
2003	3838.87	603.17	15.71	6.26
2004	4726.04	712.24	15.07	18.08
2005	6629.10	956.93	14.44	34.35
2006	6927.79	914.29	13.20	-4.46
2007	6549.55	1134.86	17.33	24.12
2008	6342.84	1137.75	17.94	0.25
2009	6681.74	1218.19	18.23	7.07
2010	7211.93	1355.22	18.79	11.25
2011	8077.16	1427.61	17.67	5.34
2012	7674.12	1340.05	17.46	-6.13
2013	8270.13	1382.42	16.72	3.16

年份	煤炭 （万吨折标煤）	洗精煤 （万吨折标煤）	洗精煤占比 （％）	洗精煤增长率 （％）
2014	7984.97	1346.53	16.86	-2.60
2015	7724.61	1320.69	17.10	-1.92
2016	7433.21	1253.29	16.86	-5.10

资料来源：根据《湖北统计年鉴》（2001～2017年）整理。

4. 清洁能源消耗量分析——液化石油气

清洁能源，即绿色能源，是指不排放污染物、能够直接用于生产生活的能源，它包括核能和"可再生能源"。传统意义上，清洁能源指的是对环境友好的能源，意思为环保、排放少、污染程度小。加大对清洁能源的使用可以减少污染物的排放，增加经济增长中的环境效益的增长。液化石油气液化石油和电力属于典型的清洁能源，且液化石油气的增长率在湖北规模以上工业能源消耗结构中是最高的。

液化石油气是一种清洁能源，一般用于民用和商业燃气、石化原料、车用燃料、炼厂燃料等领域。近年来，中国液化石油气自给率逐年提高，2011年达到93%。从总体供需平衡看，截至2015年，国内液化石油气资源尚不能完全满足市场需求，仍需进口补缺。虽然目前中国液化石油气消费结构中民用和商用燃料占62.4%，但石化原料领域需求将快速增长，大型石油石化企业将越来越重视液化石油气的综合利用。

由图5-10可见，2000～2016年，湖北规模以上液化石油气消耗量总体呈波动增长的趋势。在2000～2003年，液化石油气一直保持着较慢的速度在增长，到2003年增长率突然加快达到160.8%，消耗量从4.49万吨折标煤急剧增加至11.71万吨折标煤。而在2004年骤降至6.46万吨折标煤，此后直至2012年，液化石油气消耗量忽增忽减，处于较不稳定的波动下降趋势。2013年，石油消耗量又从2012年的2.47万吨折标煤又急剧上升至8.95万吨折标煤，并且在2014年飞速增长至31.3万吨折标煤，两年增长率均超过200%。2015～2016年，增长速度放缓，甚至开始呈现大幅负增长的趋势。

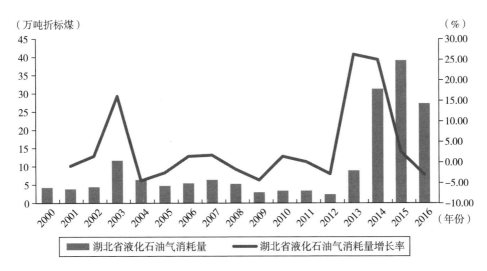

图 5 - 10　2000 ~ 2016 年湖北规模以上工业液化石油气消耗量及增长率变化

资料来源：根据《湖北统计年鉴》（2001 ~ 2017 年）整理。

　　湖北近年来加大对液化石油气的消耗量，以优化整体的能源使用结构，减少碳排放，提高能源使用效率。湖北要保持液化石油气消耗量的增长速度，从而进一步促进能源消耗结构的优化。

　　5. 清洁能源消耗量分析——电力

　　由图 5 - 11 可见，2000 ~ 2016 年，湖北规模以上工业电力消耗量走势在前期波动较大，后期则处于较稳定的增长状态。其中，在 2004 年，增长率出现峰值 26.4%，消耗量由 439.5 亿千瓦时增长至 555.51 亿千瓦时。此后直至2006 年，增长率不断下降，2006 年甚至出现负增长，降幅达到 4.75%。随后2007 年消耗量又开始增长，增长率也随之上升到 19.23%。相对而言，湖北工业电力的消耗量增长率波动幅度较大（ - 20.18% ~ 25.89%），直到 2010年情况有所改善，虽然增长率一直不断下降，从 2010 年的 24.48% 不断放缓到 2015 年出现 0.51% 的负增长，但到 2016 年工业电力消耗量保持着较稳定的增长状态。

（亿千瓦时）

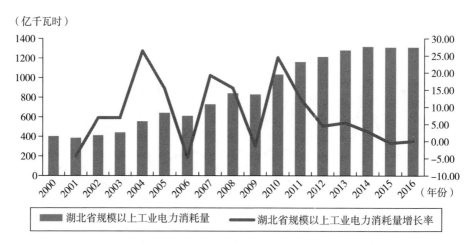

图 5 – 11　2000～2016 年湖北规模以上工业电力消耗量及增长率变化

资料来源：根据《湖北统计年鉴》（2001～2017 年）整理。

图 5 – 12 是通过计算 2000～2016 年工业电力消耗量与工业能源消耗总量比值得出的，通过此图可见湖北清洁能源消耗占总工业能源消耗的比例。总体而言，湖北工业电力占工业总能源消耗比例从 2000 年的 8% 波动上升到 2016 年的 9.40%，平均增长率为 1.01%，比例变化并不大，但占比增加对于

（%）

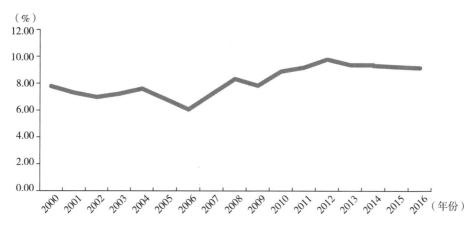

图 5 – 12　2000～2016 年湖北电力消耗占工业总能源消耗比例变化

资料来源：根据《湖北统计年鉴》（2001～2017 年）整理。

湖北能源的发展则是具有积极意义的，但电力比例在10%以下，说明湖北对于电力的利用率还需要进一步提升。

5.4.3 1980～1999年规模以上工业能源消耗与工业发展分析

由图5-13可见，湖北规模以上工业总产值的增长率在1980～1999年波动幅度为2.78%～40.23%，较工业能源消耗增长率波动幅度-2.87%～12.28%要大，总产值的平均增长率为18.25%，也远在工业能源消耗平均增幅5.71%之上，但工业能源消耗增长率则相对稳定。1980～1992年，湖北省规模以上工业总产值增长率与能源消耗增长率基本保持着正相关的增长状态，但在2003年，工业总产值增长率达到峰值40.23%，但此年的工业能源消耗增长率却出现了负增长。

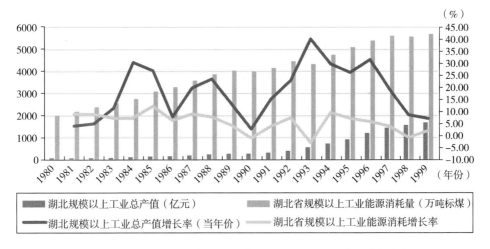

图5-13 1980～1999年湖北规模以上GDP和工业能源消耗变化

资料来源：根据《湖北统计年鉴》（1985～2000年）、《湖北50年》整理。

总而言之，湖北工业总产值在保持较高的增速的同时，工业能源消耗反而在降低，对于湖北工业而言是十分有益的趋势。

5.4.4 2000～2016年规模以上工业能源消耗与工业发展分析

由图5-14可见，湖北规模以上工业总产值的增长率在2000～2016年波动幅度为 1. 17% ~ 40. 13% , 较工业能源消耗增长率波动幅度 - 1. 99% ~ 28. 04% 要大 , 总产值的平均增长率为 19. 49% , 也在工业能源消耗平均增幅 7. 21% 之上 , 但工业能源消耗增长率则相对稳定。在 2000 ~ 2006 年 , 工业总产值增长率与工业能源消耗增长率保持着正相关的增长状态 , 而在 2007 年出现反向增长 , 即规模以上工业总产值增长速度加快 , 而工业能源消耗增长的速度则放缓。另外 , 在工业能源消耗增长率的峰值出现在 2005 年时 , 规模以上工业总产值增长率峰值却出现在 2008 年。

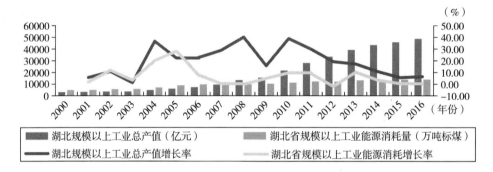

图 5 - 14 2000 ~ 2016 年湖北规模以上 GDP 和工业能源消耗变化

资料来源 : 根据《湖北统计年鉴》(2001 ~ 2017 年) 整理。

5.4.5 1980 ~ 1999 年规模以上工业万元能源消耗分析

由图 5 - 15 可知 , 1980 ~ 1999 年湖北万元能源消耗从 1980 年的 26. 59 吨折标煤/万元下降到 1999 年的 3. 37 吨折标煤/万元 , 整体呈递减趋势 , 年均下降 9. 92% 。在 1980 ~ 1982 年 , 万元能源消耗量由 1980 年的 26. 59 吨折标煤/万元上升至 1982 年的峰值 28. 89 吨折标煤/万元。此后一直到 1999 年湖北省规模以上工业产值万元能源消耗一直保持着下降的趋势 , 但是增长率的波动极大 , 最高值为 - 1. 40% , 最低值为 - 30. 73% 。

总而言之 , 湖北正在向两型社会的方向发展 , 但仍需加大科技投入 , 调整产业结构 , 才能使工业能源消耗情况得到进一步的改善。

由图 5 - 16 可见 , 伴随着湖北万元工业能源消耗波动式下降的是湖北工业总产值较稳定的增长 , 说明湖北在促进工业经济发展中对能源的单位消耗量在不断下降 , 对能源的利用效率较高。

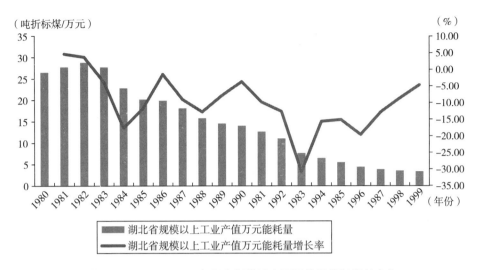

图 5 – 15　1980 ~ 1999 年湖北规模以上万元能源消耗消耗变化

资料来源：根据《湖北统计年鉴》（1985 ~ 2000 年）、《湖北 50 年》整理。

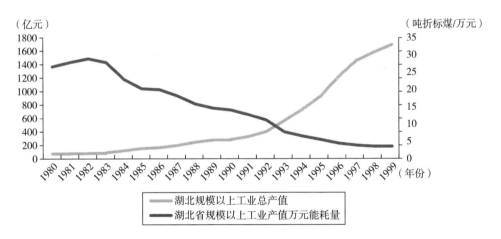

图 5 – 16　1980 ~ 1999 年湖北规模以上万元能源消耗消耗变化

资料来源：根据《湖北统计年鉴》（2001 ~ 2017 年）整理。

5.4.6　2000 ~ 2016 年规模以上工业万元能源消耗分析

由图 5 – 17、图 5 – 18 可知，2000 ~ 2016 年湖北万元能源消耗从 2000 年的 1.43 吨折标煤/万元下降到 2016 年的 0.29 吨折标煤/万元，整体呈递减趋势，年均下降 9.86%。在最初的 2000 年，万元能源消耗量是 2000 ~ 2016 年的峰值。2000～2003年，湖北万元能源消耗都处于超过1.5吨折标煤/万元的较高状态，而增长率也是稳定上升的状态。在2004年，增长率快速下降至1.43吨折标煤/万元，出现12.11%的负增长。在2005年短暂的回升后，直到2008年，湖北万元能源消耗不断下降，均呈现负增长状态，并在2008年达到17.74%的负增长率。2009～2016年，万元能源消耗一直保持下降趋势，而增长率波动起伏则较大（-21.05%～-4.85%）。

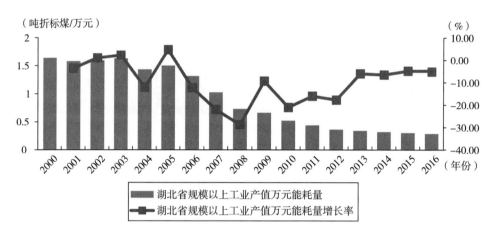

图5-17 2000～2016年湖北规模以上万元能源消耗消耗变化

资料来源：根据《湖北统计年鉴》（2001～2017年）整理。

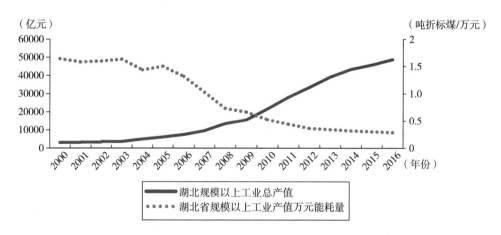

图5-18 2000～2016年湖北规模以上万元能源消耗消耗变化

资料来源：根据《湖北统计年鉴》（2001～2017年）整理。

伴随着湖北万元工业能源消耗波动式下降的是湖北工业总产值较稳定的增长，说明湖北在促进工业经济发展中对能源的单位消耗量在不断下降，对能源的利用效率较高。

5.5　工业能源消耗的数理分析

5.5.1　工业能源消耗回归分析

1. 相关分析和回归分析概述

对经济现象之间相关关系的统计研究，主要是用相关分析和回归分析来进行。相关分析和回归分析是研究现象之间相关关系的两种基本方法。所谓相关分析，就是用一个指标来表明现象间相互依存的密切程度。所谓回归分析，就是根据相关关系的具体形态，选择一个合适的数学模型，来近似地表达变量间的平均变化关系。

相关分析和回归分析有着密切的联系，不仅具有共同的研究对象，而且在具体应用时，常常必须互相补充。相关分析需要依靠回归分析来表明现象数量相关的具体形式，而回归分析则需要依靠相关分析表明现象数量变化的相关程度。只有当变量之间存在着高度相关时，进行回归分析寻求其相关的具体形式才有意义。

但相关分析与回归分析之间在研究目的和方法上有明显的区别。相关分析研究变量之间相关的方向和相关的程度，但不能指出变量间相互关系的具体形式，也无法从一个变量的变化来推测另一个变量的变化情况。回归分析则是研究变量之间相互相关系的具体形式，它对具有相关关系的变量之间的数量联系进行确测定，确定一个相关的数学表达式，根据这个数学方程式可以从已知量来推测未知量，从而为估算和预测提供一个重要的方法，因此，相关分析可以不必确定变量中哪个是自变量、哪个是因变量，其所涉及的变量可以都是随机变量。而回归分析则必须实现研究确定具有相关关系的变量中哪个为自变量、哪个为因变量。一般地说，回归分析中因变量是随机的，而把自变量作为研究时给定的非随机变量。

在相关分析中，涉及一个相关系数，它是用来说明变量之间在直线相关条件下相关关系密切程度和方向的统计分析指标。通常以 ρ 表示总体的相关系数，以 r 来表示样本的相关系数。其定义公式为

$$r = \frac{\sum (x_i - \bar{x})(y_i - \bar{y})}{\sqrt{\sum (x_i - \bar{x})^2 (y_i - \bar{y})^2}} \qquad (5.1)$$

其中，n 表示数据项数，x 表示自变量，y 为因变量。相关系数一般可以从正负符号和绝对数值的大小两个层面理解。正负说明现象之间是正相关还是负相关。绝对数值的大小说明两现象之间线性相关的密切程度。r 的取值在 $-1 \sim +1$。$r = +1$ 为完全正相关；$r = -1$ 为完全负相关，表明变量之间为负相关；且表明变量之间为完全线性相关，即函数关系。$r = 0$ 时表明两变量无线性相关关系；而当 $r > 0$ 表明变量之间为正相关；$r < 0$ 表明变量之间为负相关。

r 的绝对值越接近于 1，表明线性相关关系越密切；而 r 越接近于 0，表明线性相关关系越不密切。根据经验可将相关程度分为以下几种情况：（1）$|r| < 0.3$，为无线性相关；（2）$0.3 \leqslant |r| \leqslant 0.5$，为低度线性相关；（3）$0.5 \leqslant |r| \leqslant 0.8$，为显著线性相关；（4）$|r| \geqslant 0.8$，一般称为高度线性相关。

2. 湖北工业总产值与工业能源消耗的回归分析

为分析湖北整体工业能源消耗与工业总产值的关联度，对 2000 ~ 2016 年湖北工业能源消耗总量（X）与工业总产值（Y）进行幂函数回归分析（见图 5 – 19），得到：

$$Y = 389.42 X^{0.3375} \qquad\qquad R^2 = 0.90544$$

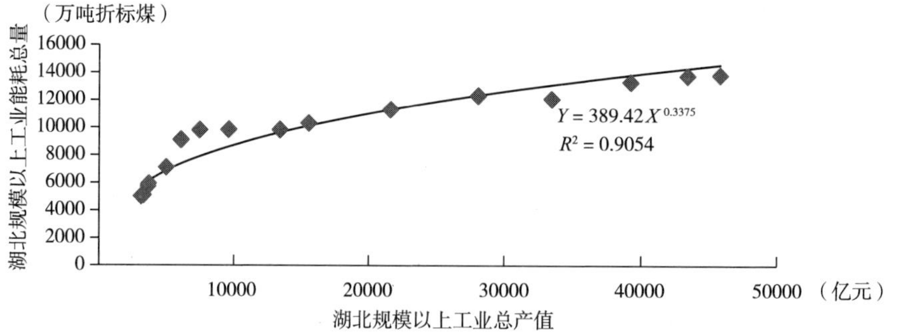

图 5 – 19　2000 ~ 2016 年湖北工业总产值与工业能源消耗回归分析

资料来源：根据《湖北统计年鉴》（2001 ~ 2017 年）计算整理。

由 R 值可知,湖北工业总产值与能源消耗总量之间属于高度幂函数相关。

3. 湖北工业总产值与万元能源消耗的回归分析

同理,为进一步了解湖北单位能源消耗与总产值之间的关联度,对 2000~2016 年湖北工业总产值(Y)与工业万元能源消耗(X)进行了幂函数回归分析(见图 5 - 20),得到:

$$Y = 407.33X^{-0.668} \qquad\qquad R^2 = 0.97651$$

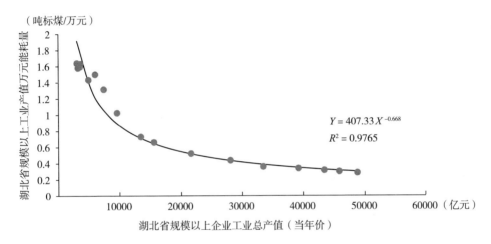

图 5 - 20　2000~2016 年湖北工业总产值与万元能源消耗回归分析

资料来源:根据《湖北统计年鉴》(2001~2017 年)计算整理。

可见,湖北万元能源消耗与工业总产值也属于高度相关,因此降低万元能源消耗是未来发展应该重点考虑的因素。

5.5.2　工业能源消耗的灰色分析

1. 灰色分析方法概述

灰色系统是指部分信息已知而部分信息未知的系统,灰色系统理论的对象是信息不完备的系统,通过对已知信息的分析研究,预测未知信息,从而达到了解真个系统的目的。而其中涉及的"关联度"是事物之间、因素之间关联性大小的量度。它把事物或因素之间相互变化情况量化。事物和因素变化的趋势越相近,则关联度越大,反之,关联度越小。其计算过程如下:

（1）根据评价目的确定评价指标体系，收集评价数据。将所得数据以矩阵的形式排列出来，每一列为不同因素对应的已有年份的第一年数据，每一行为同一因素，不同年份的数据；也可以每一行为不同因素，每一列为同一因素不同年份的数据。保持一一对应就行。为了方便描述，以前一种情况为例。

（2）确定参考数列。参考数列应该是一个比较理想的比较标准。可以是各指标的最优值也可以根据评价目的选择其他参照值构成参考数据列。对应数列中的操作为，提取该指标所在行，作为比较序列。

（3）对该指标数据进行无量纲化。由于各因素的计量单位不同，不便于比较，或者在比较的时候难以得到正确的结论。因此，在计算关联度前，通常需要对原始数据进行无量纲化处理。在数列中表现数列中的每一列除以第一列的数值，得到无量纲化后的数据。

（4）逐个计算每个被评价对象指标序列（比较序列）与参考序列对应元素的绝对值。数列形式表现为数列中除去比较序列以外的每一行数据减去比较序列的绝对值，构成一个△数列，得到△数列的一个最小值和一个最大值。

（5）计算关联系数。用数列中上述△矩阵中的最小值加上最大值1/2的和除以矩阵中的每一个数值加上△矩阵中最大值1/2的和，从而计算出各个因素的每一年的各个数据之与比较序列之间的关联系数。

（6）计算关联度，即计算各年所得关联系数的平均值，为该因素的关联度。

2. 工业总产值与工业能源消耗总量的灰色分析

通过上述灰色关联的计算模式，利用2000～2016年湖北工业能源消耗总量以及工业总产值的数据（见表5-4），对湖北工业总产值与工业能源消耗总量进行灰色关联度分析，可得出湖北能源消耗与总产值的关联度为0.73。

表5-4　　　　2000～2016年湖北工业总产值与工业能源消耗、万元能源消耗

年份	工业能源消耗（万吨）	工业总产值（亿元）	万元能源消耗量（吨标煤/万元）
2000	5023.67	3064.43	1.64
2001	5118.15	3239.51	1.58
2002	5727.43	3589.26	1.60

年份	工业能源消耗(万吨)	工业总产值(亿元)	万元能源消耗量(吨标煤/万元)
2003	5923.43	3631.29	1.63
2004	7111.78	4960.25	1.43
2005	9105.67	7454.07	1.50
2006	9810.86	7454.07	1.32
2007	9849.85	9601.52	1.03
2008	9831.64	13454.94	0.73
2009	10312.48	15567.12	0.66
2010	11308.94	21623.12	0.52
2011	12328.8	28072.73	0.44
2012	12083.97	33450.66	0.36
2013	13310.45	39208.98	0.34
2014	13766.37	43393.87	0.32
2015	13827.77	45809.57	0.30
2016	13954.63	48766.71	0.29

资料来源：根据《湖北统计年鉴》（2001~2017年）整理。

当 $0 \leqslant p \leqslant 1$ 时，说明两者之间有关联，p 值越大，关联度越高；p 值越小，关联度越低。

当 $0 \leqslant p \leqslant 1$ 时，两者关联度较弱；当 $0.35 \leqslant p \leqslant 0.65$ 时，关联度中等；

当 $0.65 \leqslant p \leqslant 0.85$ 时，关联度较强；当 $0.85 \leqslant p \leqslant 1$ 时，关联度极强。

由此可知，湖北工业能源消耗与工业总产值的关联度较强，说明工业能源消耗的增长，在一定程度上意味着总产值的增长。但也存在例外情况，2000~2001年、2010~2011年，湖北工业能源消耗总量下降，但工业总产值却增加。

3. 工业总产值与万元工业能源消耗的灰色分析

同理，通过2000~2016年湖北工业总产值与工业万元能源消耗来计算两者之间的灰色关联度，得出灰色关联度为0.69。由此可见，湖北万元工业能源消耗与湖北工业总产值的关联度也属于较强程度，但不及总产值与能源消耗总量的关联度强。在未来湖北的工业发展道路上，要尤其注意工业能源消耗总量的降低，同时重视单位能源消耗的改善。

4. 工业能源消耗与 R&D 的灰色关联分析

在对工业能源消耗与 R&D 的灰色关联分析中，首先，选取了 2003~2016 年的数据资料（见表 5-5）；其次，建立原始数据矩阵；再次，对矩阵进行无量纲化处理；最后，确定参考数列（这里研究的是能源消耗与 R&D 各数据的关系，因此参考数据为湖北工业能源消耗数据）。

表 5-5 　　　　　　　2003~2016 年湖北 R&D 相关数据资料

年份	R&D 人员总数（人）	R&D 经费支出额（万元）	新产品开发经费支出（万元）	技术改造经费支出（万元）
2003	26930	186524	210792	716953
2004	25469	218432	283738	1173833
2005	32005	307880	354130	1253563
2006	36210	386033	426200	1686572
2007	37894	525193	614461	2502039
2008	42914	772787	923529	3683065
2009	55893	1057682	1355946	2655716
2010	64329	1429050	1760964	1326521
2011	81444	1835717	2113832	891890
2012	93825	2287148	2488079	921059
2013	99563	2521324	2606672	883841
2014	107656	2978369	2896732	916673
2015	105848	3272348	2856350	835034
2016	105525	3347523	3056850	487168

资料来源：根据《湖北统计年鉴》（2001~2017 年）整理。

$X_0 = (1.00, 1.20, 1.54, 1.66, 1.66, 1.66, 1.74, 1.91, 2.08, 2.04,$
$\quad 2.25, 2.32, 2.33, 2.36)$

接下来计算 $| X_0 - X_i |$

$\Delta_1 = (0.00, 0.25, 0.35, 0.31, 0.26, 0.07, 0.33, 0.48, 0.94, 1.44,$
$\quad 1.45, 1.67, 1.60, 1.56)$

Δ_2 = (0.00, 0.03, 0.11, 0.41, 1.15, 2.48, 3.93, 5.75, 7.76, 10.22, 11.27, 13.64, 15.21, 15.59)

Δ_3 = (0.00, 0.15, 0.14, 0.37, 1.25, 2.72, 4.69, 6.44, 7.95, 9.76, 10.12, 11.42, 11.22, 12.15)

Δ_4 = (0.00, 0.44, 0.21, 0.70, 1.83, 3.48, 1.96, 0.06, 0.84, 0.76, 1.01, 1.05. 1.17, 1.68)

于是得到最值 Max = 15.59　　Min = 0.00

继而分别计算各 Δ 的关联系数（此处仅列举 Δ_1 计算过程）：

$\xi_{(0.00)}$ = (0 + 15.59 × 0.5) / (0 + 15.59 × 0.5) = 1.00

$\xi_{(0.25)}$ = (0 + 15.59 × 0.5) / (0.25 + 15.59 × 0.5) = 0.97

$\xi_{(0.35)}$ = (0 + 15.59 × 0.5) / (0.35 + 15.59 × 0.5) = 0.96

$\xi_{(0.31)}$ = (0 + 15.59 × 0.5) / (0.31 + 15.59 × 0.5) = 0.96

$\xi_{(0.26)}$ = (0 + 15.59 × 0.5) / (0.26 + 15.59 × 0.5) = 0.97

$\xi_{(0.07)}$ = (0 + 15.59 × 0.5) / (0.07 + 15.59 × 0.5) = 0.99

$\xi_{(0.33)}$ = (0 + 15.59 × 0.5) / (0.33 + 15.59 × 0.5) = 0.96

$\xi_{(0.48)}$ = (0 + 15.59 × 0.5) / (0.48 + 15.59 × 0.5) = 0.94

$\xi_{(0.94)}$ = (0 + 15.59 × 0.5) / (0.94 + 15.59 × 0.5) = 0.89

$\xi_{(1.44)}$ = (0 + 15.59 × 0.5) / (1.44 + 15.59 × 0.5) = 0.84

$\xi_{(1.45)}$ = (0 + 15.59 × 0.5) / (1.45 + 15.59 × 0.5) = 0.84

$\xi_{(1.67)}$ = (0 + 15.59 × 0.5) / (1.67 + 15.59 × 0.5) = 0.82

$\xi_{(1.60)}$ = (0 + 15.59 × 0.5) / (1.60 + 15.59 × 0.5) = 0.83

$\xi_{(1.56)}$ = (0 + 15.59 × 0.5) / (1.56 + 15.59 × 0.5) = 0.83

将 Δ_2、Δ_3、Δ_4 分别按照以上方法计算出关联系数后，再计算每个指标的灰色关联度，得到：

R_1 = (1.00 + 0.97 + 0.96 + 0.96 + 0.97 + 0.99 + 0.96 + 0.94 + 0.89 + 0.84 + 0.84 + 0.82 + 0.83 + 0.83) /14 = 0.92

R_2 = (1.00 + 1.00 + 0.99 + 0.95 + 0.87 + 0.76 + 0.66 + 0.58 + 0.50 + 0.43 + 0.41 + 0.36 + 0.34 + 0.33) /14 = 0.66

R_3 = (1.00 + 0.98 + 0.98 + 0.96 + 0.86 + 0.74 + 0.62 + 0.55 + 0.50 + 0.44 + 0.44 + 0.41 + 0.41 + 0.39) /14 = 0.66

$$R_4 = (1.00 + 0.95 + 0.99 + 0.92 + 0.81 + 0.69 + 0.80 + 0.99 + 0.90 + 0.91 +$$
$$0.88 + 0.88 + 0.87 + 0.82) \ /14 = 0.89$$

当 $0 \leqslant r \leqslant 1$ 时，说明两者之间有关联，该值越大，关联度越高；该值越小，关联度越低；

当 $0 \leqslant r \leqslant 1$ 时，两者关联度较弱；当 $0.35 \leqslant r \leqslant 0.65$ 时，关联度中等；

当 $0.65 \leqslant r \leqslant 0.85$ 时，关联度较强；当 $0.85 \leqslant r \leqslant 1$ 时，关联度极强。

对湖北 R&D 与能源消耗进行灰色关联分析，得到 R&D 人员合计与能源消耗的关联度为 0.92，说明两者之间存在极强的关联度，因此若在 R&D 的人员方面着手，大力培养 R&D 人员，促进 R&D 研究团队规模的扩大，对能源消耗的改善必然会起到极其重要的作用。

通过对工业能源消耗与 R&D 经费支出以及工业能源消耗与新产品开发经费支出的灰色分析，两者与工业能源消耗的关联度均为 0.66，表明两者之间关联性较强，因此在进行能源消耗测算时可以对湖北 R&D 部分进行更加详细的规划，加大对新产品的开发力度。

技术改造经费支出与工业能源消耗的关联度为 0.89，也属于极强的关联性。因此，在对能源消耗结构改善上的投入，对工业能源消耗会造成较大的影响

在 R&D 的四个因素中，关联度最大的即 R&D 人员，可见 R&D 研究人员对于工业能源消耗的影响之大，因此在湖北未来的发展道路上，应大力培养相关人才，对能源消耗的结构与总量进行更进一步的专业研究，从而降低工业能源消耗，调整工业结构，促进经济社会的可持续发展。

5.5.3 工业能源消耗未来发展态势预测

1. 工业能源消耗未来发展预测依据

"十三五"时期，是湖北全面贯彻党的十八大和党的十八届三中、四中、五中全会精神，深入贯彻落实习近平系列重要讲话，特别是视察湖北重要讲话精神取得重大进展的关键时期，是率先全面建成小康社会决胜阶段和积极探索开启基本实现现代化建设新征程的重要阶段。

"十二五"时期，湖北工业总产值突破 4 万亿元，支柱产业不断发展壮大，千亿元产业由 7 个增加到 17 个，经济结构调整深入推进，全省发展质效

不断提高。

由表5－6可见，到2020年，湖北全部工业总产值实现目标值为7万亿元，规模以上工业增加至年均增速保持在8%的水平，工业增加值率较2015年提高2个百分点。在产业结构方面，到2020年，高新技术产业增加至占GDP的比重达到20%左右，高耗能产业增加值占规上工业比重较2015年下降5个百分点，规上工业企业数量达到2万家，百亿企业数量达到50家。在创新能力方面，到2020年，规上工业企业研发经费内部支出占主营业务收入比重达到1.2%，规模以上制造业每亿元主营业务收入有效发明专利数超过0.8件，争创2家国家级制造业创新中心，建设8家省级制造业创新中心，国家级企业技术中心、工程研究中心、工程实验室的数量达到90家，以企业为主体的技术创新体系进一步健全。在质量品牌方面，工业制造能力与质量达到或接近国际先进水平，到2020年，制造业质量竞争力指数达到85%，产业集群区域品牌数量从3个增加到5个，建立国家级质量强市示范城市5个，树立长江质量奖标杆企业20家。在绿色发展方面，要做到资源节约、环境保护和安全生产水平显著提升，生态环境质量总体改善，到2020年，单位工业增加值能源消耗较2015年末降低18%左右，单位工业增加值二氧化碳排放量减少22%以上，单位工业增加值用水量降低23%，工业固体废物综合利用率达到79%。而在"两化"（工业化和信息化）融合方面，信息技术与制造业融合更加深入，到2020年，固定宽带家庭普及率预计达到60%，移动宽带用户普及率预计达到70%，数字化研发设计工具普及率达到85%，关键工序制造装备数控化率达到65%。

表5－6 湖北"十三五"工业发展目标

类别	指标	2015年	2020年
经济运行	全部工业总产值（万亿元）	4.53	7
	规模以上工业增加值年均增速（%）	13.2	8
产业结构	高新技术产业增加值占GDP的比重（%）	17	20
	规上工业企业数量（万家）	1.59	2
	百亿企业数量（家）	31	50
	千亿级产业集群数量（个）	5	15

类别	指标	2015 年	2020 年
创新能力	规上工业研发经费内部支出占主营业务收入比重(%)	0.94	1.2
	规模以上制造业每亿元主营业务收入有效发明专利数	0.49	0.8
	国家级制造业创新中心数量(家)	—	2
	省级制造业创新中心数量(家)	—	8
	国家级企业技术中心工程实验室数量(家)	76	90
质量品牌	制造业质量竞争力指数	—	85
	产业集群区域品牌数量(个)	3	5
绿色发展	规模以上单位工业增加至能源消耗五年累计降幅(%)	34.4	18
	单位工业增加至二氧化碳排放量五年累计降幅(%)	47	22
	单位工业增加值用水量五年累计增幅(%)	61	23
	工业固体废物综合利用率(%)	76	79
"两化"融合	固定宽带家庭普及率(%)	38.3	60
	移动宽带用户普及率(%)	45.8	70
	数字化研发设计工具普及率(%)	63	85
	关键工序制造装备数控化率	52	65

资料来源：根据湖北省工业"十三五"发展规划整理得到，http：//www.hubei.gov.cn/govfile/ezf/201610/t20161010_1032870.shtml。

2. 工业能源消耗总量的预测

根据对湖北工业总产值与规模以上万元工业能源消耗总量的回归分析，计算结果显示的幂函数方程：$Y = 389.42X^{0.3375}$（其中，X 表示规模以上工业能源消耗量，Y 表示规模以上工业总产值）以及"十三五"规划中的工业总产值达到 70000 亿元，可以计算得出，湖北 2020 年规模以上工业能源消耗量将达到 4792175.38 万吨折标煤的水平。

2015 年，湖北规上工业总产值达到 45809.57 亿元，从工业产值的情况看，距离湖北达到"十三五"规划的目标，规上工业总产值还相差 24190.43 亿元。与先进省份相比，产业总量仍然不够大，结构仍需优化，创新仍不够强。数据显示，"十二五"规划期间湖北工业总产值平均增长率为 13.02%，照此趋势，到 2020 年湖北工业总产值预计达到 68951.89 亿元，距离 70000 亿元还有一定的距离，而在 2020 年预计规模以上工业增加值年均增速为 8%，使差距将比此数据更大，因此若要完成"十三五"规划的指标，湖北必须在接下来的计划年度里需要不断促进产业架构优化升级，加大科技投入，提高生产效率。

从能源消费来看，湖北2015年规模以上工业能源消费量为13827.77万吨折标煤，较2014年增长率下降了0.45%。从数据层面显示来看，2015年湖北在实现规模以上工业总产值增加的情况下，工业能源消耗的增长速度在不断降低，说明湖北进来在提升能源使用效率方面有所成就。从湖北2000~2015年平均每万元工业总产值的能源消耗量变动趋势来看，万元能源消耗平均增幅为-10.71%，说明湖北单位工业产值能源消耗也处于不断降低的态势，对于积极促进优化能源使用结构，提高能源使用效率的"十三五"规划来说，这是一个好的发展趋势，但要达到2020年的目标产值，仅仅依靠目前水平的能源使用效率是不够的。因此要继续完善，加大科技创新投入，促进能源使用效率，找出更优方案从而达到最终目标。

3. 工业能源消耗结构的预测

如表5-7所示，根据回归分析、三个期间的五年规划增长率，分别对湖北2020年的能源消耗的总量和主要能源进行预测。在各类预测中，按2001~2005年即"十五"时期的增长率预测2020年的能源消耗总量数值最大，达到24826.60万吨；按2011~2015年的增长率预测的能源消耗总量数值最小，只有15651.27万吨，极差达到9175.33万吨。各类能源消耗预测中，煤炭仍然是能源的消耗主体，而焦炭和原油的比例大致较相似。

表5-7　　　　　　　　2020年湖北工业能源消耗结构预测表　　　　　　单位：万吨

2020年预测消耗量	总量	煤炭	焦炭	原油	电力
回归分析预测 （增长率为4.77%）	16812.75	8955.65	1580.03	1509.98	1493.50
按2011~2015增长率预测 （年均增长率-2.83%）	15651.27	7108.77	1478.92	1159.43	1570.59
按2006~2010增长率预测 （年均增长率-3.94%）	16085.45	7738.08	2217.28	1857.71	1488.22
按2001~2005增长率预测 （年均增长率-13.41%）	24826.60	16480.76	2189.45	2104.90	1780.52

资料来源：根据《湖北统计年鉴》（2001~2017年）计算整理。

第 **6** 章
改革开放 40 年湖北工业创新能力研究

6.1 湖北专利申请与授权情况的全国对比分析

6.1.1 专利申请受理情况分析

1. 2009～2016 年全国专利申请受理情况

全国专利申请受理数由 2009 年的 877611 件增至 2016 年的 3305225 件，年均增长率达 20.86%，增速很快。从图 6－1 中可见，东部地区的专利申请受理数占比较大，超过全国半数；其次是中部地区和西部地区，占比相当；东北地区占比靠后。2016 年，东部地区的专利申请受理数占全国的 67.43%，

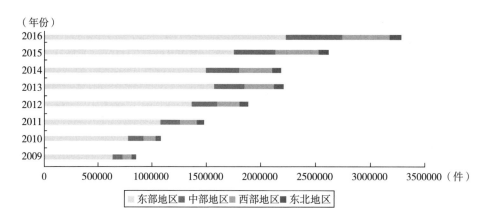

图 6－1 **2009～2016 年全国专利申请受理数**

资料来源：根据《中国科技统计年鉴》（2010～2017 年）整理。

中部地区占全国的 15.45%，西部地区占全国的 13.16%，东北地区仅占全国的 3.23%。

虽然全国专利申请受理数整体呈现上升趋势，但由图 6 - 2 可见专利申请受理数的增长率波动较大。2010 年后全国的专利申请受理数增速放缓，特别是在 2014 年，东部地区和东北地区出现了负增长的情况，中部地区和西部地区虽然增幅不如往年，但也保持了两位数的增长率。从专利申请受理数的年均增长率来看，东部地区、中部地区和西部地区都保持在 20% 左右的年均增长率，与全国的年均增长率基本持平，东北地区的年均增长率略低，为 14.76%。

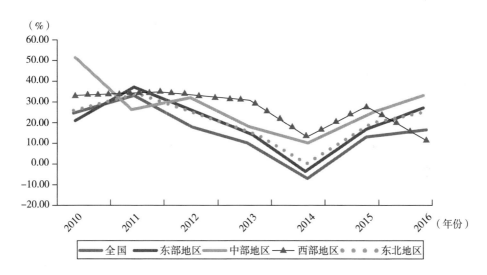

图 6 - 2 2010 ~ 2016 年全国专利申请受理数增长率

资料来源：根据《中国科技统计年鉴》（2011 ~ 2017 年）整理。

2. 2009 ~ 2016 年湖北专利申请受理情况

全国专利申请受理数整体数量呈稳步上升趋势，其中相比其他地区占比较大的是江苏、广东和浙江 3 个地区（见图 6 - 3）。2016 年，江苏、广东和浙江三个地区的专利申请受理数分别占全国的 15.5%、15.3% 和 11.89%，超过全国专利申请受理数的四成。

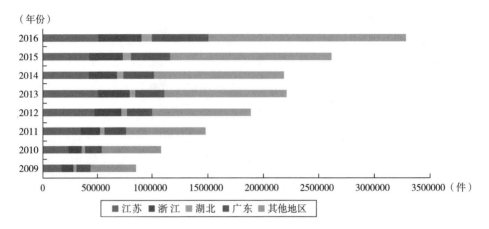

图 6 - 3　2009 ~ 2016 年全国主要地区专利申请受理数

资料来源：根据《中国科技统计年鉴》（2010 ~ 2017 年）整理。

　　湖北专利申请受理数从 2009 年的 27206 件增至 2016 年的 95157 件，年均增长率 19.59%（见图 6 - 4）。除 2013 年专利申请受理数较上一年有所递减外，其余年份都呈正增长，特别是最近两年，增长率都超过了 25%。

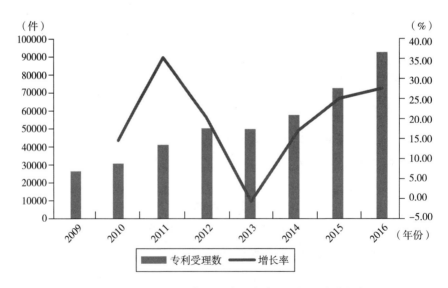

图 6 - 4　2009 ~ 2016 年湖北专利申请受理数及其增长率

资料来源：根据《中国科技统计年鉴》（2010 ~ 2017 年）整理。

为了更好了解湖北专利申请受理数在全国所处位置，现将 2009～2016 年各地区专利申请受理数从高到低依次排序（见表 6－1）。由表 6－1 可见，2009～2016 年，江苏的专利申请受理数处于全国首位，广东、浙江的专利申请受理数交替排在全国第二和第三的位置。湖北的专利申请受理数处于全国中等偏上的水平，2009～2012 年湖北的专利申请受理数排进全国前 10，但在 2013 年后排名有所下降。

表 6－1　　　　　　2009～2016 年 31 省份专利申请受理前 20 位排名

排名	2009 年	2010 年	2011 年	2012 年	2013 年	2014 年	2015 年	2016 年
1	江苏	江苏	江苏	江苏	江苏	江苏	江苏	江苏
2	广东	广东	广东	浙江	浙江	广东	广东	广东
3	浙江	浙江	浙江	广东	广东	浙江	浙江	浙江
4	山东	山东	山东	山东	山东	山东	山东	山东
5	上海	上海	上海	北京	北京	北京	北京	北京
6	北京	北京	北京	上海	安徽	安徽	安徽	安徽
7	四川	安徽	四川	安徽	上海	四川	四川	四川
8	湖北	四川	安徽	四川	四川	上海	上海	福建
9	辽宁	辽宁	湖北	湖北	天津	天津	福建	上海
10	天津	湖北	天津	陕西	陕西	河南	重庆	天津
11	河南	天津	辽宁	河南	河南	湖北	天津	湖北
12	福建	河南	河南	福建	福建	福建	陕西	河南
13	安徽	陕西	福建	辽宁	湖北	陕西	河南	陕西
14	湖南	重庆	陕西	天津	重庆	重庆	湖北	湖南
15	陕西	湖北	重庆	重庆	辽宁	湖南	湖南	江西
16	重庆	福建	湖南	湖南	湖南	辽宁	河北	重庆
17	河北	河北	黑龙江	黑龙江	黑龙江	广西	广西	广西
18	黑龙江	黑龙江	河北	河北	河北	黑龙江	辽宁	河北
19	山西	山西	山西	山西	广西	河北	江西	辽宁
20	吉林	吉林	江西	广西	山西	江西	黑龙江	黑龙江

资料来源：根据《中国科技统计年鉴》（2010～2017 年）整理。

6.1.2 专利授权情况分析

1. 2009～2016年全国专利授权情况

如图6-5所示，全国专利授权数由2009年的501786件增至2016年的1628881件，年均增长率达18.32%，增速较快。东部地区的专利授权数占比较大，超过全国半数；其次是中部地区和西部地区，占比相当；东北地区占比靠后。2016年，东部地区的专利授权数占全国的68.46%，中部地区占全国的13.97%，西部地区占全国的13.27%，东北地区仅占全国的3.26%，与专利申请受理的占比基本一致。

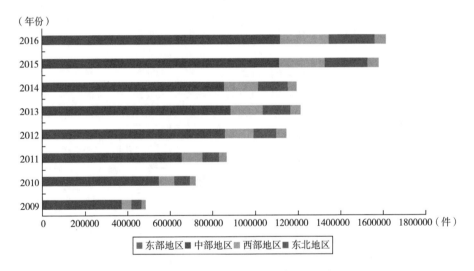

图6-5 2009～2016年全国专利授权数

资料来源：根据《中国科技统计年鉴》（2010～2017年）整理。

虽然全国专利授权数整体呈现上升趋势，但由图6-6可见，专利授权数的增长率在2010年后整体呈下滑趋势，特别是2014年，东部地区和东北地区出现了负增长的情况。2010年、2012年和2015年全国各地区的专利授权增长率涨幅都较大，均超过了30%。从专利授权数的年均增长率来看，东部地区、中部地区和西部地区都保持在20%左右，与全国的年均增长率基本持平，东北地区的年均增长率略低，为14.54%。

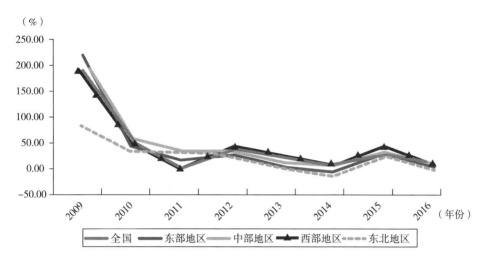

图6－6　2009～2016年全国专利授权数增长率

资料来源：根据《中国科技统计年鉴》（2010～2017年）整理。

2. 2009～2016年湖北专利申请受理情况

全国专利授权数整体数量呈稳步上升趋势，其中，相比其他地区占比较大的是广东、江苏和浙江3个地区（见图6－7）。如2016年，广东、江苏和浙江3个地区专利授权数分别占全国专利授权数的15.9%、14.18%和13.6%，超过全国专利申请受理数四成，且是全国仅有占比达两位数的地区。

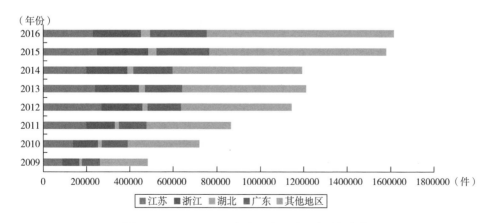

图6－7　2009～2016年全国主要地区专利授权数

资料来源：根据《中国科技统计年鉴》（2010～2017年）整理。

湖北专利授权数从 2009 年的 11357 件增至 2016 年的 41822 件（见图 6 – 8），年均增长率 20.47%。除 2014 年专利授权数较上一年有所减少外，其余年份都呈正增长，特别是 2015 年，增长率达 37.08%。

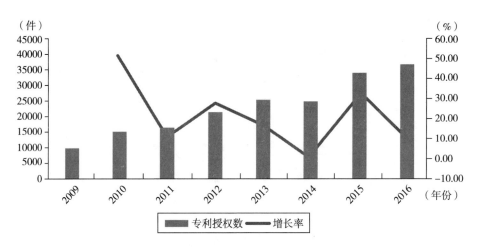

图 6 – 8   2009 ~ 2016 年湖北专利授权数及其增长率

资料来源：根据《中国科技统计年鉴》（2010 ~ 2017 年）整理。

为了更好了解湖北专利授权数在全国所处位置，现将 2009 ~ 2016 年各地区专利授权数从高到低依次排序（见表 6 – 2）。由表 6 – 2 可见，2009 ~ 2015 年，江苏的专利授权数处于全国首位，2016 年广东专利授权数排名首位。2009 ~ 2015 年，广东和浙江的专利授权数交替排在全国第二、第三的位置。湖北的专利申请受理数处于全国中等偏上的水平，2009 年和 2010 年湖北的专利申请受理数排进全国前 10，其余年份处于第 11 ~ 13 名的位置上。

表 6 – 2　　　　　　　**2009 ~ 2016 年 31 省份专利授权数前 20 位排名**

排名	2009 年	2010 年	2011 年	2012 年	2013 年	2014 年	2015 年	2016 年
1	江苏	江苏	江苏	江苏	江苏	江苏	江苏	广东
2	广东	广东	浙江	浙江	浙江	浙江	广东	江苏

续表

排名	2009 年	2010 年	2011 年	2012 年	2013 年	2014 年	2015 年	2016 年
3	浙江	浙江	广东	广东	广东	广东	浙江	浙江
4	上海	山东	山东	山东	山东	北京	山东	北京
5	山东	上海	上海	上海	北京	山东	北京	山东
6	北京	北京	北京	北京	安徽	上海	四川	福建
7	四川	四川	安徽	安徽	上海	安徽	福建	上海
8	辽宁	福建	四川	四川	四川	四川	上海	四川
9	河南	湖北	福建	福建	福建	福建	安徽	安徽
10	湖北	辽宁	河南	河南	河南	河南	河南	河南
11	福建	河南	辽宁	湖北	湖北	湖北	重庆	陕西
12	安徽	安徽	湖北	湖南	天津	湖南	湖北	重庆
13	湖南	湖南	湖南	辽宁	重庆	天津	天津	湖北
14	重庆	重庆	重庆	重庆	湖南	重庆	湖南	天津
15	天津	天津	天津	黑龙江	辽宁	陕西	陕西	湖南
16	河北	河北	黑龙江	天津	陕西	河北	河北	河北
17	陕西	陕西	陕西	河北	黑龙江	辽宁	辽宁	江西
18	黑龙江	黑龙江	河北	陕西	河北	黑龙江	江西	辽宁
19	吉林	山西	江西	江西	江西	江西	黑龙江	黑龙江
20	山西	江西	山西	山西	山西	贵州	贵州	广西

资料来源：根据中国统计出版社：《中国科技统计年鉴》（2010～2017 年）整理。

6.1.3 三种专利申请、授权及有效情况分析

1. 三种专利申请受理数

湖北省发明专利申请受理数由 2007 年的 3705 件增至 2016 年的 43789 件，是 2007 年的近 12 倍，年均增长率达 31.58%，呈快速增长趋势；实用新型专利申请受理数由 2007 年的 3705 件增至 2016 年的 42181 件，是 2007 年的近 6 倍，年均增长率达 21.77%，增速较快；外观设计型专利申请受理数由 2007 年的 6503 件增至 2016 年的 9187 件，是 2007 年的 1.5 倍，年均增长率为 3.91%，较为平稳。

实用新型专利是三种专利中占比最大的，除 2009 年外，其余年份占比均达到 40% 以上，2013 年占比更是过半；发明专利的增速较另外两种专利更快，发明专利占比从 2007 年的 20% 左右逐渐增至 2013 年的 35%，并于 2016 年达到 46%；外观设计专利则呈波动式变化，在 2007 ~ 2011 年呈逐年上升趋势，占比也达 35% 以上，而在 2012 ~ 2016 年波动下滑，2016 年占比不足 10%。

2. 三种专利授权数

湖北省发明专利授权数由 2007 年的 886 件增至 2016 年的 8517 件，是 2007 年的 9.6 倍，年均增长率达 28.59%，呈快速增长趋势；实用新型专利授权数由 2007 年的 4400 件增至 2016 年的 27209 件，是 2007 年的近 6.2 倍，年均增长率达 22.44%，增速较快；外观设计型专利授权数由 2007 年的 1330 件增至 2016 年的 6096 件，是 2007 年的 4.6 倍，年均增长率为 18.43%，增速较快。

实用新型专利是三种专利中占比最大的，超过半数，在 2017 年甚至达到了 70%；发明专利和外观设计专利占比交替，2007 ~ 2013 年外观设计专利增速较快，占比优于发明专利；在 2014 年后，发明专利占比高于外观设计专利。

6.2　湖北 R&D 经费占地区生产总值比重的全国对比分析

R&D 经费投入强度，即 R&D 经费支出与 GDP（地区生产总值）之比，是国际上用于衡量一国或一个地区在科技创新方面努力程度的重要指标。

图 6 - 9 反映了 2006 ~ 2016 年湖北 R&D 经费投入强度及其增长率。2006 年，湖北 R&D 经费投入强度为 1.24，2016 年湖北 R&D 经费投入强度为 1.86，年均增长率为 4.14%，整体呈波动上升的趋势。其中，2009 年增幅最大达 25%，2007 年和 2016 年湖北 R&D 经费投入强度较前一年有所下跌，2009 ~ 2011 年湖北 R&D 经费投入强度保持不变，其余年份湖北 R&D 经费投入强度较前一年有所提高。从图 6 - 9 中可见，湖北 R&D 经费投入强度不足全国平均水平，说明湖北应继续加大 R&D 经费的投入。

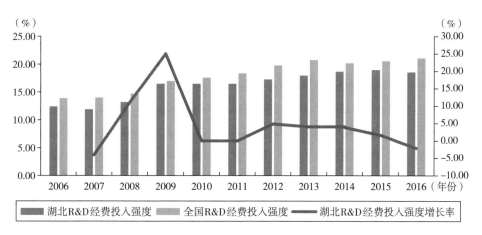

图6-9 2006~2016年湖北R&D经费投入强度及其增长率

资料来源：根据《中国科技统计年鉴》（2007~2017年）整理。

为了更好了解湖北 R&D 经费投入强度在全国所处位置，现将 2006~2016 年各地区 R&D 经费投入强度由高到低依次排序（见表6-3）。从表6-3 中可见，北京和上海的 R&D 经费投入强度一直处于全国顶端位置，天津在 2007 年以后一直处于第三的位置。湖北 R&D 经费投入强度处于全国中等偏上的水平，除 2007 年排在全国 11 位外，其余年份均在第 7~10 名的位置上浮动，2010 年后排名比较稳定，2010~2012 年处于全国第 9 位，2013~2016 年处于全国第 10 位。湖北 R&D 经费投入强度低于全国平均水平，结合湖北 R&D 经费投入强度排名情况，处于全国靠前位置地区的 R&D 经费投入强度则远超其他地区。

表6-3 　　　　　2006~2016年31省份R&D经费投入强度前20位排名

排名	2006年	2007年	2008年	2009年	2010年	2011年	2012年	2013年	2014年	2015年	2016年
1	北京	北京	北京	北京	北京	北京	北京	北京	北京	北京	北京
2	上海	上海	上海	上海	上海	上海	上海	上海	上海	上海	上海
3	陕西	天津	天津	天津	天津	天津	天津	天津	天津	天津	天津
4	天津	陕西	陕西	陕西	陕西	江苏	江苏	江苏	江苏	江苏	江苏
5	江苏	江苏	江苏	江苏	江苏	陕西	广东	广东	广东	广东	广东

排名	2006年	2007年	2008年	2009年	2010年	2011年	2012年	2013年	2014年	2015年	2016年
6	辽宁	浙江	浙江	浙江	浙江	广东	浙江	浙江	浙江	浙江	浙江
7	浙江	辽宁	山东	湖北	广东	山东	山东	山东	山东	山东	山东
8	湖北	四川	辽宁	广东	山东	浙江	陕西	陕西	陕西	陕西	陕西
9	四川	广东	广东	辽宁	湖北	湖北	湖北	安徽	安徽	安徽	安徽
10	广东	山东	湖北	山东	辽宁	辽宁	安徽	湖北	湖北	湖北	湖北
11	山东	湖北	四川	四川	四川	安徽	辽宁	辽宁	四川	四川	重庆
12	甘肃	重庆	安徽	安徽	安徽	四川	四川	四川	辽宁	重庆	四川
13	安徽	安徽	黑龙江	黑龙江	重庆	重庆	重庆	福建	福建	福建	辽宁
14	吉林	吉林	重庆	重庆	黑龙江	福建	福建	重庆	重庆	湖南	福建
15	重庆	甘肃	甘肃	湖南	福建	湖南	湖南	湖南	湖南	辽宁	湖南
16	黑龙江	黑龙江	湖南	吉林	湖南	黑龙江	山西	山西	山西	甘肃	河南
17	福建	福建	福建	福建	甘肃	山西	黑龙江	黑龙江	河南	河北	甘肃
18	江西	江西	江西	山东	山西	河南	甘肃	河南	甘肃	河南	河北
19	山西	山西	山西	甘肃	江西	甘肃	河南	甘肃	黑龙江	黑龙江	江西
20	湖南	宁夏	吉林	江西	河南	吉林	河北	河北	河北	山西	山西

资料来源：根据《中国科技统计年鉴》（2007~2017年）整理。

6.3 湖北高新技术产业发展情况分析

6.3.1 高新技术产业生产经营情况分析

1. 高新技术产业主营业务收入

图6-10反映了湖北2007~2016年的高新技术产业主营业务收入及其增长率。湖北高新技术产业主营业务收入由2007年的378.5亿元增至2016年的4212亿元，年均增长率为30.7%，增速较快。湖北高新技术产业主营业务收入同比增长率除2009年高至112.47%外，2010年后增速较为平稳。

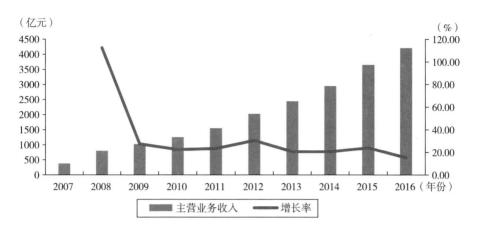

图6-10　2007~2016年湖北高新技术产业主营业务收入及其增长率

资料来源：根据《中国科技统计年鉴》（2008~2017年）整理。

2. 高新技术产业利润总额

图6-11反映了湖北2009~2016年的高新技术产业利润总额及其增长率。湖北高新技术产业利润总额由2009年的80.4亿元波动上涨至2016年的260亿元，年均增长率为18.25%，增速较快。湖北高新技术产业利润总额在2011年和2014年较前一年有所下滑，2015年和2016年迅速恢复，并且同比增长率都超过了30%。

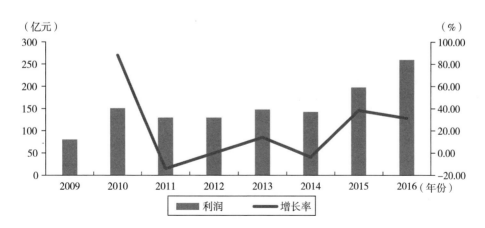

图6-11　2009~2016年湖北高新技术产业利润总额及其增长率

资料来源：根据《中国科技统计年鉴》（2010~2017年）整理。

3. 高新技术产业出口交货值

图 6 - 12 反映了湖北 2009 ~ 2016 年的高新技术产业出口交货值及其增长率。湖北高新技术产业出口交货值由 2009 年的 225.6 亿元波动上涨至 2016 年的 776 亿元，年均增长率为 19.08%，增速较快。湖北高新技术产业出口交货值波动较大，在 2013 年和 2014 年较前一年有所下滑，2015 年和 2016 年迅速恢复，其中 2015 年增速较大，同比增长 90.16%。

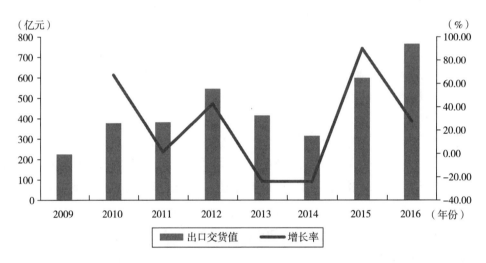

图 6 - 12　2009 ~ 2016 年湖北高新技术产业出口交货值及其增长率

资料来源：根据《中国科技统计年鉴》（2010 ~ 2017 年）整理。

为了更好了解湖北高新技术产业生产经营各项指标在中部地区和全国的情况，表 6 - 4、表 6 - 5 列出了湖北省高新技术产业的主营业务收入、利润总额和出口交货值在 2007 ~ 2016 年占中部地区及全国的比例。湖北高新技术产业主营业务收入在中部地区占比呈波动下降的趋势，但在全国占比呈逐年提高的趋势；湖北高新技术产业利润总额在中部地区占比波动下降，在全国占比基本持平；湖北高新技术产业出口交货值在中部地区占比下降较为明显，2010 年在中部占比超过半数，但在 2016 年却跌至 13.2%，在全国占比呈波动式上升。

表6-4　2007～2016年湖北高新技术产业生产经营指标占中部地区比例　单位:%

年份	主营业务收入	利润总额	出口交货值
2007	21.41	—	—
2008	20.89	—	—
2009	21.75	20.41	45.14
2010	19.87	24.32	51.11
2011	16.25	15.89	28.04
2012	18.26	15.00	18.53
2013	17.31	15.63	11.11
2014	17.33	13.47	6.96
2015	17.54	15.34	10.71
2016	17.72	17.58	13.20

资料来源:根据《中国科技统计年鉴》(2008～2017年)、《湖北统计年鉴》(2008～2017年)整理。

表6-5　2007～2016年湖北高新技术产业生产经营指标占全国比例　单位:%

年份	主营业务收入	利润总额	出口交货值
2007	0.90	—	—
2008	1.43	—	—
2009	1.72	2.45	0.77
2010	1.69	3.10	1.02
2011	1.77	2.48	0.94
2012	1.98	2.10	1.17
2013	2.11	2.05	0.84
2014	2.31	1.77	0.62
2015	2.61	2.20	1.18
2016	2.74	2.52	1.46

资料来源:根据《中国科技统计年鉴》(2008～2017年)、《湖北统计年鉴》(2008～2017年)整理。

湖北高新技术产业生产经营指标虽在全国范围有所提升，但在中部地区的占比却有所下滑，在中部崛起战略实施以来，中部地区的经济发展迅速，湖北应把握住良机，争取在中部地区发展过程中实现带头崛起。

6.3.2 高新技术产业 R&D 活动情况分析

1. 高新技术产业 R&D 人员情况

图 6-13 反映了 2007~2016 年湖北高新技术产业 R&D 人员及其增长率。湖北高新技术产业 R&D 人员由 2007 年的 7706 人增至 2016 年的 21218 人，年均增长率为 11.91%。湖北高新技术产业 R&D 人员波动较大，在 2014 年达到峰值后，2015 年和 2016 年都有所下滑。

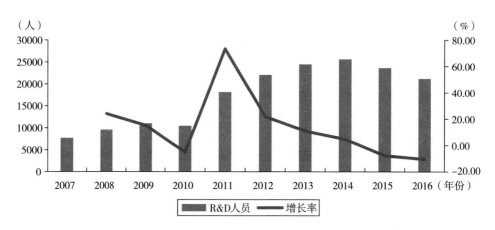

图 6-13 2007~2016 年湖北高新技术产业 R&D 人员及其增长率

资料来源：根据《湖北统计年鉴》(2008~2017 年) 整理。

2. 高新技术产业 R&D 经费内部支出情况

图 6-14 反映了湖北 2008~2016 年的高新技术产业 R&D 内部经费支出及其增长率。湖北高新技术产业 R&D 内部经费支出由 2008 年的 250229 万元增至 2016 年的 1030278 万元，年均增长率为 19.35%。湖北高新技术产业 R&D 经费内部支出在 2009 年和 2010 年小幅下降后，2011 年增长迅猛，同比增长 139.2%，其后都保持逐年上升的趋势。

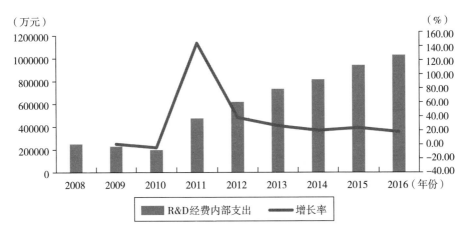

图 6 – 14 2008～2016 年湖北高新技术产业 R&D 内部经费支出及其增长率

资料来源：根据《湖北统计年鉴》（2009～2017 年）整理。

3. 高新技术产业 R&D 项目数情况

图 6 – 15 反映了湖北 2007～2016 年的高新技术产业 R&D 项目数及其增长率。湖北高新技术产业 R&D 项目数由 2007 年的 582 项增至 2016 年的 2254 项，年均增长率为 16.23%。湖北高新技术产业 R&D 项目数在 2010 有所下降，同比跌幅达 44.81%，2015 年也有小幅下降。

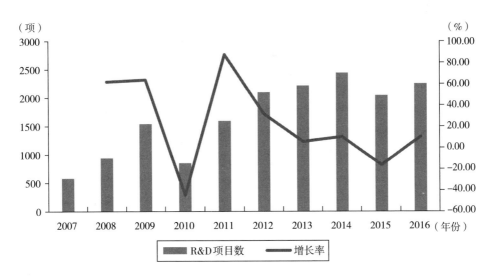

图 6 – 15 2007～2016 年湖北高新技术产业 R&D 项目数及其增长率

资料来源：根据《湖北统计年鉴》（2008～2017 年）整理。

为了更好了解湖北高新技术产业 R&D 活动各项指标在中部地区和全国的
情况，表 6-6、表 6-7 列出了湖北省高新技术产业的 R&D 人员、R&D 内部
经费支出和 R&D 项目数在 2007~2009 年占中部地区及全国的比例。湖北高
新技术产业 R&D 人员在中部地区和全国占比都呈波动小幅下降的趋势；湖北
高新技术产业 R&D 内部经费支出在中部地区和全国占比都波动上升；湖北高
新技术产业 R&D 项目数在中部地区占比基本持平，在全国占比呈小幅上升
趋势。

表 6-6   2007~2016 年湖北高新技术产业 R&D 活动指标占中部地区比例   单位:%

年份	R&D 人员	R&D 经费内部支出	R&D 项目数
2007	27.49	—	21.47
2008	26.61	22.92	22.65
2009	23.48	26.76	23.38
2010	24.63	24.46	18.45
2011	29.28	32.55	22.30
2012	—	—	—
2013	33.37	36.79	26.13
2014	31.02	35.37	25.37
2015	24.98	32.59	23.22
2016	22.41	31.56	21.87

资料来源：根据《中国科技统计年鉴》（2008~2017 年）、《湖北统计年鉴》（2008~2017 年）
整理。

表 6-7   2007~2016 年湖北高新技术产业 R&D 活动指标占全国比例   单位:%

年份	R&D 人员	R&D 经费内部支出	R&D 项目数
2007	3.10	—	2.35
2008	2.78	2.10	2.69
2009	2.83	2.58	3.33
2010	2.62	2.05	2.27
2011	3.55	3.30	2.96
2012	—	—	—

年份	R&D 人员	R&D 经费内部支出	R&D 项目数
2013	3.65	3.60	2.74
2014	3.66	3.59	3.06
2015	3.26	3.58	3.02
2016	2.90	3.53	2.82

资料来源：根据《中国科技统计年鉴》（2008～2017 年）、《湖北统计年鉴》（2008～2017 年）整理。

6.3.3　湖北高新技术产业新产品开发及销售情况分析

1. 高新技术产业新产品开发项目数情况

图 6－16 反映了湖北 2007～2016 年的高新技术产业新产品开发项目数及其增长率。湖北高新技术产业新产品开发项目数由 2007 年的 612 项增至 2016 年的 2518 项，年均增长率为 17.02%。湖北高新技术产业新产品开发项目波动较大，在 2008 年和 2009 年大幅上涨，其中 2009 年同比增长 102.71%，在 2010 年、2013 年和 2015 年有所下滑，其中 2010 年跌幅较大，达 40.54%。

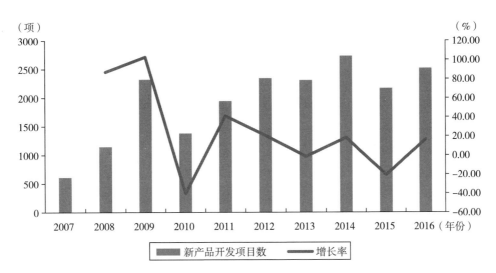

图 6－16　2007～2016 年湖北高新技术产业新产品开发项目数及其增长率

资料来源：根据《湖北统计年鉴》（2008～2017 年）整理。

2. 高新技术产业新产品开发经费支出情况

图6-17反映了湖北2008~2016年的高新技术产业新产品开发经费支出及其增长率。湖北高新技术产业新产品开发经费支出由2008年的151387万元增至2016年的1210998万元,年均增长率近30%,可见对新产品开发的投入越来越重视。湖北高新技术产业新产品开发经费支出在2011年增幅最大,同比增长93.07%,之后的每年都保持着较为稳定的增长率逐年上涨。

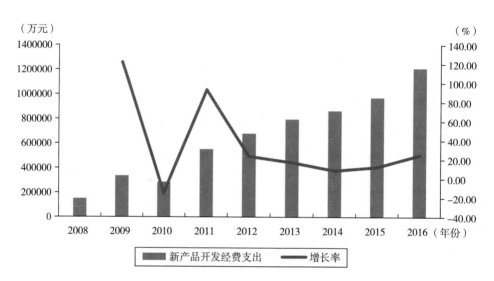

图6-17 2008~2016年湖北高新技术产业新产品开发经费支出及其增长率

资料来源:根据《湖北统计年鉴》(2009~2017年)整理。

3. 高新技术产业新产品销售收入情况

图6-18反映了湖北2009~2016年的高新技术产业新产品销售收入及其增长率。湖北高新技术产业新产品销售收入由2009年的2400591万元增至2016年的8266544万元,年均增长率达19.32%。湖北高新技术产业新产品销售收入在2012年增幅较大,同比增长47.62%,2013~2015年保持着较为稳定的增长率,2016年增幅较小,之后的每年都保持着较为稳定的增长率逐年上涨。

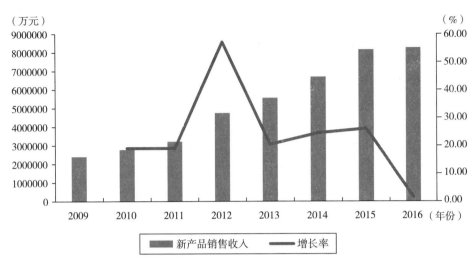

图 6 – 18　2009～2016 年湖北高新技术产业新产品销售收入及其增长率

资料来源：根据《湖北统计年鉴》（2010～2017 年）整理。

6.3.4　高新技术产业技术获取及技术改造情况分析

1. 高新技术产业技术引进经费支出情况

图 6 – 19 反映了湖北 2007～2016 年的高新技术产业技术引进经费支出及其增长率。湖北高新技术产业技术引进经费支出由 2007 年的 36916 万元波动

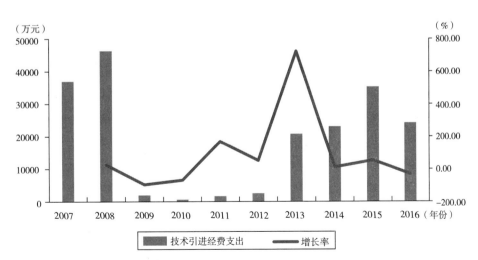

图 6 – 19　2007～2016 年湖北高新技术产业技术引进经费支出及其增长率

资料来源：根据《湖北统计年鉴》（2008～2017 年）整理。

跌至 2016 年的 24163 万元，年均跌幅达 4.6%。湖北高新技术产业引进经费支出在 2009～2012 年大幅下跌，虽然 2013 年后逐渐恢复，但技术引进经费仍不如 2007 年和 2008 年。

2. 高新技术产业消化吸收经费支出情况

图 6-20 反映了湖北 2007～2016 年的高新技术产业消化吸收经费支出及其增长率。湖北高新技术产业消化吸收经费支出由 2007 年的 2404 万元波动增至 2016 年的 3111 万元，年均增幅达 2.91%。湖北高新技术产业消化吸收经费支出波动较大，在 2008～2010 年及 2015 年较前一年都出现下跌现象，在 2014 年的支出又大幅增加，达到近几年的最高点，但在 2015 年和 2016 年大幅回落，极不稳定。

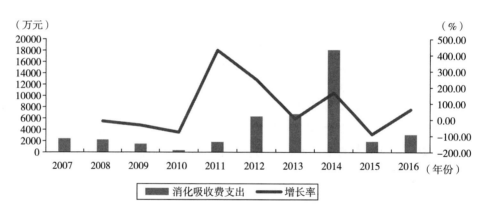

图 6-20　2007～2016 年湖北高新技术产业消化吸收经费支出及其增长率

资料来源：根据《湖北统计年鉴》（2008～2017 年）整理。

3. 高新技术产业购买境内技术经费支出情况

图 6-21 反映了湖北 2007～2016 年的高新技术产业购买境内技术经费支出及其增长率。湖北高新技术产业购买境内技术经费支出由 2007 年的 3842 万元波动增至 2016 年的 5718 万元，年均增幅达 4.52%。湖北高新技术产业消化吸经费支出波动较大，2009～2012 年较 2008 年支出较少，但 2013 年大幅增加，达到近几年最高点，随后又出现下滑，2015 年和 2016 年逐渐恢复。

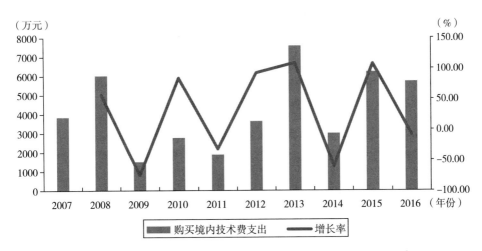

图 6-21 2007～2016 年湖北高新技术产业购买境内技术经费支出及其增长率

资料来源：根据《湖北统计年鉴》（2008～2017 年）整理。

4. 高新技术产业技术改造经费支出情况

图 6-22 反映了湖北 2007～2016 年的高新技术产业技术改造经费支出及其增长率。湖北高新技术产业技术改造经费支出由 2007 年的 1881 万元波动增至 2016 年的 59409 万元，年均增幅达 46.76%，增长迅速。湖北高新技术

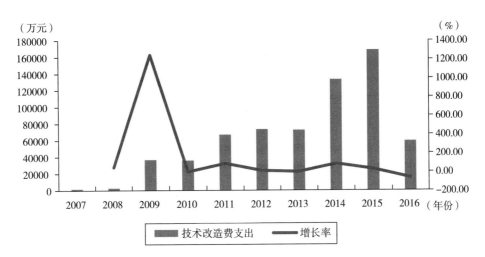

图 6-22 2007～2016 年湖北高新技术产业技术改造经费支出及其增长率

资料来源：根据《湖北统计年鉴》（2008～2017 年）整理。

产业技术改造经费支出在 2008~2015 年增长迅速，在 2015 年达到最高值后，2016 年大幅回落。

从以上分析可见，相较于湖北高新技术产业其他方面情况，技术获取和技术改造方面的发展不够稳定，波动较大，而技术改造和获取是影响高新技术产业发展的重要因素之一，湖北高新技术产业要更加关注技术获取和技术改造方面的发展情况。

6.3.5 高新技术产业进出口贸易情况分析

1. 高新技术产业出口贸易额情况

图 6-23 反映了湖北 2009~2016 年的高新技术产业出口贸易额及其增长率。湖北高新技术产业出口贸易额由 2009 年的 2042 百万美元逐年增至 2016 年的 9409 百万美元，年均增幅达 24.39%，增长较为平稳。

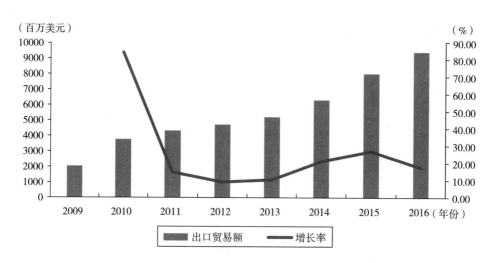

图 6-23　2009~2016 年湖北高新技术产业出口贸易额及其增长率

资料来源：根据《湖北统计年鉴》（2010~2017 年）整理。

2. 高新技术产业进口贸易额情况

图 6-24 反映了湖北 2009~2016 年的高新技术产业进口贸易额及其增长率。湖北高新技术产业进口贸易额由 2009 年的 1873 百万美元增至 2016 年的 5656 百万美元，年均增幅达 17.1%。

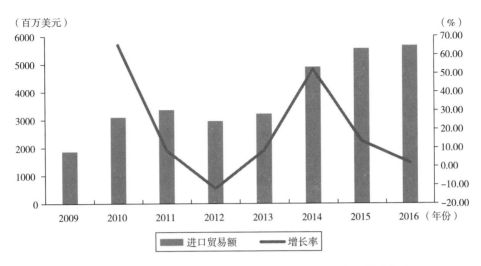

图6-24　2009~2016年湖北高新技术产业进口贸易额及其增长率

资料来源：根据《湖北统计年鉴》（2010~2017年）整理。

6.4　湖北工业创新能力评价及全国比较研究

6.4.1　工业企业创新能力的评价方法选择

湖北工业企业创新能力评价实质上是一种投入产出效率的评价。在进行评价时，需考虑多个投入与产出指标，其中多数指标难以预先设置生产函数和权重。DEA模型以同类为参考系来进行比较分析，对于多投入、多产出的技术创新活动具有较好的适用性。此外，DEA模型优于其他方法模型的突出特点是它无需预先设置生产函数和权重，在评价过程中更具有客观性。DEA模型采用统计数据所进行的运算，不受输入和输出指标量纲选取的限制，且不需要预先对指标进行相关分析，使操作简单易行。鉴于以上原因，选择DEA方法来对湖北工业企业创新能力进行评价。

6.4.2　工业企业创新能力的评价指标体系设计

为了使企业了解自身在自主创新活动方面的能力、潜力或不足，并为国家宏观管理及制定政策提供参考，需要建立一个科学、系统的企业自主创新能力评价体系，包括建立科学可行的评价指标体系及应用科学的评价方法进行能力评价。

评价指标的选择和量化是建立评价模型的基础，也是决定评价结果优劣的关键，建立评价指标体系时要遵循以下几个基本原则。

1. 科学性原则

为了能反映出企业自主技术创新能力的内涵与规律，指标选择要有代表性，完整性和系统性，即指标体系的设计要力求科学、准确地反映企业自主创新能力的本质、特征及指标之间的关系和层次结构。

2. 可比性原则

指标选择要口径一致，有利于企业的不同时期之间、不同企业之间的对比，促进企业自主创新能力的培育和提高。

3. 可操作性原则

即设计的指标应具有可采集性的特点，能从各种统计资料中直接或间接获取。指标选择相对简单，做到指标少而精，计算公式科学合理，利于掌握与推广。

4. 互斥性原则

指各指标之间尽量不要相互包容，要保持各指标之间的独立性，避免在评价时，部分指标被重复考虑，影响评价结果的客观性。

根据指标选取的科学性、一致性和可比性等原则，结合湖北工业的发展现状，从投入和产出两个方面对湖北工业的创新能力评价体系进行指标构建。创新能力的投入包括财力投入、人力投入、物力投入、信息资源投入等要素，其中，财力投入是企业进行创新活动所必不可少的基础条件，而人力资源是企业进行创新的核心要素。基于以上原则，从人力投入和财力投入两个方面选取了3个创新的投入指标，分别是R&D人员合计、R&D经费内部支出、新产品开发经费。科技成果的产出和科技成果的转化及产业化是企业创新能力的关键要素，对企业的可持续发展有着重要影响，因此从新产品产出和科技成果产出两个方面选取了3个创新能力的产出指标，分别是新产品销售收入、R&D项目数、专利申请数（见表6-8）。

表 6 - 8　　　　　　　　　**湖北工业企业创新能力评价体系**

项目	类别	指标
科技资源投入	人力投入	R&D 人员合计
	财力投入	R&D 经费内部支出
		新产品开发经费
科技资源产出	新产品产出	新产品销售收入
	科技成果产出	R&D 项目数
		专利申请数

6.4.3　工业创新能力的评价分析

按照表 6 - 8 湖北工业创新能力评价指标体系，选取了 2009 ~ 2016 年 31 个地区作为研究对象进行分析（2008 年之前数据统计口径不一致，故从 2009 年起开始分析），得到以下分析结果（见表 6 - 9）。

表 6 - 9　　　　　　　　　**湖北工业创新能力评价测评结果**

地区	综合效率	纯技术效率	规模效率	规模收益变动情况
北　京	0.833	0.971	0.857	drs
天　津	1	1	1	—
河　北	0.575	0.837	0.687	drs
山　西	0.401	0.506	0.791	drs
内蒙古	0.522	0.556	0.940	drs
辽　宁	0.593	0.675	0.878	drs
吉　林	1	1	1	—
黑龙江	0.532	0.881	0.603	drs
上　海	0.970	1	0.970	drs
江　苏	0.580	1	0.580	drs
浙　江	0.850	1	0.850	drs
安　徽	0.664	0.786	0.845	drs
福　建	0.637	0.719	0.886	drs
江　西	0.577	0.918	0.629	drs

地区	综合效率	纯技术效率	规模效率	规模收益变动情况
山 东	0.656	1	0.656	drs
河 南	0.628	0.813	0.771	drs
湖 北	0.570	0.679	0.839	drs
湖 南	0.801	0.823	0.974	drs
广 东	1	1	1	—
广 西	0.990	1	0.990	drs
海 南	1	1	1	—
重 庆	1	1	1	—
四 川	0.794	1	0.794	drs
贵 州	0.969	0.970	0.999	irs
云 南	0.632	0.723	0.873	drs
西 藏	1	1	1	—
陕 西	0.558	0.899	0.621	drs
甘 肃	0.582	0.797	0.730	drs
青 海	0.549	0.556	0.987	drs
宁 夏	0.753	1	0.753	drs
新 疆	0.914	1	0.914	drs
均 值	0.746	0.875	0.852	

注：drs 表示规模报酬递减，irs 表示规模报酬递增，—表示规模报酬不变。

资料来源：根据《中国科技统计年鉴》（2009～2017 年）、《湖北统计年鉴》（2009～2016 年）计算整理。

1. 工业创新能力技术效率指数处于较为靠后位置

技术效率值（综合效率值）是反映在既定投入（或产出）的情况下，DMU 能够在多大程度上获取产出（或降低投入）的能力，从而用来反映被评价对象整体是否有效。如表 6 - 9 所示，31 个地区的工业创新技术效率指数均值为0.746。其中，天津、吉林、广东、海南、重庆和西藏6个地区工业创新能力技术效率指数为1，处于技术有效状态，且处于最佳规模；其余地区处于技术效率非有效状态，其中广西、上海、贵州、新疆、浙江、北京和湖南7个地区工业创新能力技术效率指数在0.8~1，技术效率较高；辽宁、甘肃、江苏、江西、河北、湖北、陕西、青海、黑龙江、内蒙古和山西11个地区工业创新能力技术效率指数低于0.6，说明这些地区工业创新能力较低。31个地区工业创新技术效率指数只有6个处于技术有效状态，说明大部分地区工业需做出投入产出调整。

2. 工业创新能力纯技术效率指数处于较为靠后位置

纯技术效率是指在既定投入量情况下，产出量是否已达最大状态，是否可以通过优化投入要素结构或加强管理等手段增加产量。由表6-9可知，31个地区工业创新能力的纯技术效率均值为0.875。广东、广西、海南、吉林、江苏、宁夏、山东、上海、四川、天津、西藏、新疆、浙江、重庆14个地区的工业创新能力纯技术效率指数为1，处于纯技术效率有效状态，说明这些地区对于投入资源的使用是有效的；北京、贵州、江西、陕西、黑龙江、河北、湖南、河南8个地区的纯技术效率指数在0.8~1，数值较高；湖北、辽宁、内蒙古、青海和山西3个地区的纯技术效率指数低于0.7，与其他地区有一定的差距。

3. 工业创新能力投入产出规模递减，投入资源未能得到充分利用

规模效率是反映投入量的变化与产出量之间的关系，规模效率越接近于1，表示现阶段生产规模越合适，生产率越大。由表6-9可知，31个地区的工业企业创新能力投入产出存在着规模收益递增、规模收益不变和规模收益递减这三种状态。其中，天津、吉林、广东、海南、重庆和西藏6个地区工业创新能力投入产出规模收益不变；贵州工业创新能力投入产出规模收益递增，说明工业创新资源投入规模不够，即加大对研发等方面的投入，会带来产出增加大于投入增加，从而提升工业创新能力，因此贵州工业企业要加大这方面的投入；安徽、北京、附近、甘肃、广西、河北、河南、黑龙江、湖北、湖南、江苏、江西、辽宁、内蒙古、宁夏、青海、山东、陕西、上海、四川、新疆、云南、浙江、山西23个地区工业创新能力投入产出规模收益递减，说明造成以上地区工业创新能力不理想的原因投入资源

有一定的浪费，即增加工业创新投入会带来产出增加小于投入增加的结果，形成某种程度的资源浪费。

6.5 湖北综合科技进步水平指数的全国比较分析

6.5.1 湖北科技进步指标情况

国家科学技术部发展计划司通过对"万人专业技术人员数"等32个指标的分析，每年都对全国及各地区科技进步情况进行统计监测，由图6-25可见，湖北综合科技进步水平指数从2003年的33.58增加到2015年的62.84，在全国的位次由第11位上升到第10位，其间有一定的波动——最高达到第9位，最低降到第13位，与各分指标的关系紧密。

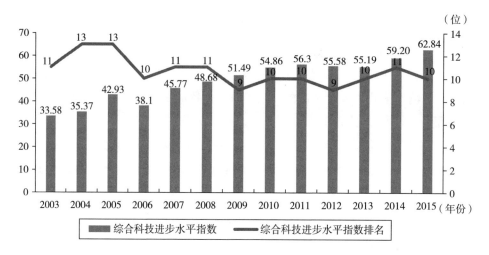

图 6 - 25　2003～2015 年湖北综合科技进步水平监测情况

资料来源：中国科技统计——科技进步统计监测，http://www.sts.org.cn/tjbg/tjjc/tcindex.asp。

6.5.2 湖北科技进步指标分析

由表6-10所示可见，湖北2003～2015年的科技进步各分指标呈现如下特点。

表 6 – 10　　　2003 ~ 2015 年湖北科技进步各分指标监测指数值及排序情况

年份	科技进步环境	科技活动投入	科技活动产出	高新技术产业化	科技促进经济社会发展
2003	35.30(21)	36.61(12)	30.65(5)	31.33(10)	32.47(18)
2004	41.38(10)	36.11(12)	32.83(10)	27.30(15)	38.61(17)
2005	37.32(25)	34.41(14)	41.51(5)	27.15(18)	46.36(13)
2006	42.53(22)	43.67(11)	39.89(7)	38.47(7)	47.54(16)
2007	46.77(16)	46.97(10)	38.72(8)	45.57(7)	49.57(14)
2008	51.29(14)	47.98(12)	39.98(10)	50.26(8)	53.84(15)
2009	54.08(12)	49.91(11)	40.10(10)	49.90(8)	61.10(15)
2010	55.57(13)	52.40(11)	43.80(8)	52.35(8)	67.20(13)
2011	55.66(13)	53.47(10)	47.44(8)	55.18(6)	67.86(13)
2012	51.40(13)	56.16(9)	49.38(9)	55.75(9)	62.37(12)
2013	52.98(11)	57.71(10)	45.53(10)	57.21(8)	60.50(14)
2014	55.31(12)	59.74(10)	54.15(10)	60.62(8)	64.19(15)
2015	55.44(13)	63.99(9)	57.84(10)	64.97(8)	68.86(12)

资料来源：根据中国科技统计——科技进步统计监测整理 http：//www.sts.org.cn/tjbg/tjjc/tcin-dex.asp。

1. 科技进步环境大幅改善

湖北"科技进步环境指数"从 2003 年的 35.30 上升到 2015 年的 55.44，由全国的第 21 位上升到第 13 位，说明湖北的科技进步环境有了较大幅度的改善，为科技引领经济社会发展创造了良好的条件。

2. 科技活动投入大幅增加

湖北"科技活动投入指数"从 2003 年的 36.61 上升到 2015 年的 63.99，由全国的第 12 位上升到第 9 位，说明湖北的科技活动投入要素的数量有了较大幅度增加，但与此同时，全国其他地区的科技投入的力度也都在增加，因此湖北的科技投入的位次增加不多。科技活动投入的大幅增加为科技创新以及科技促进经济社会发展提供了必要的保障。

3. 科技活动产出略有增加

湖北"科技活动产出指数"从 2003 年的 30.65 上升到 2015 年的 57.84，由全国的第 5 位下降到第 10 位，说明湖北的科技活动产出的数量虽有增加，但全国其他地区的科技产出的数量却在大幅增加，从而使湖北的科技活动产出的位次下降。科技活动产出的小幅增加以及位次的下降说明湖北的科技活动产出的效率、效果和效益亟待提升。

4. 高新技术产业化步伐加快

湖北"高新技术产业化指数"从 2003 年的 31.33 上升到 2015 年的 64.97，由全国的第 10 位上升到第 8 位，说明湖北加快了高新技术产业化的步伐，使高新技术成为带动地区产业发展、促进经济社会进步的重要因素。

5. 科技促进经济社会发展作用增强

湖北"科技促进经济社会发展指数"从 2003 年的 32.47 上升到 2015 年的 68.86，由全国的第 18 位上升到第 12 位，说明湖北的科技促进经济社会发展的作用有了较大幅度增强。

6.5.3 湖北与东部地区科技促进社会经济发展指数的比较分析

虽然湖北 2000 年以来的经济取得了快速平稳的发展，但与东部的广东、江苏、山东、浙江、福建等 5 个省份的社会经济增长相比，还存在着很大的差距；而且社会经济发展上的差距，则与区域综合科技进步之间有着密切的联系（见表 6-11）。

表 6-11 　　2005~2015 年湖北与东部 5 省经济增速及湖北经济占比情况比较

项目	广东	江苏	山东	浙江	福建	湖北
2005 年 GDP（亿元）	22366.54	18598.69	18366.90	13417.68	6568.93	6520.14
湖北占比(2005,%)	29.15	35.06	35.50	48.59	99.26	—
2010 年 GDP（亿元）	45472.83	40903.30	39416.20	27227.00	14357.12	15806.09
湖北占比(2010,%)	34.76	38.64	40.10	58.05	110.09	—
2015 年 GDP（亿元）	72812.55	70116.38	63002.33	42886.49	25979.82	29550.19
湖北占比(2015,%)	40.58	42.14	46.90	68.90	113.74	—
"十一五"增幅(%)	103.31	119.93	114.60	102.92	118.56	142.42

续表

项目	广东	江苏	山东	浙江	福建	湖北
"十二五"增幅(%)	60.12	71.42	59.84	57.51	80.95	86.95
"十一五"年均增速(%)	15.21	17.08	16.54	15.21	16.97	19.33
"十一五"年均增速(%)	9.87	11.38	9.83	9.51	12.59	13.33
2005 综合科技进步指数	52.74	50.19	46.90	42.21	40.06	38.17
湖北占比(2005,%)	72.37	76.05	81.39	90.43	95.28	—
2010 综合科技进步指数	67.05	61.33	57.21	55.06	51.79	54.86
湖北占比(2010,%)	81.82	89.45	95.89	99.64	105.93	—
2015 综合科技进步指数	74.73	76.21	63.09	69.40	57.98	62.84
湖北占比(2015,%)	84.09	82.46	99.60	90.55	108.38	—
"十一五"增幅(%)	27.13	22.20	21.98	30.44	29.28	43.73
"十二五"增幅(%)	11.45	24.26	10.28	26.04	11.95	14.55
"十一五"年均增速(%)	4.92	4.09	4.05	5.46	5.27	7.52
"十二五"年均增速(%)	2.19	4.44	1.98	4.74	2.28	2.75

资料来源：根据各地区 2006~2016 年国民经济和社会发展统计公报、中国科技统计——科技进步统计监测整理。

2005~2015 年湖北经济和综合科技进步指数呈现如下特点。

1. 增幅增速很大

2005~2010 年和 2010~2015 年，湖北的经济增长幅度（142.42%、86.59%）和年均增速（19.33%、13.33%）都高于东部5省，而且湖北的综合科技进步的幅度（43.73%）和年均增速（7.52%）在 2005~2010 年也都高于东部5省（最高增幅和最高增速都是山东，分别为30.44%和5.46%），在 2010~2015 年，湖北综合科技进步的幅度有所减缓，但整体而言，增幅还是较大，这一发展上的高速度对于缩小中、东部之间的差距具有重要的作用。

2. 差距逐渐缩小

2005 年湖北的经济总量（6520.14 亿元），分别占广东、江苏、山东、浙江和福建的 29.15%、35.06%、35.50%、48.59% 和 99.26%；2010 年，湖北的经济总量（15806.09 亿元），分别占广东、江苏、山东、浙江和福建的比重达到了 34.76%、38.64%、40.10%、58.05% 和 110.09%；2015 年，湖北的经济总量（29550.19 亿元），分别占广东、江苏、山东、浙江、福建的比重达到了 40.58%、42.14%、46.90%、68.90% 和 113.74%，湖北的经济发展不仅超过了福建，与其他省份之间的差距也在逐渐缩小。

2005 年湖北的综合科技进步水平指数（38.17），仅相当于广东、江苏、山东、浙江和福建的 72.37%、76.05%、81.39%、90.43% 和 95.28%；2010 年湖北综合科技进步水平指数（54.86），相当于广东、江苏、山东、浙江和福建的 81.82%、89.45%、95.89%、99.64% 和 105.93%；2015 年湖北综合科技进步水平指数（62.84），则相当于广东、江苏、山东、浙江和福建的 84.09%、82.46%、99.60%、90.55% 和 108.38%，也超过了福建，基本追平山东，与其他省份之间的差距也在逐渐缩小。

3. 差距依然存在

从 2005 年到 2010 年再到 2015 年，虽然湖北与东部 5 个省份在经济发展和综合科技进步水平之间的差距在不断缩小，且取得了快速的发展，但与东部的广东、江苏、山东、浙江之间的差距依然很大。因此，湖北要在"十三五"期间实现在中部的率先崛起，还须向东部地区不断学习，尤其是要通过贯彻执行科技发展战略方针，以科技促进产业结构调整，使经济更快、更好发展。

第7章
改革开放 40 年湖北开发区的发展研究

7.1　深圳、珠海、汕头、厦门经济特区的设立

创办经济特区，是中共中央、国务院根据邓小平的倡导，在新的历史条件下，顺应世界政治经济形势发展的新趋势，在总结国内外经验教训的基础上，为推进我国改革开放和加速社会主义现代化建设而做出的重大决策和重大步骤。

7.2　中国开发区的总体概况

除了深圳、珠海、汕头、厦门 4 大综合性经济特区以外，国务院还先后批准设立了 12 个综合配套改革试验区（见表 7 - 1）、5 个金融综合改革试验区（见表 7 - 2），海南、喀什、霍尔果斯经济特区（见表 7 - 3），以及 19 个新区（见表 7 - 4）、11 个自由贸易试验区（见表 7 - 5）、219 家经济技术开发区、156 家高新技术产业开发区、135 家海关特殊监管区域（各地区分布见表 7 - 6）、19 家边境/跨境经济合作区以及 23 家其他类型开发区，还有 12 个保税区、63 个出口加工、54 个综合保税区、14 个保税港区、19 个自主创新示范区，此外，还有 1991 家省（自治区、直辖市）人民政府批准设立的开发区（各地区分布见表 7 - 6），几乎囊括了经济特区的所有主要模式。经济发展遵循从"点"到"线"再到"面"的发展路径，而经济特区是做"点"的最好形式。经济特区是中国利用境外资金、技术、人才和管理经验来发展本国和本地经济的重要手段，在我国工业化、城市化和

现代化进程中发挥了重要作用，成为中国实施区域经济发展战略的重要形式。

表 7 - 1　　　　　　　　　　国家综合配套改革试验区分布情况

序号	名称	主体城市	批获时间	性质
1	上海浦东新区	上海	2005 年 6 月	综合配套改革试验区
2	天津滨海新区	天津	2006 年 5 月	综合配套改革试验区
3	重庆市	重庆	2007 年 6 月	全国统筹城乡综合配套改革
4	成都市	成都	2007 年 6 月	全国统筹城乡综合配套改革
5	武汉城市圈	武汉城市圈	2007 年 12 月	两型社会综合配套改革
6	长株潭城市群	长株潭	2007 年 12 月	两型社会综合配套改革
7	深圳市	深圳	2009 年 5 月	综合配套改革
8	沈阳经济区	沈阳	2010 年 4 月	新型工业化综合配套改革
9	山西省	山西	2010 年 12 月	国家资源型经济综合配套改革
10	义乌市	义乌	2011 年 3 月	国际贸易综合改革
11	厦门市	厦门	2011 年 12 月	深化两岸交流合作综合配套改革
12	黑龙江两大平原	黑龙江	2013 年 6 月	现代农业综合配套改革

资料来源：根据中国开发区网相关资料整理，http：//www. cadz. org. cn/kaifa/economy. php。

表 7 - 2　　　　　　　　　　国家级金融综合改革试验区分布情况

序号	名称	所在地	批准时间	试验主题
1	温州金改区	温州	2012 年 3 月	地方金融、民间资本、金融风险
2	珠三角金改区	珠三角	2012 年 7 月	城市金融、农村金融、城乡统筹
3	泉州金改区	泉州	2012 年 12 月	金融服务实体经济
4	滇桂沿边金改区	云南广西	2013 年 11 月	跨境金融
5	青岛金改区	青岛	2014 年 2 月	财富管理

资料来源：根据中国开发区网相关资料整理，http：//www. cadz. org. cn/kaifa/economy. php。

表7－3　　　　　　　　　　　国家级经济特区分布情况

序号	名称	所在地	批准时间
1	深圳经济特区	广东	1980 年 8 月
2	珠海经济特区	广东	1980 年 8 月
3	厦门经济特区	福建	1980 年 10 月
4	汕头经济特区	广东	1981 年 10 月
5	海南经济特区	海南	1988 年 4 月
6	喀什经济特区	新疆	2010 年 5 月
7	霍尔果斯经济特区	新疆	2014 年 6 月

资料来源：根据中国开发区网相关资料整理，http：//www.cadz.org.cn/kaifa/economy.php。

表7－4　　　　　　　　　　　国家级新区分布情况

序号	名称	所在地	批获时间	面积（平方千米）
1	浦东新区	上海	1992 年 10 月	1210.41
2	滨海新区	天津	2005 年 10 月	2270
3	两江新区	重庆	2010 年 6 月	1200
4	舟山群岛新区	舟山	2011 年 6 月	陆地 1440/海域 20800
5	兰州新区	兰州	2012 年 8 月	1700
6	南沙新区	广州	2012 年 9 月	803
7	西咸新区	西安、咸阳	2014 年 1 月	882
8	贵安新区	贵阳、安顺	2014 年 1 月	2451
9	西海岸新区	青岛	2014 年 6 月	陆地 2096/海域 5000
10	金普新区	大连	2014 年 6 月	2299
11	天府新区	成都、眉山、资阳	2014 年 10 月	1578
12	湘江新区	长沙	2015 年 4 月	490
13	江北新区	南京	2015 年 6 月	2451
14	福州新区	福州	2015 年 9 月	1892
15	滇中新区	昆明	2015 年 9 月	482
16	哈尔滨新区	哈尔滨	2015 年 12 月	493
17	长春新区	长春	2016 年 2 月	499
18	赣江新区	南昌	2016 年 6 月	465
19	雄安新区	雄县、容城、安新	2017 年 4 月	2000

资料来源：根据中国开发区网相关资料整理，http：//www.cadz.org.cn/kaifa/economy.php。

表7-5 国家级自由贸易试验区分布情况

序号	名称	所在地	批准时间	面积(平方公里)
1	中国(上海)自由贸易试验区	上海	2013年9月	120.7
2	中国(广东)自由贸易试验区	广东	2015年4月	116.2
3	中国(天津)自由贸易试验区	天津	2015年4月	119.9
4	中国(福建)自由贸易试验区	福建	2015年4月	118.04
5	中国(辽宁)自由贸易试验区	辽宁	2016年8月	119.89
6	中国(浙江)自由贸易试验区	浙江	2016年8月	119.95
7	中国(河南)自由贸易试验区	河南	2016年8月	119.77
8	中国(湖北)自由贸易试验区	湖北	2016年8月	119.96
9	中国(重庆)自由贸易试验区	重庆	2016年8月	119.98
10	中国(四川)自由贸易试验区	四川	2016年8月	119.99
11	中国(陕西)自由贸易试验区	陕西	2016年8月	119.95

资料来源:根据中国开发区网相关资料整理,http://www.cadz.org.cn/kaifa/economy.php。

表7-6 中国开发区分布情况

序号	地区	国家级经济技术开发区	国家级高新技术产业开发区	海关特殊监管区域	省级开发区
1	北京	1	1	1	16
2	天津	6	1	5	21
3	河北	6	5	4	138
4	山西	4	2	1	20
5	内蒙古	3	3	3	69
6	辽宁	9	8	5	62
7	吉林	5	5	2	48
8	黑龙江	8	3	2	74
9	上海	6	2	10	39
10	江苏	26	17	18	103
11	浙江	21	8	11	82
12	安徽	12	5	4	96
13	福建	10	7	7	67
14	江西	10	7	4	77
15	山东	15	13	9	137

续表

序号	地区	国家级 经济技术开发区	国家级 高新技术产业开发区	海关特殊 监管区域	省级 开发区
16	河南	9	7	3	131
17	湖北	7	9	3	84
18	湖南	8	7	5	109
19	广东	6	12	12	102
20	广西	4	4	4	50
21	海南	1	1	2	2
22	重庆	3	2	3	41
23	四川	8	8	2	116
24	贵州	2	2	3	57
25	云南	5	2	2	63
26	西藏	1	0	0	4
27	陕西	5	7	4	40
28	甘肃	5	2	1	58
29	青海	2	1	0	12
30	宁夏	2	2	1	12
31	新疆	9	3	4	61
合计		219	156	135	1991

资料来源：根据国家发展改革委：《中国开发区审核公告目录》（2018 年版）说明整理，http：//www. ndrc. gov. cn/gzdt/201803/t20180302_878826. html。

自 1984 年设立首批国家级经济技术开发区以来，我国各类开发区发展迅速，成为推动我国工业化、城镇化快速发展和对外开放的重要平台，对促进体制改革、改善投资环境、引导产业集聚、发展开放型经济发挥了不可替代的作用。

国家经济技术开发区和国家高新技术产业开发区是我国开发区中数量最多、分布最广、经济与空间规模最大，因而也是最重要的两类国家级开发区。国家级开发区的建立和发展，有力推动了我国改革开放和区域经济特别是高新技术产业的发展，创造了令世人瞩目的成就，被认为是最能直接体现中国经济发展水平的地方，最具标志性反映中国经济开放程度的地方，最能代表中国科技创新和产业发展水平的地方，最直接呈现我国体制、机制、制度设计水平的地方。

但在开发区发展过程中，也出现了数量过多、布局不合理、低水平重复建设、恶性竞争等问题。为此，2003～2006 年对全国开发区进行了清理整顿。清理整顿后，经国务院同意，国家发展改革委、国土资源部、原建设部发布了 2006 年版《中国开发区审核公告目录》，公告了符合条件的 1568 家开发区，对于促进和规范开发区发展发挥了积极作用。

根据《中共中央国务院关于构建开放型经济新体制的若干意见》《国务院办公厅关于促进开发区改革和创新发展的若干意见》，根据国务院部署，国家发展改革委、科技部、国土资源部、住房城乡建设部、商务部、海关总署会同各地区在"科学规划、合理布局；分类管理，因地制宜；整合资源、集约发展"的原则下开展了《中国开发区审核公告目录》修订工作，以适应开发区发展新形势，形成新的集聚效应和增长动力。

2018 年 2 月 26 日，经国务院同意，国家发展改革委、科技部、国土资源部、住房城乡建设部、商务部、海关总署发布了 2018 年第 4 号公告，公布了 2018 年版《中国开发区审核公告目录》，共包括 2543 家开发区，其中国家级开发区 552 家（国家级经济技术开发区 219 家，国家级高新技术产业开发区 156 家，海关特殊监管区域 135 家，边境/跨境经济合作区 19 家，其他类型开发区 23 家）和省级开发区 1991 家。

2018 年版《中国开发区审核公告目录》体现了区域协调发展，东部地区有 964 家开发区，比 2006 年版增加 216 家；中部地区有 625 家开发区，比 2006 年版增加 224 家；西部地区有 714 家开发区，比 2006 年版增加 425 家；东北地区有 240 家开发区，比 2006 年版增加 110 家。

国家级经济技术开发区是 1984 年我国继设立特区之后，为了进一步推动扩大对外开放，由党中央、国务院开始创办的，到 2016 年 8 月底达到了 219 家。截至 2014 年 9 月底，215 家国家级经济技术开发区的生产总值、第二产业增加值、财政收入、税收收入和进出口在全国占比是：GDP 占到 13.4%，第二产业占到全国的 22.6%，财政收入占到全国的 10.2%，税收收入占到 10%，进出口占到全国 20% 的水平。30 多年来，国家级经济技术开发区已经成为我国推动开放型经济发展，促进工业化、城镇化进程，实现区域发展战略的重要支撑。党的十八届三中、四中全会都对新时期我国全面深化改革和扩大开放提出了更高的要求，国家级经开区面临的国内外形势、肩负的历史使命都在发生深刻的变化：一是构建开放型经济新体制的需要；二是培育吸引外资新优势的需要；三是增强创新驱动发展动力的需要；四是应对资源环境挑战的需要。

2014 年 11 月 21 日，国务院办公厅发布了《关于促进国家级经济技术开发区转型升级创新发展的若干意见》，部署进一步发挥国家级经济技术开发区改革试验田和开放排头兵作用，促进国家级经济技术开发区转型升级、创新发展。该意见指出，为了适应新的形势和任务，国家级经济技术开发区要明确新形势下的发展定位，推进体制机制创新，促进开放型经济发展，推动产业转型升级，坚持绿色集约发展，优化营商环境。该意见明确，新时期国家级经济技术开发区的发展定位要实现"三个成为"，即成为带动地区经济发展和实施区域发展战略的重要载体，成为构建开放型经济新体制和培育吸引外资新优势排头兵，成为科技创新驱动和绿色集约发展的示范区。国家级经济技术开发区要在发展理念、兴办模式、管理方式等方面完成"四个转变"，即由追求速度向追求质量转变；由政府主导向市场主导转变；由同质化竞争向差异化发展转变；由硬环境见长向软环境取胜转变。该意见还进一步明确了对国家级经济技术开发区实施分类指导和动态管理的原则，要求强化约束和倒逼机制，细化完善监督考核评价体系，引导国家级经济技术开发区走质量效益型发展之路。

7.3 开发区对湖北工业经济发展的作用研究

7.3.1 各类开发区在湖北的分布概况

在 2018 年版《中国开发区审核公告目录》中，在 219 家国家级经济开发区中湖北有 7 家，分别是武汉临空港经济技术开发区、武汉经济技术开发区、黄石经济技术开发区、十堰经济技术开发区、襄阳经济技术开发区、鄂州葛店经济技术开发区和荆州经济技术开发区；在 156 家国家高新技术产业开发区中，湖北有 10 家，分别是武汉东湖高新技术开发区、襄阳高新技术产业开发区、宜昌高新技术产业开发区、荆门高新技术产业开发区、孝感高新技术产业开发区、黄冈高新技术产业开发区、咸宁高新技术产业开发区、随州高新技术产业开发区、仙桃高新技术产业开发区、荆州高新技术产业开发区；①

---

① 2018 年 3 月，国务院批准荆州高新区技术产业开发区为国家高新技术产业开发区，由原华中农业高新技术产业开发区（2012 年由湖北省人民政府批准成立）和荆州城南经济开发区（1992 年由湖北省人民政府批准成立）并区更名而成。不包含在 2018 年版《中国开发区审核公告目录》中。

在全国 1991 家省级开发区中，湖北仅有 84 家，总计 100 家（见表 7 - 7）；相比修订工作之前的 131 家，减少了 31 家（见表 7 - 8）。

表 7 - 7　　　　　　　　　　湖北省开发区分布情况

所在地	序号	开发区名称	开发区级别
武汉市	1	武汉江岸经济开发区	省级 2006.08
	2	武汉江汉经济开发区	省级 2006.08
	3	武汉硚口经济开发区	省级 2006.08
	4	武汉汉阳经济开发区	省级 2006.08
	5	武汉武昌经济开发区	省级 2006.08
	6	武汉青山经济开发区	省级 2006.08
	7	武汉洪山经济开发区	省级 2006.03
	8	武汉临空港经济技术开发区	国家级 2010.11
	9	武汉汉南经济开发区	省级 2006.03
	10	武汉蔡甸经济开发区	省级 2006.03
	11	武汉江夏经济开发区	省级 2006.03
	12	武汉盘龙城经济开发区	省级 2006.03
	13	武汉阳逻经济开发区	省级 2006.04
	14	武汉经济技术开发区	国家级 1993.04
	15	武汉东湖新技术产业开发区	国家高新区 1991.03
黄石市	16	湖北西塞山工业园区	省级 2008.08
	17	黄石经济技术开发区	国家级 2010.03
	18	湖北阳新经济开发区	省级 2006.08
	19	黄石大冶湖高新技术产业园区	省级 1995.01
十堰市	20	十堰经济技术开发区	国家级 2012.12
	21	湖北郧阳区经济开发区	省级 2006.08
	22	湖北郧西工业园区	省级 2006.08
	23	湖北竹山经济开发区	省级 2008.06
	24	湖北竹溪工业园区	省级 2006.08
	25	湖北房县工业园区	省级 2006.08
	26	湖北丹江口经济开发区	省级 2006.08

续表

所在地	序号	开发区名称	开发区级别
宜昌市	27	湖北西陵经济开发区	省级 2006.08
	28	湖北伍家岗工业园区	省级 2006.04
	29	湖北点军工业园区	省级 2008.02
	30	湖北夷陵经济开发区	省级 2006.03
	31	湖北远安工业园区	省级 2006.03
	32	湖北兴山经济开发区	省级 2009.09
	33	湖北秭归经济开发区	省级 2006.03
	34	湖北长阳经济开发区	省级 2006.05
	35	湖北五峰工业园区	省级 2006.08
	36	宜昌高新技术产业开发区	国家高新区 2010.11
宜昌市	37	宜都高新技术产业园区	省级 2004.07
	38	湖北当阳经济开发区	省级 1997.09
	39	湖北枝江经济开发区	省级 1994.08
襄阳市	40	襄阳高新技术产业开发区	国家高新区 1992.11
	41	襄阳经济技术开发区	国家级 2010.04
	42	湖北襄城经济开发区	省级 2008.06
	43	湖北樊城经济开发区	省级 2006.03
	44	湖北襄州经济开发区	省级 1996.12
	45	湖北南漳经济开发区	省级 2006.03
	46	湖北谷城经济开发区	省级 2006.03
	47	湖北保康经济开发区	省级 2008.06
	48	湖北老河口经济开发区	省级 2006.08
	49	湖北枣阳经济开发区	省级 2006.03
	50	湖北宜城经济开发区	省级 2006.03
鄂州市	51	湖北鄂州花湖经济开发区	省级 2000.07
	52	湖北葛店经济技术开发区	国家级 2012.07
荆门市	53	湖北东宝工业园区	省级 2008.02
	54	荆门高新技术产业开发区	国家高新区 2013.12
	55	湖北京山经济开发区	省级 1992.08
	56	湖北沙洋经济开发区	省级 2006.03
	57	湖北钟祥经济开发区	省级 1996.11

续表

所在地	序号	开发区名称	开发区级别
孝感市	58	孝感高新技术产业开发区	国家高新区 2012.08
	59	湖北孝昌经济开发区	省级 1996.10
	60	湖北大悟经济开发区	省级 2006.03
	61	湖北安陆经济开发区	省级 1995.05
	62	湖北汉川经济开发区	省级 1996.08
荆州市	63	荆州高新技术产业开发区	国家级高新区 2018.03
	64	荆州经济技术开发区	国家级 2011.06
	65	湖北公安经济开发区	省级 1991.07
	66	湖北监利经济开发区	省级 2006.03
	67	湖北江陵经济开发区	省级 2008.02
	68	湖北石首经济开发区	省级 2001.05
	69	湖北洪湖经济开发区	省级 1996.12
	70	湖北松滋经济开发区	省级 2006.03
黄冈市	71	黄冈高新技术产业开发区	国家级高新区 2017.02
	72	湖北黄州火车站经济开发区	省级 2006.03
	73	湖北团风经济开发区	省级 2006.03
	74	红安高新技术产业园区	省级 2006.03
	75	湖北罗田经济开发区	省级 2008.06
	76	湖北英山经济开发区	省级 2008.06
	77	湖北浠水经济开发区	省级 2006.03
	78	湖北蕲春李时珍医药工业园区	省级 2006.03
	79	湖北黄梅经济开发区	省级 1992.01
	80	湖北麻城经济开发区	省级 1994.08
	81	湖北武穴经济开发区	省级 1999.10
咸宁市	82	湖北嘉鱼经济开发区	省级 2006.03
	83	湖北通城经济开发区	省级 2006.08
	84	湖北崇阳工业园区	省级 2008.02
	85	湖北通山经济开发区	省级 2008.06
	86	咸宁高新技术产业开发区	国家高新区 2017.02
	87	湖北赤壁经济开发区	省级 2006.06

续表

所在地	序号	开发区名称	开发区级别
随州市	88	湖北随州经济开发区	国家高新区 2015.09 *
恩施自治州	89	湖北恩施经济开发区	省级 1992.10
	90	湖北利川经济开发区	省级 2006.08
	91	湖北建始工业园区	省级 2008.08
	92	湖北巴东经济开发区	省级 2008.06
	93	湖北宣恩工业园区	省级 2006.08
	94	湖北咸丰工业园区	省级 2008.08
	95	湖北来凤经济开发区	省级 2001.12
	96	湖北鹤峰经济开发区	省级 2006.08
仙桃市	97	仙桃高新技术产业园区	国家高新区 2015.09
潜江市	98	潜江高新技术产业园区	省级 2012.12
天门市	99	湖北天门经济开发区	省级 2011.07
神农架林区	100	湖北神农架林区盘水生态产业园区	省级 2012.12

注：仙桃高新园区整合了原仙桃经济开发区、仙桃高新区和仙桃工业园；随州高新园区整合了原随州经济开发区、曾都经济开发区、广水经济开发区、随县经济开发区（筹）。

资料来源：根据国家发展改革委：《中国开发区审核公告目录》（2018 年版）说明整理。

表 7-8　湖北省开发区未纳入 2018 年版《中国开发区审核公告目录》名单

序号	开发区名称	序号	开发区名称
1	湖北黄石港工业园区	12	湖北荆门化工循环产业园
2	湖北黄石新港工业园区	13	湖北屈家岭经济开发区
3	湖北下陆长乐山工业园区	14	钟祥胡集经济开发区
4	大冶灵成工业园	15	湖北孝南经济开发区
5	湖北五峰民族工业园	16	湖北云梦经济开发区
6	枝江安福寺工业园	17	湖北应城经济开发区
7	襄阳鱼梁洲经济开发区	18	湖北沙市经济开发区
8	襄阳工业园	19	洪湖府场经济开发区
9	谷城石花经济开发区	20	黄州工业园
10	枣阳吴店工业园	21	湖北龙感湖工业园区
11	湖北鄂州经济开发区	22	蕲春经济开发区

193

序号	开发区名称	序号	开发区名称
23	湖北咸安经济开发区	28	湖北恩施自治州经济开发区
24	湖北赤壁蒲纺工业园区	29	仙桃彭场工业园
25	湖北曾都经济开发区	30	潜江张金经济开发区
26	湖北随县经济开发区	31	潜江园林经济开发区
27	湖北广水经济开发区		

资料来源：根据国家发展改革委《中国开发区审核公告目录》（2018 年版）、《湖北统计年鉴》（2017 年）整理。

在 2013 年 1 月商务部公布的"2011 年度国家级经济技术开发区综合发展水平评价结果"中，武汉经济技术开发区位列 14 名，襄阳经济技术开发区位列 34 名，黄石经济技术开发区位列 43 名，且在社会发展指数、生态环境指数、科技创新指数、经济发展指数以及总指数排名前 10 位的国家级经开区中都没有湖北省的国家级开发区（见表 7 - 9），只有武汉经济技术开发区的体制创新指数得分为满分，与天津国家级经开区等 29 个国家级开发区并列第一。

表 7 - 9　　　　　　　　2011 年各项指数排名前 10 位国家级经开区

排序	社会发展指数	生态环境指数	科技创新指数	经济发展指数	总指数
1	苏州	苏州	漕泾河	天津	天津
2	烟台	昆山	苏州	广州	苏州
3	天津	天津	昆山	苏州	广州
4	大连	金桥	北京	昆山	昆山
5	昆山	广州	天津	青岛	青岛
6	广州	漕泾河	广州	大连	烟台
7	漕泾河	南京	烟台	北京	北京
8	青岛	烟台	哈尔滨	烟台	漕泾河
9	长春	扬州	青岛	金桥	大连
10	成都	杭州	长春	沈阳	南京

资料来源：根据中国商务部网站资料整理，http：//ezone. mofcom. gov. cn/article/u/。

2018 年 5 月 10 日，商务部完成了 2017 年国家级经济技术开发区综合发展水平考核评价工作，对全部 219 家国家级经开区的 2016 年产业基础、科技创新、区域带动、生态环保、行政效能等方面情况，进行了全面"体检"和量化评价。这是商务部贯彻党的十九大精神，加快形成推动高质量发展指标体系、评价体系、政策体系，促进国家级经开区转型升级创新发展的重要举措。

从考核评价结果看，国家级经开区总体保持良好发展态势，主要指标稳中有进、稳中向好，对经济社会发展起到重要的辐射带动作用，呈现出"四升一优"的特点。

（1）产业基础雄厚，质量和效益不断提升。2016 年，219 家国家级经开区的地区生产总值 8.2 万亿元，同比增长 8.5%，占国内生产总值的 11%，高新技术产品进出口贸易额占全国的 24%。

（2）加快培育创新主体，创新驱动发展能力提升。截至 2016 年末，国家级经开区拥有 1.4 万多家高新技术企业，占全国的 13.7%；国家级孵化器和众创空间超过 320 家。2016 年当年新增发明专利授权近 2.8 万件。

（3）协同发展局面形成，区域带动作用提升。2016 年，国家级经开区税收收入占所在设区市税收收入的比重为 11%，比上年提升 1.4 个百分点。截至 2016 年末，219 家国家级经开区参与共建园区 122 个，对口援疆、援藏、援助边境合作区 58 个。

（4）节能减排取得成效，绿色发展水平提升。2016 年，国家级经开区规模以上工业企业单位工业增加值能耗、水耗和主要污染物排放量均明显好于全国平均水平。截至 2016 年末，219 家国家级经开区有超过 1.1 万家企业通过 ISO14000 认证。

（5）管理水平逐步完善，营商环境进一步优化。截至 2016 年末，219 家国家级经开区中，171 家建立了一站式政务服务大厅在线审批平台，147 家通过了 ISO9001 质量管理认证，分别占到全部国家级经开区的 78% 和 67%。

此次考核评价综合排名前 30 名的国家级经开区东部地区有 21 家、中部地区 6 家、西部地区 3 家（见表 7 - 10）。30 家国家级经开区中，既有改革开放初期创建、40 年来一直锐意改革、引领开放的"老字号"国家级经开区，也有近年来刚刚跻身"国家队"行列的后起之秀；既有注重开放创新、优化资源配置的沿海国家级经开区，也有注重学习复制、承接产业转移收效明显的中西部地区和东北老工业基地国家级经开区。总体上呈现百花齐放、各有亮点的新气象、新作为。这也充分说明，国家级经开区认真贯彻领会习近平新时代中国特色社会主义思想，全面深化改革扩大开放，已经迈出了坚实步伐、取得了转型升级攻坚战的阶段性成果。2017年各项指数排名前10位的国家级经开区如表7-11所示。

表7-10　　　　　　2017国家级经开区考核评价综合排名前30名单

排序	国家级经开区	省市	排序	国家级经开区	省市
1	苏州工业园区	江苏	16	上海漕河泾新兴技术开发区	上海
2	天津经济技术开发区	天津	17	嘉兴经济技术开发区	浙江
3	广州经济技术开发区	广东	18	宁波经济技术开发区	浙江
4	北京经济技术开发区	北京	19	长春经济技术开发区	吉林
5	青岛经济技术开发区	山东	20	北辰经济技术开发区	天津
6	昆山经济技术开发区	江苏	21	沈阳经济技术开发区	辽宁
7	江宁经济技术开发区	江苏	22	西安经济技术开发区	陕西
8	烟台经济技术开发区	山东	23	武汉经济技术开发区	湖北
9	哈尔滨经济技术开发区	黑龙江	24	长沙经济技术开发区	湖南
10	南街经济技术开发区	江苏	25	徐州经济技术开发区	江苏
11	合肥经济技术开发区	安徽	26	常熟经济技术开发区	江苏
12	成都经济技术开发区	四川	27	广州南沙经济技术开发区	广东
13	杭州经济技术开发区	浙江	28	连云港经济技术开发区	江苏
14	大连经济技术开发区	辽宁	29	绵阳经济技术开发区	四川
15	芜湖经济技术开发区	安徽	30	西青经济技术开发区	天津

资料来源：http：//mini. eastday. com/bdmip/180510221336891. html.

表 7 – 11 2017 年各项指数排名前 10 位国家级经开区一览

排序	产业基础	科技创新	利用外资	对外贸易
1	天津经济技术开发区	苏州工业园区	天津经济技术开发区	苏州工业园区
2	苏州工业园区	广州经济技术开发区	长春经济技术开发区	昆山经济技术开发区
3	广州经济技术开发区	北京经济技术开发区	广州经济技术开发区	天津经济技术开发区
4	昆山经济技术开发区	江宁经济技术开发区	宁波经济技术开发区	广州经济技术开发区
5	青岛经济技术开发区	上海漕河泾经济技术开发区	武汉经济技术开发区	广州南沙经济技术开发区
6	烟台经济技术开发区	天津经济技术开发区	青岛经济技术开发区	烟台经济技术开发区
7	南京经济技术开发区	芜湖经济技术开发区	哈尔滨经济技术开发区	青岛经济技术开发区
8	武汉经济技术开发区	陕西航天经济技术开发区	苏州工业园区	宁波经济技术开发区
9	广州南沙经济技术开发区	绵阳经济技术开发区	嘉兴经济技术开发区	大连经济技术开发区
10	合肥经济技术开发区	哈尔滨经济技术开发区	长春汽车经济技术开发区	北京经济技术开发区

资料来源：http://mini.eastday.com/bdmip/180510221336891.html.

7.3.2 开发区的实际占地面积不足湖北的 1.5%

湖北开发区的实际占地面积从 2007 年的 724.0 平方千米增加到 2016 年的

2552.7 平方千米，截至 2016 年开发区的实际占地面积还不足湖北 18.59 万平方千米的 1.5% （见图 7 –1）。

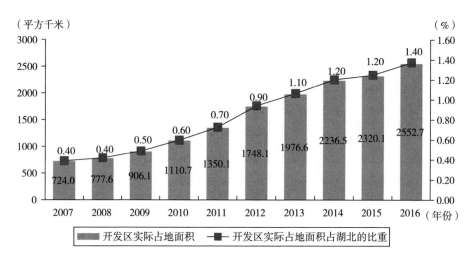

图 7 –1 2007～2016 年湖北开发区实际占地面积及占湖北比重变化

资料来源：根据《湖北统计年鉴》（2008～2017 年）整理。

7.3.3 开发区的从业人员超过湖北的 12%

湖北开发区从业人员数从 2007 年的 172.92 万人增加到 2016 年的 465.66 万人，占湖北从业人员数的比重从 2007 年的 4.82% 增加到 2016 年的 12.82% （见图 7 –2），2007～2016 年平均占比达到 9.37%；而开发区规模以上从业人员数则从 2007 年的 94.31 万人增加到 2016 年的 252.62 万人，占湖北从业人员数的比重从 2007 年的 47.07% 增加到 2016 年的 74.41% （见图 7 –3），2007～2016 年平均占比达到 64.64%，成为湖北从业人员，尤其是规模以上工业从业人员的重要基地。

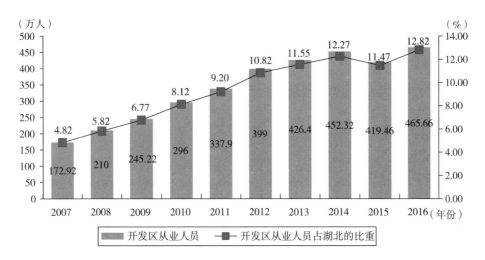

图7-2 2007~2016年湖北开发区从业人员及占湖北比重变化

资料来源：根据《湖北统计年鉴》（2008~2017年）整理。

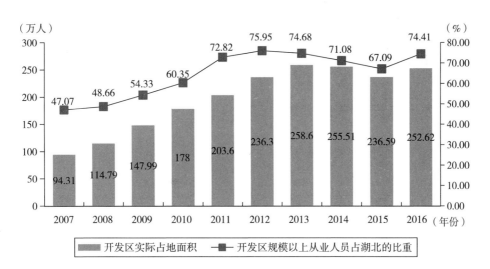

图7-3 2007~2016年湖北开发区规模以上从业人员及占湖北比重变化

资料来源：根据《湖北统计年鉴》（2008~2017年）整理。

7.3.4　开发区的固定资产投资几乎接近湖北的 50%

湖北开发区的固定资产投资总额从 2007 年的 1088.73 亿元增加到 2016 年的 14712.03 亿元，占湖北固定资产投资总额的比重从 2007 年的 24.01% 增加到 2016 年的 49.86%（见图 7 - 4），2007~2016 年平均占比达到 39.21%。

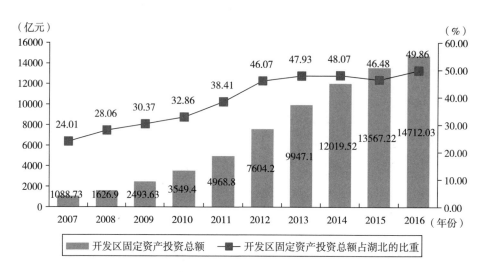

图 7 - 4　2007~2016 年湖北开发区固定资产投资及占湖北比重变化

资料来源：根据《湖北统计年鉴》（2008~2017 年）整理。

7.3.5　开发区的外商投资金额年均超过湖北的 50%

外商投资金额从 2007 年的 18.06 亿美元增加到 2016 年的 55.16 亿美元，占湖北外商投资金额的比重从 2007 年的 65.29%，到 2010 年占比达到最高的 98.02%，之后逐年减少，到 2016 年为 54.46%（见图 7 - 5），2007~2016 年平均占比达到 74.40%。

随着实际占地面积、从业人员数量、固定资产投资、外商投资金额等投入要素的不断快速增加，开发区在湖北工业发展中的作用也日益凸显。

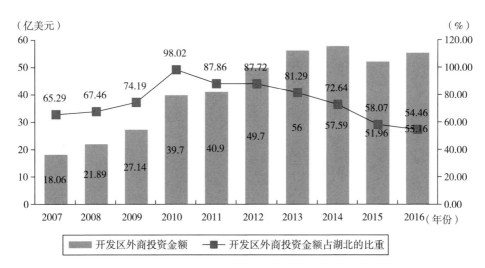

图 7-5 2007~2016 年湖北开发区外商投资金额及占湖北比重变化

资料来源：根据《湖北统计年鉴》（2008~2017 年）整理。

7.3.6 开发区的规模以上工业总产值年均超过湖北的 50%

开发区的规模以上工业总产值从 2007 年的 5072.88 亿元增加到 2016 年的 35531.78 亿元，占湖北规模以上工业总产值的比重从 2007 年的 52.83% 增加到 2016 年的 72.86%（见图 7-6），2007~2016 年平均占比达到 66.35%。

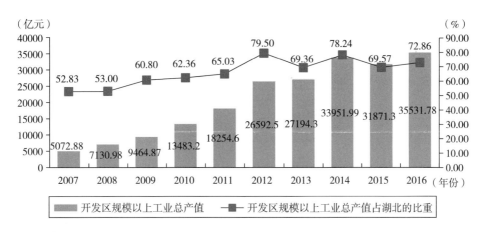

图 7-6 2007~2016 年湖北开发区规模以上工业总产值及占湖北比重变化

资料来源：根据《湖北统计年鉴》（2008~2017 年）整理。

7.3.7 开发区的规模以上工业主营业务收入年均超过湖北的50%

开发区的规模以上工业主营业务收入从2007年的4641.48亿元增加到2016年的32764.66亿元,占湖北规模以上工业主营业务收入的比重从2007年的49.43%增加到2016年的71.46%(见图7-7),2007~2016年平均占比达到64.16%。

图7-7 2007~2016年湖北开发区规模以上工业主营业务收入及占湖北比重变化

资料来源:根据《湖北统计年鉴》(2008~2017年)整理。

7.3.8 开发区的税收总额年均超过湖北的50%

开发区的税收总额从2007年的298.91亿元增加到2016年的1657.25亿元,占湖北税收总额的比重从2007年的51.42%增加到2016年的81.19%(见图7-8),2007~2016年平均占比达到67.79%。

7.3.9 开发区的出口总额年均超过湖北的50%

开发区的出口总额从2007年的38.62亿美元增加到2016年的203.13亿美元,占湖北出口总额的比重从2007年的47.25%增加到2016年的77.91%(见图7-9),2007~2016年平均占比达到65.98%。

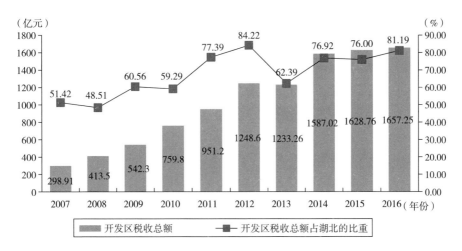

图 7 - 8 2007～2016 年湖北开发区税收总额及占湖北比重变化

资料来源：根据《湖北统计年鉴》（2008～2017 年）整理。

图 7 - 9 2007～2016 年湖北开发区规模以上工业总产值及占湖北比重变化

资料来源：根据《湖北统计年鉴》（2008～2017 年）整理。

7.4 湖北开发区经济发展的比较研究

由于湖北仅从 2007 年开始对开发区的相关指标进行统计，因此以下将对 2007～2016 年湖北开发区的占地面积、企业数量、从业人员、工业产值、固定资产投资、施工项目数量、税收总额、招商引资总额、出口总额等情况进行分析（见表 7 - 12）。

表 7 - 12　　　　　2007～2016 年湖北开发区主要经济指标变化情况

序号	指标	单位	2007 年	2008 年	2009 年	2010 年	2011 年	2012 年	2013 年	2014 年	2015 年	2016 年	年均增长率（%）
1	开发区批准规划面积	平方千米	976.9	1 192.4	1 449.9	1 825.6	2 689.0	4 213.4	5 106.9	5 723.6	5 396.7	5 649.3	21.53
2	开发区实际占地面积	平方千米	724.0	777.6	906.1	1 110.7	1 350.1	1 748.1	1 976.6	2 236.5	2 320.1	2 552.7	15.03
3	企业个数	个	33 686	4 6379	50 968	60 277	67 677	71 141	84 468	116 489	127 636	167 696	19.52
4	其中：工业企业	个	11 245	13 980	16 070	19 030	21 639	26 057	29 546	33 420	31 657	37 311	14.26
5	其中：规模以上	个	4 175	5 578	6 834	8 104	7 105	8 227	8 642	10 279	10 182	10 921	11.28
6	高新技术企业	个	3 001	2 998	3 332	1 329	1 454	1 881	1 919	2 820	3 241	4 029	3.33
7	外商投资企业	个	1 343	1 146	1 282	1 352	1 451	1 682	1 734	1 738	1 692	1 914	4.02
8	从业人员	万人	172.92	210	245.22	296	337.9	399	426.4	452.32	419.46	465.66	11.64
9	其中：工业企业	万人	120.07	144.21	181.19	218	248.7	304.3	321.6	329.4	302.97	326.37	11.75
10	其中：规模以上	万人	94.31	114.79	147.99	178	203.6	236.3	258.6	255.51	236.59	252.62	11.57
11	规模以上工业总产值	亿元	5 072.88	7 130.98	9 464.87	13 483.2	18 254.6	26 592.5	27 194.3	33 952.0	31 871.3	35 531.78	24.14
12	人均工业总产值	万元	53.79	62.12	63.96	75.75	89.66	112.54	105.16	132.88	134.71	140.65	11.27
13	规模以上工业增加值	亿元	1 560.18	2 228.92	2 940.07	4 281.6	5 609.6	8 086.7	7 857.3	9 946.15	9 056.32	9 660.41	22.46
14	人均工业增加值	万元	16.54	19.42	19.87	24.05	27.55	34.22	30.38	38.93	38.28	38.24	9.76

续表

序号	指标	单位	2007年	2008年	2009年	2010年	2011年	2012年	2013年	2014年	2015年	2016年	年均增长率（%）
15	其中:高新技术产业	亿元	865.25	1 159.88	1 483.39	2 057.1	2 694.7	4 389.6	2 358.8	3 637.38	3 451.13	3 915.29	18.26
16	规模以上工业主营业务收入	亿元	4 641.48	6 722.89	8 972.63	12410	16 835.4	23 817.6	26 412.2	32 525.2	29 592	32 764.66	24.25
17	固定资产投资总额	亿元	1 088.73	1 626.90	2 493.63	3 549.4	4 968.8	7 604.2	9 947.1	12 019.5	13 567.22	14 712.03	33.55
18	其中:基础设施建设投资	亿元	247.19	392.38	622.14	915.4	1 048.2	1 699.7	1 922.4	2 251.68	2 681.75	3 186.39	32.85
19	施工项目个数	个	3 526	4 416	5 806	7 167	7 715	8 868	9 870	10 922	10 626	10 433	12.81
20	其中:亿元以上项目	个	406	716	991	1 350	1 891	3 038	3 328	4 764	4 519	4 742	31.40
21	新开工项目	个	260	2 679	3 351	4 308	4 659	5 155	5 719	6 082	5 880	6 037	41.83
22	外商投资项目	个	224	312	334	385	352	346	469	480	314	332	4.47
23	省外内资项目	个	702	1 092	1 493	1 934	2 350	2 798	3 588	3 747	3 090	3 691	20.25
24	开发区税收总额	亿元	298.91	413.5	542.3	759.8	951.2	1 248.6	1 233.26	1 587.02	1 628.76	1 657.25	20.96
25	招商引资总额	亿元	861.48	1 205.61	1 670.98	2 527.5	3 464.1	5 795.3	6 540.51	9 585.53	9 937.41	10 911.56	32.59
26	其中:外商投资金额	亿美元	18.06	21.89	27.14	39.7	40.9	49.7	56	57.59	51.96	55.16	13.21
27	出口总额	亿美元	38.62	50.83	49.96	87.4	141.2	151.8	179.88	212.08	208.35	203.13	20.26

资料来源：根据《湖北统计年鉴》（2008～2017年）整理。

7.4.1 2007～2016年湖北开发区占地面积分析

湖北开发区占地面积从 2007 年的 976.9 平方千米增加到 2016 年的 5649.3 平方千米，实现年均增长 21.53%；实际占地面积从 2007 年的 724.0 平方千米增加到 2016 年的 2552.7 平方千米，实现年均增长 15.03%（见图 7－10）。

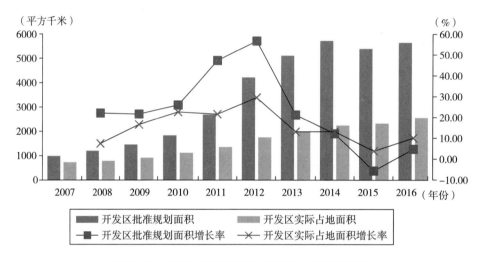

图 7－10 2007～2016 年湖北开发区占地面积变化

资料来源：根据《湖北统计年鉴》（2008～2017 年）整理。

7.4.2 2007～2016年湖北开发区企业数量分析

湖北开发区的企业数量从 2007 年的 33686 家增加到 2016 年的 167696 家，实现年均增长 19.52%（见图 7－11）。其中，工业企业从 2007 年的 11245 家增加到 2016 年的 37311 家，实现年均增长 14.26%；规模以上工业企业从 2007 年的 4175 家增加到 2016 年的 10921 家，实现年均增长 11.28%（见图 7－12）。

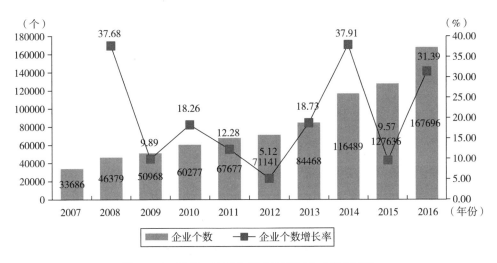

图 7 - 11　2007 ~ 2016 年湖北开发区企业数量变化

资料来源：根据《湖北统计年鉴》（2008 ~ 2017 年）整理。

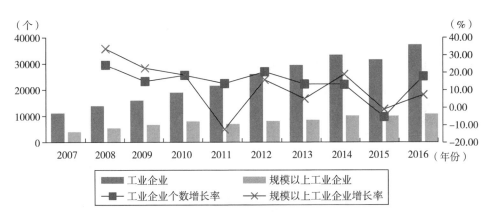

图 7 - 12　2007 ~ 2016 年湖北开发区工业企业数量变化

资料来源：根据《湖北统计年鉴》（2008 ~ 2017 年）整理。

高新技术企业则从 2007 年的 3001 家增加到 2016 年的 4029 家，年均增长 3.33%；外商投资企业从 2007 年的 1343 家增加到 2016 年的 1914 家，实现年均增长 4.02%（见图 7 - 13）。

7.4.3　2007 ~ 2016 年湖北开发区从业人员数量分析

湖北开发区的从业人员数量从 2007 年的 172.92 万人增加到 2016 年的

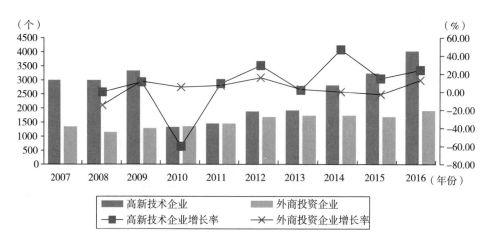

图 7 – 13　2007～2016 年湖北开发区高新技术企业和外商投资企业数量变化

资料来源：根据《湖北统计年鉴》（2008～2017 年）整理。

465.66 万人，实现年均增长 11.64%；其中，工业企业从业人员数量从 2007 年的 120.07 万人增加到 2016 年的 326.37 万人，实现年均增长 11.75%；规模以上工业企业从业人员数量从 2007 年的 94.31 万人增加到 2016 年的 252.62 万人，实现年均增长 11.57%（见图 7 – 14）。

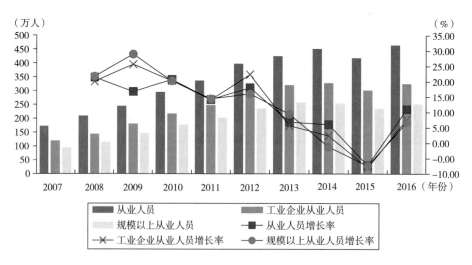

图 7 – 14　2007～2016 年湖北开发区从业人员数量变化

资料来源：根据《湖北统计年鉴》（2008～2017 年）整理。

7.4.4 2007～2016 年湖北开发区工业总产值分析

湖北开发区的规模以上工业总产值从 2007 年的 5072.88 亿元增加到 2016 年的 35531.78 亿元,实现年均增长 24.14%;湖北开发区的规模以上工业主营业务收入从 2007 年的 4641.48 亿元增加到 2016 年的 32764.66 亿元,实现年均增长 24.25%(见图 7 – 15)。

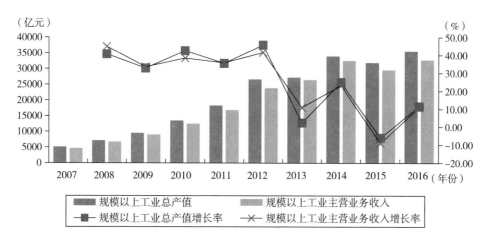

图 7 – 15 2007～2016 年湖北开发区规模以上工业总产值和主营业务收入指标变化

资料来源:根据《湖北统计年鉴》(2008～2017 年)整理。

湖北开发区的规模以上工业增加值从 2007 年的 1560.18 亿元增加到 2016 年的 9660.41 亿元,实现年均增长 22.46%;其中,高新技术产业工业增加值从 2007 年的 865.25 亿元增加到 2016 年的 3915.29 亿元,实现年均增长 18.26%(见图 7 – 16)。

湖北开发区的规模以上人均工业总产值从 2007 年的 53.79 万元增加到 2016 年的 140.65 万元,实现年均增长 11.27%;湖北开发区的规模以上人均工业增加值从 2007 年的 16.54 万元增加到 2016 年的 38.24 万元,实现年均增长 9.76%(见图 7 – 17)。

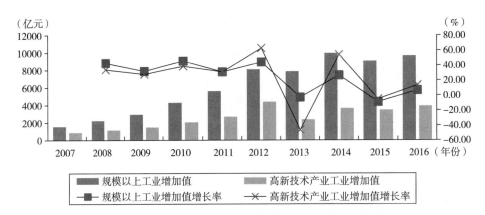

图7-16 2007~2016年湖北开发区规模以上工业增加值及高新技术产业工业增加值指标变化

资料来源：根据《湖北统计年鉴》（2008~2017年）整理。

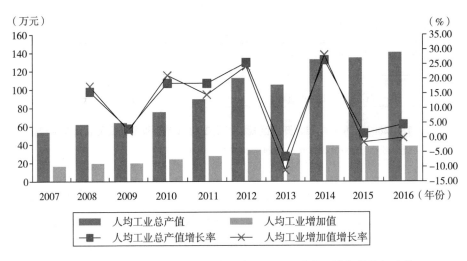

图7-17 2007~2016年湖北开发区人均工业总产值、增加值指标变化

资料来源：根据《湖北统计年鉴》（2008~2017年）整理。

　　湖北开发区的每平方米实际占地规模以上工业总产值从2007年的7006.74元增加到2016年的13919.46元，实现年均增长7.93%；湖北开发区的每平方米实际占地规模以上工业增加值从2007年的2154.94元增加到2016年的3784.43元，实现年均增长6.46%（见图7-18）。

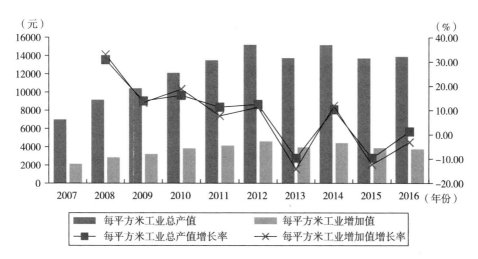

图7-18 2007~2016年湖北开发区每平方米工业总产值、增加值指标变化

资料来源：根据《湖北统计年鉴》（2008~2017年）整理。

7.4.5 2007~2016年湖北开发区固定资产投资分析

湖北开发区的固定资产投资总额从2007年的1088.73亿元增加到2016年的14712.03亿元，实现年均增长33.55%；其中，基础设施建设投资从2007年的247.19亿元增加到2016年的3186.39亿元，实现年均增长32.85%（见图7-19）。

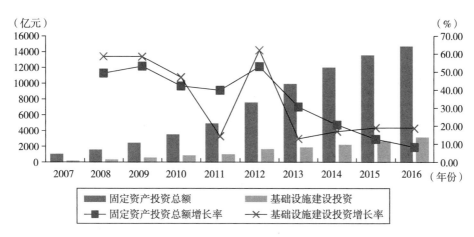

图7-19 2007~2016年湖北开发区固定资产及基础设施建设投资变化

资料来源：根据《湖北统计年鉴》（2008~2017年）整理。

7.4.6　2007~2016年湖北开发区施工项目数量分析

湖北开发区的施工项目从2007年的3526个增加到2016年的10433个，实现年均增长12.81%；其中，亿元以上项目数量从2007年的406个增加到2016年的4742个，实现年均增长31.40%；新开工项目数量从2007年的260个增加到2016年的6037个，实现年均增长41.83%；外商投资项目数量从2007年的224个增加到2016年的332个，实现年均增长4.47%；省外内资项目数量从2007年的702个增加到2016年的3691个，实现年均增长20.25%（见图7-20）。

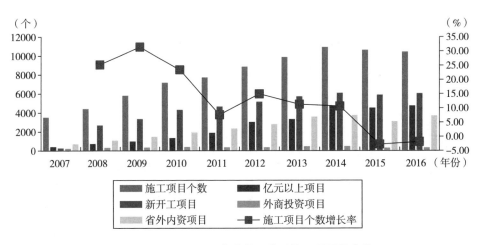

图7-20　2007~2016年湖北开发区施工项目数变化

资料来源：根据《湖北统计年鉴》（2008~2017年）整理。

7.4.7　2007~2016年湖北开发区税收总额分析

湖北开发区的税收总额从2007年的298.91亿元增加到2016年的1657.25亿元，实现年均增长20.96%（见图7-21）；工作日均税收从2007年的1.20亿元增加到2016年的6.35亿元；人均创税从2007年的1.73万元增加到2016年的3.51万元，实现年均增长10.64%（见图7-22）。

7.4.8　2007~2016年湖北开发区招商引资总额分析

湖北开发区的招商引资总额从2007年的861.48亿元增加到2016年的

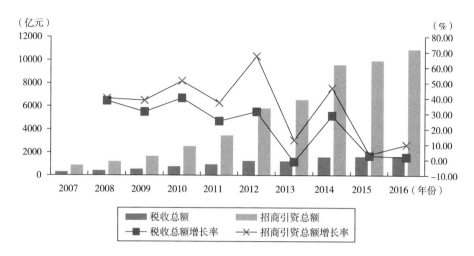

图 7 – 21 2007～2016 年湖北开发区税收总额、招商引资总额数变化

资料来源：根据《湖北统计年鉴》（2008～2017 年）整理。

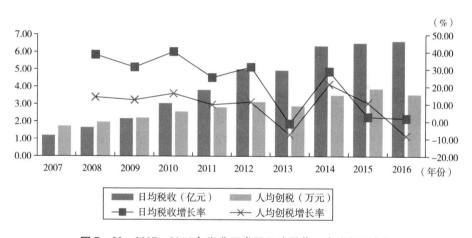

图 7 – 22 2007～2016 年湖北开发区日均税收、人均创税变化

资料来源：根据《湖北统计年鉴》（2008～2017 年）整理。

10911.56 亿元，实现年均增长 32.59%（见图 7 – 21）；其中，外商投资金额从 2007 年的 18.06 亿美元增加到 2016 年的 55.16 亿美元，实现年均增长 13.21%（见图 7 – 22）。

7.4.9　2007～2016 年湖北开发区出口总额分析

湖北开发区的出口总额从 2007 年的 38.62 亿美元增加到 2016 年的

203.13 亿美元，实现年均增长 20.26%（见图 7 – 23）。

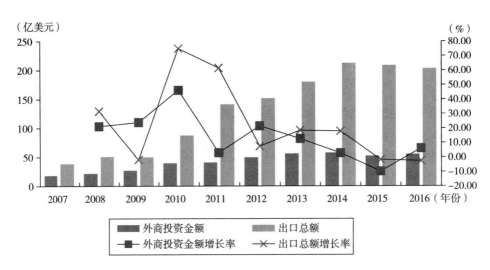

图 7 – 23 2007～2016 年湖北开发区外商投资金额、出口总额数变化

资料来源：根据《湖北统计年鉴》（2008～2017 年）整理。

人均出口总额从 2007 年的 2233.40 美元增加到 2016 年的 4362.20 美元，实现年均增长 7.72%（见图 7 – 24）。

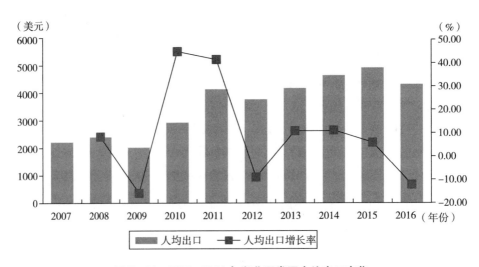

图 7 – 24 2007～2016 年湖北开发区人均出口变化

资料来源：根据《湖北统计年鉴》（2008～2017 年）整理。

7.5　湖北开发区经济发展评价研究

7.5.1　湖北开发区经济发展评价方法选择

湖北开发区经济发展的评价实质上是一种投入产出效率的评价。在进行评价时，需考虑多个投入与产出指标，其中多数指标难以预先设置生产函数和权重。DEA 模型以同类为参考系来进行比较分析，对于多投入、多产出的技术创新活动具有较好的适用性。此外，DEA 模型优于其他方法模型的突出特点是无需预先设置生产函数和权重，在评价过程中更具有客观性。DEA 模型采用统计数据所进行的运算，不受输入和输出指标量纲选取的限制，且不需要预先对指标进行相关分析，使操作简单易行。鉴于以上原因，选择 DEA 方法来对湖北开发区经济发展进行评价。

7.5.2　湖北开发区经济发展评价指标选取的原则

在设计湖北开发区经济发展评价指标体系的过程中，应遵循的指导思想是：运用系统论的观点和系统分析的方法，本着充分考虑世界科技发展的一般趋势与中国国情特点相结合的原则，力求全面概括和充分体现开发区经济发展的本质内涵和特征，在科学合理的前提下，力求指标体系在实际应用过程中要方便、简洁，具有可操作性。

此外，在构建湖北开发区经济发展评价指标体系时，还应遵循以下原则。

1. 科学性原则

指标体系的科学性是确保评价结果合理准确的基础，一项评价活动是否科学在很大程度上依赖其指标、评价标准和评价方法是否科学。指标体系的科学性主要是指评价指标的：（1）准确性，即指标的概念要准确，含义要明晰，尽可能避免和减少主观臆断，指标体系的层次和结构合理，各指标之间协调统一。（2）完整性，即指标体系围绕评价目的，全面完整反映评价对象，在不遗漏重要方面的同时做到重点突出。（3）独立性，即指标体系中各指标之间不应有很强的相关性，不应出现过多的信息包容、涵盖而使指标内涵重叠，无谓的增加工作量，同时又造成资料浪费。

2. 目的性原则

指标体系应是对评价对象的本质特征、结构及其构成要素的客观描述，能够支撑最高层次的评价准则，为评价结果的判定提供依据，目的性原则是设计指标体系的出发点和根本，衡量指标体系是否合理有效的一个重要标准是看它是否满足了评价目的。

3. 系统性原则

评价指标体系必须能够全面地反映湖北开发区经济发展的各个方面，符合提高湖北开发区经济发展水平的目标内涵，使评价目标和评价指标有机联系而形成一个层次分明的整体。

4. 适用性原则

指标体系的适用性是确保评价效果的重要基础。指标体系的设计应考虑到现实的可能性，指标体系应适用于评价的方式方法，适用于指标适用者对指标的接受程度和判断能力，适用于评价的信息基础。指标体系应：（1）繁简得当，即作为对原始信息的提炼和概括的指标不宜烦琐，个数不宜过多，以避免过多、过细、不能把握评价对象的本质而影响评价的准确性，同时，精炼的指标可减少评价的时间和成本，使评价活动更易于操作。（2）数据易采集，即设置的指标应具有可采集性的特点，各项指标能够进行有效测度或统计。（3）具可比性，即在满足评价目的的前提下，应尽量选用相对成熟和为人熟知的指标，便于评价工作所涉及的各方面人员的理解，以保证评价结果的准确性，同时，还应注意与国内外相关研究的衔接，以便于评价结果的比较和应用。（4）可定量化，即尽可能使用规范化的定量指标，为采用定量评价方法奠定基础，对于确实无法量化而又非常重要的方面可以采用定性指标的形式纳入描述指标体系。

7.5.3 湖北开发区经济发展评价指标体系

根据指标选取的科学性、一致性和可比性等原则，结合湖北开发区的特点，从投入和产出两个方面构建了湖北开发区经济发展评价指标体系（见表 7 – 13）。

表 7 – 13　　　　　　　　　湖北开发区经济发展评价指标

项目	指标
经济发展投入	实际开发区面积
	从业人员
	固定资产投资总额
	外商投资金额
经济发展产出	规模以上工业增加值
	规模以上工业主营业务收入
	税收总额
	出口总额

7.5.4　2007～2016 年湖北开发区经济发展评价分析

根据表 7 – 13 的评价体系，引入 DEA-Malmquist 指数，对湖北统计年鉴（2017 年）中的 131 个开发区 2007～2016 年的经济发展投入和产出 8 个指标进行动态评价分析，使用 DEAP2.1，算出全要素生产率指数，计算结果见表 7 – 14。

表 7 – 14　　　　　　　2008～2016 年湖北开发区经济发展指标指数变动

序号	开发区名称	技术效率	技术进步	纯技术效率	规模效率	全要素生产率
1	潜江园林经济开发区	1.254	1.110	1.252	1.001	1.392
2	湖北江陵经济开发区	1.266	1.098	1.124	1.127	1.390
3	孝感高新技术产业开发区	1.158	1.178	1.133	1.022	1.364
4	湖北英山经济开发区	1.196	1.078	0.959	1.247	1.290
5	荆门高新技术产业开发区	1.100	1.158	1.102	0.998	1.274
6	湖北东宝工业园区	1.059	1.192	1.026	1.033	1.263
7	湖北监利经济开发区	1.143	1.105	1.095	1.044	1.263
8	湖北鄂州花湖经济开发区	1.145	1.094	1.099	1.042	1.253
9	湖北鄂州经济开发区	1.198	1.046	1.083	1.106	1.253
10	湖北西塞山工业园区	1.187	1.050	1.183	1.003	1.246
11	湖北安陆经济开发区	1.107	1.110	1.055	1.049	1.229
12	湖北谷城经济开发区	1.069	1.148	1.078	0.992	1.226
13	荆州经济技术开发区	1.075	1.141	1.059	1.015	1.226

续表

序号	开发区名称	技术效率	技术进步	纯技术效率	规模效率	全要素生产率
14	湖北巴东经济开发区	1.046	1.166	0.95	1.101	1.220
15	蕲春经济开发区	1.087	1.115	1.035	1.050	1.212
16	湖北樊城经济开发区	1.102	1.096	1.110	0.993	1.208
17	黄冈高新技术产业开发区	1.130	1.070	1.118	1.010	1.208
18	武汉临空港经济技术开发区	1.082	1.115	1.082	1	1.207
19	湖北当阳经济开发区	1.125	1.071	1.123	1.002	1.205
20	湖北团风经济开发区	1.077	1.110	1.160	0.928	1.196
21	湖北西陵经济开发区	1.148	1.040	1.038	1.106	1.193
22	湖北枣阳经济开发区	1.095	1.085	1.101	0.995	1.188
23	大冶灵成工业园	1.017	1.162	0.982	1.036	1.182
24	湖北郧西工业园区	1.083	1.087	0.850	1.274	1.178
25	湖北五峰工业园区	1.061	1.109	1.044	1.016	1.177
26	宜都高新技术产业园区	1.004	1.155	1.006	0.998	1.160
27	黄石经济技术开发区	1.069	1.084	1.067	1.001	1.159
28	湖北崇阳工业园区	0.997	1.161	0.975	1.023	1.158
29	仙桃高新技术产业开发区	1.058	1.090	1.122	0.943	1.153
30	湖北远安工业园区	1.048	1.099	1.061	0.988	1.152
31	湖北孝南经济开发区	1.138	1.009	1.134	1.004	1.149
32	湖北老河口经济开发区	0.985	1.163	1.018	0.967	1.146
33	湖北嘉鱼经济开发区	0.982	1.163	1.012	0.971	1.143
34	枣阳吴店工业园	1.091	1.046	1.090	1.001	1.141
35	湖北来凤经济开发区	1.079	1.057	1.006	1.072	1.140
36	湖北秭归经济开发区	1.046	1.089	1.051	0.995	1.139
37	湖北宣恩工业园区	0.939	1.213	0.885	1.061	1.139
38	潜江张金经济开发区	1.087	1.042	1.044	1.041	1.132
39	湖北天门经济开发区	1.007	1.122	1.010	0.997	1.130
40	湖北孝昌经济开发区	1.126	1.002	1.026	1.097	1.128
41	湖北沙洋经济开发区	1.042	1.081	1.006	1.035	1.126
42	武汉东湖新技术产业开发区	1	1.125	1	1	1.125
43	湖北黄梅经济开发区	1.019	1.104	1.065	0.957	1.124
44	湖北赤壁经济开发区	0.983	1.143	1.057	0.930	1.124

续表

序号	开发区名称	技术效率	技术进步	纯技术效率	规模效率	全要素生产率
45	湖北宜城经济开发区	1.037	1.081	1.033	1.005	1.122
46	湖北丹江口经济开发区	1.039	1.079	1.083	0.959	1.121
47	武汉汉阳经济开发区	1	1.119	1	1	1.119
48	武汉江夏经济开发区	1.037	1.077	1.035	1.001	1.117
49	湖北保康经济开发区	1.051	1.063	0.968	1.086	1.117
50	湖北云梦经济开发区	0.973	1.148	0.968	1.005	1.117
51	湖北夷陵经济开发区	0.977	1.140	0.970	1.007	1.114
52	襄阳高新技术产业开发区	1.003	1.099	0.994	1.009	1.103
53	湖北通城经济开发区	1.007	1.082	1	1.006	1.090
54	湖北竹溪工业园区	0.969	1.124	0.984	0.985	1.089
55	湖北咸丰工业园区	0.955	1.140	0.883	1.082	1.089
56	湖北长阳经济开发区	0.932	1.162	0.962	0.968	1.083
57	湖北伍家岗工业园区	0.951	1.138	0.988	0.963	1.082
58	鄂州葛店经济技术开发区	0.981	1.103	0.952	1.031	1.082
59	湖北恩施经济开发区	1.019	1.061	1.056	0.965	1.081
60	湖北通山经济开发区	0.991	1.085	0.962	1.031	1.075
61	湖北枝江经济开发区	0.999	1.075	0.975	1.025	1.074
62	湖北襄城经济开发区	0.980	1.094	1.039	0.943	1.072
63	武汉阳逻经济开发区	0.974	1.095	0.973	1.001	1.066
64	湖北南漳经济开发区	1.024	1.041	0.992	1.032	1.066
65	湖北郧阳区经济开发区	0.983	1.078	0.958	1.026	1.060
66	湖北汉川经济开发区	0.952	1.112	0.954	0.998	1.058
67	武汉硚口经济开发区	1	1.057	1	1	1.057
68	湖北咸安经济开发区	0.956	1.102	0.960	0.996	1.054
69	黄石大冶湖高新技术产业园区	0.890	1.181	0.911	0.977	1.051
70	湖北京山经济开发区	1.006	1.044	1.017	0.990	1.051
71	湖北广水经济开发区	0.960	1.092	0.940	1.022	1.049
72	湖北建始工业园区	1	1.049	1	1	1.049
73	湖北洪湖经济开发区	1.061	0.982	1.089	0.975	1.042
74	仙桃彭场工业园	0.930	1.118	1.003	0.927	1.040
75	湖北利川经济开发区	0.961	1.073	0.966	0.994	1.030

续表

序号	开发区名称	技术效率	技术进步	纯技术效率	规模效率	全要素生产率
76	潜江高新技术产业园区	0.911	1.129	0.914	0.997	1.029
77	湖北大悟经济开发区	0.997	1.031	0.976	1.022	1.028
78	湖北赤壁蒲纺工业园区	1.102	0.932	1.096	1.005	1.027
79	武汉盘龙城经济开发区	0.956	1.072	0.956	1	1.025
80	红安高新技术产业园区	0.925	1.108	0.956	0.968	1.025
81	湖北麻城经济开发区	0.932	1.100	0.956	0.974	1.025
82	湖北罗田经济开发区	1.051	0.974	0.814	1.292	1.023
83	湖北沙市经济开发区	0.942	1.084	0.979	0.963	1.021
84	随州高新技术产业开发区	0.949	1.074	0.988	0.961	1.020
85	武汉青山经济开发区	1.012	1.007	1.010	1.002	1.019
86	宜昌高新技术产业开发区	0.941	1.082	1.054	0.893	1.018
87	湖北公安经济开发区	0.928	1.072	0.901	1.029	0.995
88	湖北钟祥经济开发区	0.968	1.023	0.969	1	0.991
89	湖北应城经济开发区	1.019	0.972	1.017	1.003	0.991
90	枝江安福寺工业园	0.910	1.088	0.918	0.992	0.990
91	武汉经济技术开发区	0.938	1.042	0.943	0.995	0.978
92	十堰经济技术开发区	0.938	1.039	0.934	1.003	0.974
93	钟祥胡集经济开发区	0.923	1.041	0.904	1.021	0.961
94	黄州工业园	0.904	1.062	1.062	0.851	0.960
95	湖北阳新经济开发区	0.983	0.975	1.048	0.939	0.959
96	湖北武穴经济开发区	0.863	1.111	0.884	0.977	0.959
97	湖北松滋经济开发区	0.860	1.098	0.880	0.978	0.945
98	荆州高新区技术产业开发区	0.848	1.101	0.845	1.003	0.933
99	武汉洪山经济开发区	0.938	0.984	0.948	0.990	0.923
100	武汉江汉经济开发区	0.807	1.140	0.930	0.868	0.920
101	湖北房县工业园区	0.858	1.069	0.909	0.943	0.916
102	湖北浠水经济开发区	0.868	1.051	0.947	0.916	0.912
103	武汉汉南经济开发区	0.915	0.995	0.950	0.963	0.910
104	湖北石首经济开发区	0.881	1.026	0.922	0.956	0.904
105	洪湖府场经济开发区	0.925	0.969	0.943	0.982	0.897
106	湖北竹山经济开发区	0.808	1.106	1	0.808	0.893

续表

序号	开发区名称	技术效率	技术进步	纯技术效率	规模效率	全要素生产率
107	襄阳工业园	0.879	1.011	0.885	0.993	0.889
108	湖北黄州火车站经济开发区	0.826	1.075	0.830	0.996	0.888
109	谷城石花经济开发区	0.838	1.053	0.834	1.005	0.883
110	湖北鹤峰经济开发区	0.772	1.109	0.863	0.895	0.856
111	武汉蔡甸经济开发区	0.794	1.024	0.820	0.968	0.813
112	武汉江岸经济开发区	0.837	0.966	0.841	0.995	0.809
113	湖北蕲春李时珍医药工业园区	0.762	1.057	0.795	0.959	0.805
	平均	0.993	1.082	0.992	1.001	1.075

资料来源：根据《湖北统计年鉴》（2008～2017年）计算整理。

由于武汉武昌经济开发区、湖北黄石港工业园区、湖北黄石新港工业园区、湖北下陆长乐山工业园区、湖北点军工业园区、湖北兴山经济开发区、湖北五峰民族工业园、襄阳鱼梁洲经济开发区、襄阳经济技术开发区、湖北襄州经济开发区、湖北荆门化工循环产业园、湖北屈家岭经济开发区、湖北龙感湖工业园区、咸宁高新技术产业开发区、湖北曾都经济开发区、湖北随县经济开发区、湖北恩施州经济开发区、神农架盘水生态产业园区18个开发区缺少部分年度的相关数据，因此仅对其余113个开发区2008～2016年的经济发展投入和产出指标进行分析。

由表7-14可见，2008～2016年湖北开发区全要素生产率指数为1.075，最高为1.392，最低为0.805。

在湖北113个开发区中：（1）60个开发区的全要素生产率指数超过了平均值1.075，占113个开发区总数的53.09%；（2）86个开发区的全要素生产率指数大于1，占113个开发区总数的76.11%；（3）潜江园林经济开发区、湖北江陵经济开发区和孝感高新技术产业开发区3个开发区的经济发展水平提升最快，全要素生产率指数大于1.3，即全要素年均增长超过30%，效率提升的主要原因在于技术效率和纯技术效率的提升，潜江园林经济开发区和湖北江陵经济开发区技术效率的提升超过20%，潜江园林经济开发区的纯技术效率的提升也超过了20%；（4）湖北英山经济开发区等16个开发区的经济发展水平提升较快，全要素生产率指数大于1.2，即全要素年均增长超过

20%，效率提升的主要原因在于技术效率的提升和技术进步；（5）湖北团风经济开发区等33个开发区的经济发展水平有一定的提升，全要素生产率指数大于1.1，即全要素年均增长超过10%，效率提升的主要原因在于技术进步；（6）湖北通城经济开发区等34个开发区的经济发展水平有一定的提升，全要素生产率指数大于1，即全要素年均增长不超过10%，效率提升的主要原因在于技术进步；（7）湖北公安经济开发区等18个开发区的经济发展水平有一定的降低，全要素生产率指数在0.9~1，即全要素年均降低在10%以内，效率降低的主要原因在于技术效率和规模效率的降低；（8）洪湖府场经济开发区等9个开发区的经济发展水平有较大的降低，全要素生产率指数在0.8~0.9，即全要素年均降低在10%~20%，效率降低的主要原因是技术效率的降低。

7.5.5 湖北审核公告开发区 2011~2016 年经济发展评价分析

根据表 7-13 的评价体系，引入 DEA-Malmquist 指数，对在 2018 年版《中国开发区审核公告目录》中湖北 100 个开发区 2007~2016 年的经济发展投入和产出 8 个指标进行动态评价分析，使用 DEAP2.1，算出全要素生产率指数，计算结果如表 7-15 所示。

表 7-15　　2008~2016 年湖北审核公告开发区经济发展指标指数变动

序号	开发区名称	技术效率	技术进步	纯技术效率	规模效率	全要素生产率
1	湖北西陵经济开发区	1.232	1.123	1.137	1.084	1.384
2	湖北江陵经济开发区	1.221	1.115	1.104	1.106	1.361
3	湖北罗田经济开发区	1.229	1.036	0.952	1.290	1.273
4	湖北东宝工业园区	1.056	1.185	1.016	1.039	1.251
5	湖北安陆经济开发区	1.164	1.053	1.125	1.034	1.225
6	湖北鄂州花湖经济开发区	1.097	1.107	1.075	1.020	1.214
7	湖北赤壁经济开发区	1.126	1.074	1.127	0.999	1.210
8	湖北公安经济开发区	1.058	1.135	1.082	0.978	1.201
9	湖北枣阳经济开发区	1.187	1.011	1.180	1.006	1.200
10	湖北伍家岗工业园区	1.068	1.122	1.051	1.017	1.199
11	湖北南漳经济开发区	1.043	1.146	1.022	1.020	1.195

续表

序号	开发区名称	技术效率	技术进步	纯技术效率	规模效率	全要素生产率
12	湖北成丰工业园区	1.125	1.060	0.918	1.227	1.193
13	武汉江汉经济开发区	1	1.191	1	1	1.191
14	湖北监利经济开发区	1.193	0.995	1.088	1.096	1.187
15	湖北孝昌经济开发区	1.108	1.067	1.028	1.077	1.183
16	湖北恩施经济开发区	1.124	1.052	1.126	0.999	1.183
17	湖北巴东经济开发区	1.028	1.145	0.895	1.149	1.178
18	湖北麻城经济开发区	1.061	1.109	1.051	1.009	1.177
19	湖北大悟经济开发区	1.162	1.012	1.119	1.038	1.176
20	宜都高新技术产业园区	1.039	1.117	1.019	1.020	1.161
21	湖北保康经济开发区	1.176	0.985	1.057	1.113	1.159
22	湖北团风经济开发区	1.068	1.083	1.070	0.998	1.157
23	湖北樊城经济开发区	1.060	1.085	1.068	0.993	1.151
24	湖北郧西工业园区	1.053	1.088	1	1.053	1.147
25	湖北秭归经济开发区	1.085	1.044	1.097	0.989	1.133
26	武汉硚口经济开发区	1	1.129	1	1	1.129
27	宜昌高新技术产业开发区	1.070	1.053	1.082	0.989	1.127
28	黄石经济技术开发区	1.062	1.060	1.110	0.956	1.126
29	湖北老河口经济开发区	1.087	1.036	1.086	1.001	1.126
30	湖北嘉鱼经济开发区	1.027	1.096	1.033	0.994	1.126
31	湖北丹江口经济开发区	1.079	1.042	1.072	1.006	1.124
32	湖北远安工业园区	1.003	1.113	1.013	0.990	1.116
33	湖北英山经济开发区	1.042	1.064	0.882	1.181	1.108
34	武汉江夏经济开发区	1.029	1.074	1.027	1.002	1.105
35	湖北枝江经济开发区	1.037	1.066	1.014	1.023	1.105
36	湖北松滋经济开发区	1.011	1.093	1.013	0.998	1.105
37	武汉阳逻经济开发区	1.003	1.100	1.006	0.996	1.103
38	湖北通城经济开发区	0.988	1.111	0.977	1.011	1.098
39	湖北通山经济开发区	0.993	1.103	1.015	0.978	1.095
40	湖北五峰工业园区	0.996	1.098	1.068	0.933	1.094
41	荆门高新技术产业开发区	1.067	1.022	1.075	0.992	1.090
42	湖北谷城经济开发区	0.997	1.091	0.994	1.003	1.088

序号	开发区名称	技术效率	技术进步	纯技术效率	规模效率	全要素生产率
43	湖北崇阳工业园区	1.003	1.084	0.984	1.019	1.087
44	武汉汉阳经济开发区	1	1.086	1	1	1.086
45	仙桃高新技术产业开发区	1.069	1.014	1.122	0.953	1.084
46	湖北宜城经济开发区	1.010	1.071	1.006	1.004	1.082
47	湖北汉川经济开发区	1.101	0.982	1.121	0.983	1.081
48	湖北长阳经济开发区	1.006	1.071	1.017	0.989	1.077
49	湖北宣恩工业园区	0.949	1.135	0.903	1.051	1.077
50	武汉经济技术开发区	1	1.068	1	1	1.068
51	湖北当阳经济开发区	0.995	1.073	0.994	1	1.067
52	荆州经济技术开发区	0.961	1.109	0.947	1.014	1.066
53	黄冈高新技术产业开发区	1.029	1.036	1.030	0.998	1.065
54	湖北鹤峰经济开发区	0.947	1.122	1	0.947	1.063
55	湖北大冶经济开发区	0.968	1.095	0.965	1.004	1.060
56	湖北沙洋经济开发区	1.025	1.035	0.994	1.031	1.060
57	湖北夷陵经济开发区	1	1.059	0.965	1.036	1.058
58	湖北潜江经济开发区	1	1.050	1	1	1.050
59	孝感高新技术产业开发区	1.047	1.001	1.032	1.014	1.047
60	武汉临空港经济技术开发区	0.967	1.079	1.004	0.964	1.044
61	鄂州葛店经济技术开发区	1.012	1.016	0.960	1.054	1.028
62	湖北来凤经济开发区	0.940	1.093	0.954	0.985	1.028
63	湖北天门经济开发区	0.910	1.129	0.911	0.999	1.027
64	湖北利川经济开发区	1	1.025	1	1	1.025
65	湖北钟祥经济开发区	1.007	1.017	0.999	1.008	1.024
66	武汉东湖新技术产业开发区	1	1.016	1	1	1.016
67	湖北竹山经济开发区	0.925	1.096	0.985	0.939	1.014
68	襄阳高新技术产业开发区	0.964	1.044	1	0.964	1.007
69	武汉洪山经济开发区	1	1.002	1	1	1.002
70	荆州高新区技术产业开发区	0.986	1.016	1	0.986	1.002
71	湖北襄城经济开发区	0.951	1.051	0.956	0.994	0.999
72	武汉盘龙城经济开发区	0.951	1.046	0.951	1	0.995
73	十堰经济技术开发区	1.002	0.993	0.950	1.055	0.995

续表

序号	开发区名称	技术效率	技术进步	纯技术效率	规模效率	全要素生产率
74	湖北黄梅经济开发区	0.940	1.057	0.978	0.961	0.993
75	湖北阳新经济开发区	0.960	1.029	0.950	1.011	0.988
76	湖北武穴经济开发区	0.899	1.099	0.907	0.990	0.987
77	湖北京山经济开发区	0.974	1.009	0.973	1.001	0.984
78	湖北洪湖经济开发区	0.984	0.999	1.008	0.976	0.983
79	武汉青山经济开发区	0.950	1.020	0.958	0.992	0.968
80	随州高新技术产业开发区	0.959	1.007	1.006	0.954	0.966
81	湖北房县工业园区	0.929	1.029	0.939	0.989	0.955
82	湖北郧阳区经济开发区	0.896	1.054	0.889	1.008	0.944
83	武汉蔡甸经济开发区	0.948	0.973	0.949	1	0.923
84	湖北建始工业园区	0.875	1.052	0.953	0.918	0.920
85	湖北浠水经济开发区	0.913	1.002	0.927	0.985	0.914
86	湖北竹溪工业园区	0.907	0.996	0.916	0.990	0.903
87	湖北石首经济开发区	0.918	0.980	0.940	0.976	0.900
88	红安高新技术产业园区	0.820	1.060	0.843	0.972	0.869
89	湖北黄州火车站经济开发区	0.797	1.072	0.951	0.838	0.854
90	湖北蕲春李时珍医药工业园区	0.881	0.966	0.909	0.970	0.852
91	武汉汉南经济开发区	0.843	0.997	0.856	0.984	0.841
92	武汉江岸经济开发区	0.807	0.947	0.930	0.868	0.765
	平均	1.009	1.059	1.002	1.007	1.069

资料来源：根据《湖北统计年鉴》（2008～2017年）计算整理。

由于武汉武昌经济开发区、湖北西塞山工业园区、湖北点军工业园区、湖北兴山经济开发区、襄阳经济技术开发区、湖北襄州经济开发区、咸宁高新技术产业开发区、神农架盘水生态产业园区8个开发区缺少部分年度的相关数据，因此，仅对其余92个开发区2008～2016年的经济发展投入和产出指标进行分析。

由表7－15可见，2008～2016年湖北审核公告开发区全要素生产率指数为1.069，最高为1.384，最低为0.765。

在分析的湖北92个审核公告开发区中：（1）49个开发区的全要素生产率

指数超过了平均值 1.069，占 92 个开发区总数的 53.26%；（2）70 个开发区的全要素生产率指数大于 1，占 92 个开发区总数的 76.09%；（3）湖北西陵经济开发区和湖北江陵经济开发区 2 个开发区的经济发展水平提升最快，全要素生产率指数大于 1.3，即全要素年均增长超过 30%，效率提升的主要原因在于技术效率的提升，超过了 20%；此外技术进步、纯技术效率、规模效率的提升也较大，均在 10% 左右；（4）湖北罗田经济开发区等 7 个开发区的经济发展水平提升较快，全要素生产率指数大于 1.2，即全要素年均增长超过 20%，效率提升的主要原因在于技术效率的提升和技术进步；（5）湖北伍家岗工业园区等 23 个开发区的经济发展水平有一定的提升，全要素生产率指数大于 1.1，即全要素年均增长超过 10%，效率提升的主要原因在于技术进步；（6）湖北英山经济开发区等 38 个开发区的经济发展水平有一定的提升，全要素生产率指数大于 1，即全要素年均增长不超过 10%，效率提升的主要原因在于技术进步；（7）湖北襄城经济开发区等 17 个开发区的经济发展水平有一定的降低，全要素生产率指数在 0.9 ~ 1，即全要素年均降低在 10% 以内，效率降低的主要原因在于技术效率和规模效率的降低；（8）湖北红安经济开发区、湖北黄州火车站经济开发区、湖北蕲春李时珍医药工业园区和武汉汉南经济开发区等 4 个开发区的经济发展水平有较大的降低，全要素生产率指数在 0.8 ~ 0.9，即全要素年均降低在 10% ~ 20%，效率降低的主要原因在于技术效率的降低；（9）武汉江岸经济开发区的经济发展水平有较大的降低，全要素生产率指数在最低为 0.765，即全要素年均降低在 23.5%，效率降低的主要原因在于技术效率和规模效率的降低。

7.5.6 2007 ~ 2016 年湖北国家级开发区经济发展评价分析

由于缺少 2009 ~ 2010 年的相关数据，因此对 17 个国家级开发区的经济发展投入和产出指标的分析时间段为 2011 ~ 2016 年。

根据表 7 - 13 的评价体系，引入 DEA-Malmquist 指数，对湖北 17 个国家级开发区 2011 ~ 2016 年的经济发展投入和产出 8 个指标进行动态评价分析，使用 DEAP2.1，算出全要素生产率指数，计算结果如表 7 - 16 所示。

由表 7 - 16 可见，2011 ~ 2016 年湖北 17 个国家级开发区全要素生产率指数为 1.059，最高为 1.373，最低为 0.863。

表 7 - 16　　　　2011～2016 年湖北国家级开发区经济发展指标指数变动

序号	开发区名称	技术效率	技术进步	纯技术效率	规模效率	全要素生产率
1	咸宁高新技术产业开发区	1.171	1.172	1	1.171	1.373
2	荆州经济技术开发区	1.113	1.113	1.112	1.002	1.240
3	仙桃高新技术产业开发区	1.163	1.042	1.093	1.064	1.212
4	荆州高新区技术产业开发区	1.178	0.996	1	1.178	1.173
5	荆门高新技术产业开发区	1.191	0.982	1.043	1.142	1.170
6	黄石经济技术开发区	1.052	1.061	1.030	1.022	1.117
7	鄂州葛店经济技术开发区	1.110	0.975	1.038	1.070	1.083
8	宜昌高新技术产业开发区	1.010	1.024	1	1.010	1.034
9	武汉经济技术开发区	1	1.007	1	1	1.007
10	黄冈高新技术产业开发区	1.041	0.961	0.843	1.236	1.000
11	武汉临空港经济技术开发区	1.065	0.938	1.058	1.006	0.999
12	孝感高新技术产业开发区	1.005	0.979	0.961	1.045	0.984
13	随州高新技术产业开发区	1	0.969	1	1	0.969
14	襄阳高新技术产业开发区	0.999	0.948	1	0.999	0.947
15	十堰经济技术开发区	0.949	1 *	0.970	0.979	0.929
16	襄阳经济技术开发区	1	0.911	1	1	0.911
17	武汉东湖新技术产业开发区	1	0.863	1	1	0.863
	平均	1.062	0.997	1.009	1.054	1.059

注：* 直接运用 DEAP2.0 运算出的数据为 0，表示线性规划无解，是无最优解的表示，此处默认为 1。

资料来源：根据《湖北统计年鉴》（2012～2017 年）计算整理。

在 17 个国家级开发区中：（1）7 个开发区的全要素生产率指数超过了平均值 1.059，占 17 个国家级开发区总数的 41.18%；（2）10 个开发区的全要素生产率指数大于 1，占 17 个国家级开发区总数的 58.82%；（3）咸宁高新技术产业开发区（2017 年 2 月批准成立）的经济发展水平提升最快，全要素生产率指数大于 1.3，即全要素年均增长超过 30%，效率提升的主要原因在于技术效率的提升，超过了 20%；此外技术进步和规模效率的提升也较大，均超过了 10%；（4）荆州经济技术开发区（2011 年 6 月批准成立）和仙桃高新技术产业开发区（2015 年 9 月批准成立）的经济发展水平提升较快，全要素生产率指数大于 1.2，即全要素年均增长超过 20%，效率提升的主要原因在于技术效率的提升；（5）荆州高新区技术产业开发区（2018 年 3 月批准成立）、荆门高新技术产业开发区（2013 年 12 月批准成立）和黄石经济技术开发区（2010 年 3 月批准成立）3 个国家级开发区的经济发展水平有一定的提升，全要素生产率指数大于 1.1，即全要素年均增长超过 10%，效率提升的主要原因在于技术效率和规模效率的提升；（6）鄂州葛店经济技术开发区（2012 年 7 月批准成立）、宜昌高新技术产业开发区（2010 年 11 月批准成立）、武汉经济技术开发区（1993 年 4 月批准成立）和黄冈高新技术产业开发区（2017 年 2 月批准成立）4 个国家级开发区的经济发展水平有一定的提升，全要素生产率指数大于 1，即全要素年均增长不超过 10%，效率提升的主要原因在于技术效率和规模效率的提升；（7）武汉临空港经济技术开发区（2010 年 11 月批准成立）、孝感高新技术产业开发区（2012 年 8 月批准成立）、随州高新技术产业开发区（2015 年 9 月批准成立）、襄阳高新技术产业开发区（1992 年 11 月批准成立）、十堰经济技术开发区（2012 年 12 月批准成立）和襄阳经济技术开发区（2010 年 4 月批准成立）6 个国家级开发区的经济发展水平有一定的降低，全要素生产率指数在 0.9～1，即全要素年均降低在 10% 以内，效率降低的主要原因在于技术进步水平的降低；（8）武汉东湖新技术产业开发区（1991 年 3 月批准成立）的经济发展水平有较大的降低，全要素生产率指数仅为 0.863，即全要素年均降低达到 13.7%，效率降低的主要原因在于技术进步水平的降低。

第 8 章
改革开放 40 年湖北工业发展评价总结

8.1　工业对湖北区域经济发展具有重要的促进作用

8.1.1　促进湖北的经济社会发展

改革开放 40 年（1978～2017 年），湖北 GDP 从 151 亿元增加到 36522.95 亿元（增长了 241.87 倍，年均增长率达到 15.11%）；人均 GDP 从 332.03 元增加到 61971 元（增长了 186.64 倍，年均增长率为 14.34%）。

8.1.2　促进湖北的产业结构升级

改革开放 40 年（1978～2017 年），湖北三次产业结构从"二一三"（40.47:42.19:17.34）变为"三二一"（10.29:44.52:45.19）。虽然第二产业 GDP 占比仅增加了 2.33 个百分点，但第二产业 GDP 是从 63.71 亿元增加到 16259.86 亿元（增长了 255.22 倍，年均增长率为 15.27%），高于 GDP 的年均增长率，其中工业增加值则从 52.17 亿元增加到 13874.21 亿元（增长了 265.94 倍，年均增长率达到 15.39%），高于第二产业和 GDP 的增长速度。

8.1.3　促进湖北的第三产业发展

改革开放 40 年（1978～2017 年），湖北第三产业从 26.18 亿元增加到 16503.4 亿元（增长了 630.38 倍，年均增长率达到 17.97%），远远高于第二产业和 GDP 的增长速度。根据国家统计局发布的《生产性服务业统计分类

(2015)》，在第三产业中，有大量的产业是生产性服务业，因此，工业的快速发展在很大程度上促进了生产性服务业的发展，使第三产业占 GDP 的比重增加了近30个百分点。

8.1.4 促进湖北的经济地位提升

改革开放40年（1978～2017年），湖北 GDP 的年均增长率（15.11%）高于全国平均水平（14.92%），其中，除第一产业 GDP 的年均增长率（11.14%）略低于全国平均水平（11.24%）外，第二产业和第三产业 GDP 的年均增长率（15.27%、17.79%）均高于全国平均水平（14.43% 和 17.21%），尤为突出的是工业增加值的年均增长率（15.45%）较全国平均水平（14.19%）高出更多，对于提升湖北在全国，尤其是中部地区的经济地位有重要的促进作用。

8.2 湖北工业绩效有较大提升，但行业间存在差距

8.2.1 工业的静态绩效水平较低

对湖北规模以上工业行业2000～2016年相关数据运用 DEA 模型进行分析表明，湖北规模以上工业行业的综合效率普遍水平较低，且不同行业的综合效率差距较为明显；综合效率有效的行业不多，呈规模报酬不变；综合效率无效主要是技术无效且规模无效，呈规模报酬递增或递减。

8.2.2 工业的动态绩效波动较大

对湖北规模以上工业行业2000～2016年相关数据运用全要素生产率指数模型进行分析表明，湖北工业绩效波动较大：湖北工业的全要素生产率从2000～2001年的1.041上升到2004～2005年的1.134，从2006～2007年的1.098上升到2009～2010年的1.321，从2011～2012年的1.108下降到2015～2016年的1.038；湖北工业全要素生产率和技术进步指数略有下降，技术效率指数有所上升，且上升幅较大；除了2000～2005年的技术效率指数小于1

之外，其他阶段的全要素生产率、技术效率指数和技术进步指数都大于1，说明湖北工业总体上处于前沿水平；分阶段来看，2000~2005年全要素生产率为1.078，主要由技术进步拉动，2006年~2010年全要素生产率为1.077，主要由技术效率拉动，2011~2016年全要素生产率为1.043，由技术效率和技术进步共同推动。

8.2.3　环境对工业绩效影响较大

为分析非经营因素（外部环境和随机误差）对效率的影响，选取了政府补助、出口交货值/工业销售产值、财务费用、行业企业数、万元产值电力消耗等五个环境指标，运用三阶段 DEA-Malmquist 指数模型进行分析表明，在未剔除环境变量和随机因素的前提下，湖北省工业总体效率呈上升趋势，平均生产率达到1.009，年均增长0.9%，增长幅度不明显；而管理因素和随机误差对工业生产效率存在着显著影响；剔除环境因素和随机因素影响后，湖北省工业各行业全要素生产率大于1的行业由12个上升为27个，且2011~2015年湖北省工业总体效率上升明显（从1.009上升到1.139，上升幅度为13.9%）。

8.2.4　湖北工业行业的竞争力不强

通过对湖北和全国41个规模以上工业行业2012~2016年的主营业务收入和利润总额区位熵的测算与分析，发现相对于全国水平，湖北一直处于劣势的行业多达20多个，而一直保持优势的行业仅有10个左右，但这些优势行业对湖北工业的主营业务收入和利润总额的贡献较大。

8.3　湖北工业能耗增加，但万元 GDP 能耗不断降低

8.3.1　第二产业是用电消耗主体

1990~2015年，湖北用电量从265.73亿千瓦时增加到1862.00亿千瓦时（增长了7.01倍，年均增长率达到13.86%），第二产业用电量从226.89亿千瓦时增加到1317.00亿千瓦时（增长了5.80倍，年均增长率达到12.44%），

远高于其他两次产业用电量。

8.3.2 工业是用电量最大的行业

按照全社会电力平衡表，湖北按用电消费分为 7 组：农、林、牧、渔、水利业，工业，建筑业，交通运输和邮电通信业（后期部分年份改为"交通运输、仓储和邮政业"），商业、饮食、物资供销和仓储业（后期部分年份改为"批发、零售业和住宿、餐饮业"），非物质生产部门（后期部分年份改为"其他"），生活消费。其中，工业的用电量最大，1990～2015 年，一直占 65% 以上，最高的 1990 年达到了 80%。

8.3.3 工业能耗总量呈增长态势

湖北规模以上工业能源消耗总量从 1980 年的 2010.66 万吨折标煤增长到 2016 年的 13954.63 万吨折标煤（增长了 6.94 倍，年均增长率达到 5.53%）；煤炭和原油成为消耗量最大的能源，液化石油气的消耗量增幅最大；且能源消耗的预测则显示到 2020 年，要支撑湖北工业的发展，还需要更多的能源。

8.3.4 能源支撑工业的快速发展

湖北规模以上工业能源消耗总量增加的同时，湖北工业总产值从 1980 年的 75.63 亿元增加到 2016 年的 48766.71 亿元（增长了 644.81 倍，年均增长率达到 19.68%）；回归分析表明，湖北工业能源消耗总量（X）与工业总产值（Y）之间高度幂函数相关（$Y = 389.42X^{0.3375}$，$R^2 = 0.90544$）；灰色关联分析也表明湖北工业能源消耗与工业总产值的关联系数为 0.73，关联度较强。

8.3.5 工业万元 GDP 能耗不断降低

湖北规模以上工业的万元 GDP 能源消耗从 1980 年的 26.59 吨折标煤/万元下降到 2016 年的 0.29 吨折标煤/万元（减少了 91.69 倍，年均下降率达到 13.37%）；回归分析表明，湖北工业总产值（Y）与工业万元能源消耗（X）之间高度幂函数负相关（$Y = 407.33X^{-0.668}$，$R^2 = 0.97651$）；灰色关联分析也表明湖北工业总产值与工业万元能源消耗的关联系数为 0.69，关联度较强。

8.4　湖北工业创新能力不断提升，与东部差距较大

8.4.1　专利申请授权数量增加，但创新不足

1995～2016 年，湖北的专利申请数从 2004 件增加到 95157 件（增长了 47.48 倍，年均增长率达到 20.18%）；专利授权数从 1017 件增加到 41822 件（增长了 41.12 倍，年均增长率达到 19.36%）；在专利申请和授权快速增加的同时，实用新型在专利申请的比重超过 4 成、专利授权的的比重超过半数，而体现原始性创新的发明专利的比重仅占 30% 左右。

8.4.2　R&D 经费投入强度低于全国平均水平

2006～2016 年，湖北 R&D 经费投入强度从 1.24 上升到 1.86，在全国的排名基本处于 10 名左右的位置，但仍均低于全国平均水平。

8.4.3　高新技术产业发展迅速，发展潜力巨大

2007～2016 年，湖北高新技术产业的新产品开发项目数从 612 项增加到 2518 项（增长了 4.11 倍，年均增长率达到 17.02%）；新产品开发经费支出从 151387 万元增加到 1210998 万元（增长了 8.00 倍，年均增长率达到 25.99%）；从而使湖北高新技术产业的主营业务收入从 378.5 亿元增加到 4212 亿元（增长了 11.13 倍，年均增长率达到 30.70%）；新产品销售收入从 2400591 万元增加到 8266544 万元（增长了 3.44 倍，年均增长率达到 14.73%）；2009～2016 年，湖北高新技术产业的利润总额从 80.4 亿元增加 260 亿元（增长了 3.23 倍，年均增长率达到 18.25%）；出口交货值从 225.6 亿元增加到 776 亿元（增长了 3.43 倍，年均增长率达到 19.30%）；出口贸易额从 2042 万元增加到 9409 万元（增长了 4.61 倍，年均增长率达到 24.39%）；进口贸易额从 1873 万元增加到 5656 万元（增长了 3.02 倍，年均增长率达到 17.10%），取得了快速的发展。

2007～2016 年，湖北高新技术产业的消化吸收经费支出从 2404 万元增加

到 3111 万元（增长了 1.29 倍，年均增长率达到 2.91%）；购买境内技术经费支出从 3842 万元增加到 5718 万元（增长了 1.49 倍，年均增长率达到 4.52%）；技术改造经费支出从 1881 万元增加到 59409 万元（增长了 31.58 倍，年均增长率达到 46.76%）；而技术引进经费支出从 36916 万元减少到 24163 万元（减少了 65.45%，年均降低率达到 4.60%）；技术水平不断升级，自身技术水平得到大幅提升。

虽然湖北高新技术产业取得了较大的发展，但相比全国水平，尤其是东部地区的差距较大，部分指标的增长速度甚至低于全国的平均水平。

8.4.4 工业企业的创新能力低于全国平均水平

对 2009~2016 年 31 个地区工业企业创新能力的分析表明，湖北的技术效率指数（0.570）低于全国技术效率指数均值（0.746），湖北的纯技术效率（0.679）低于全国纯技术效率均值（0.875）；全国工业企业创新能力投入产出存在着规模收益递增（1 个地区）、规模收益不变（6 个地区）和规模收益递减（23 个地区），湖北处于规模报酬递减状态。

8.4.5 综合科技进步水平各项指数有较大改善

2003~2015 年，湖北"科技进步环境指数"从全国的第 21 位上升到第 13 位，"科技活动投入指数"从第 12 位上升到第 9 位，"高新技术产业化指数"从第 10 位上升到第 8 位，"科技促进经济社会发展指数"从第 18 位上升到第 12 位，仅"科技活动产出指数"从第 5 位下降到第 10 位，说明湖北综合科技进步水平的环境、投入、高新技术产业化、科技促进经济社会发展等都有了较大的提升，但科技产出水平依然亟待提升。

与东部地区的综合科技进步水平指数的比较显示，得益于中部崛起等相关政策的实施，湖北较东部地区在经济增长方面的速度较快，但科技方面的差距依然很大，科技对经济社会发展的支撑与引领作用还须进一步提升。

8.5 开发区的建设与发展对湖北工业发展作用重大

8.5.1 开发区成为我国经济发展的重要手段

自 1980 年 8 月 26 日第五届全国人大常委会第 15 次会议决定批准《广东省经济特区条例》，宣布在广东省的深圳、珠海、汕头、福建省的厦门四市分别划出一定区域，设置经济特区开始，国务院还先后批准设立了海南、喀什、霍尔果斯经济特区，以及 19 个新区、11 个自由贸易试验区、12 个综合配套改革试验区、5 个金融综合改革试验区，219 家经济技术开发区、156 家高新技术产业开发区、135 家海关特殊监管区域、19 家边境/跨境经济合作区以及 23 家其他类型开发区，还有 12 个保税区、63 个出口加工区、54 个综合保税区、14 个保税港区、19 个自主创新示范区，此外，还有 1991 家省（自治区、直辖市）人民政府批准设立的开发区，几乎囊括了经济特区的所有主要模式。经济发展遵循从"点"到"线"再到"面"的发展路径，成为中国利用境外资金、技术、人才和管理经验来发展本国、本地经济的重要手段，在我国工业化、城市化和现代化进程中发挥了重要作用，成为中国实施区域经济发展战略的重要形式。

8.5.2 开发区在湖北工业经济发展中发挥了重要作用

在 2018 年版《中国开发区审核公告目录》中，在 219 家国家级经济开发区中，湖北有 7 家；在 156 家国家高新技术产业开发区中，湖北有 10 家；在全国 1991 家省级开发区中，湖北仅有 84 家，总计 101 家。

但实际占地面积不足全省 1.5% 的湖北开发区，从业人员超过了 12%，固定资产投资几乎接近 50%，外商投资金额、规模以上工业总产值、规模以上工业主营业务收入、税收总额、出口总额等多项经济指标均超过 50%，成为湖北经济发展，尤其是工业发展的重要支撑。

8.5.3 湖北开发区的动态发展指标全要素生产率指数普遍较好

计算 2008 ～ 2016 年湖北开发区全要素生产率指数为 1.075，最高为

1.392，最低为 0.805。在分析的湖北 113 个开发区中，有 60 个开发区的全要素生产率指数超过了平均值 1.075，占 113 个开发区总数的 53.09%；

计算 2008～2016 年湖北审核公告开发区全要素生产率指数为 1.069，最高为 1.384，最低为 0.765。在分析的湖北 92 个审核公告开发区中，有 49 个开发区的全要素生产率指数超过了平均值 1.069，占 92 个开发区总数的 53.26%；

计算 2011～2016 年湖北 17 个国家级开发区全要素生产率指数为 1.059，最高为 1.373，最低为 0.863。在 17 个国家级开发区中，7 个开发区的全要素生产率指数超过了平均值 1.059，占 17 个国家级开发区总数的 41.18%。

参 考 文 献

［1］曹娜娜．绩效定义的探索性研究［J］．山东省青年管理干部学院学报，2009（4）：107-109.

［2］陈文玲．思维的"足迹"——中国经济社会前沿报告［M］．北京：经济科学出版社，2006.

［3］戴漾泓．生态工业园区绩效评价体系构建研究［D］．长沙：湖南大学，2016.

［4］董会忠，綦振法，史成东．山东省工业总产值与能源消耗量的协整关系［J］．中国人口·资源与环境，2011，135（11）：56-60.

［5］段瑞君．中国工业经济绩效的实证研究——基于36个行业的面板数据［J］．中国发展，2012，12（1）：17-24.

［6］付冰婵，付雪阳．重庆市制造业R&D效率研究——基于三阶段DEA模型［J］．湖北第二师范学院学报，2017，34（2）：73-78.

［7］付允，汪云林，李丁．低碳城市的发展路径研究［J］．世界科学界，2008（2）：5-10.

［8］高闯，韩亮亮，王振鑫．我国地区工业经济自主创新能力综合评价及分析［J］．社会科学辑刊，2007（6）：102-107.

［9］郭海湘，叶文辉，刘晓，谢韵典．武汉城市圈城市低碳竞争力仿真评价［J］．中国地质大学学报（社会科学版），2015（9）：43-54.

［10］郭亚军．基于三阶段DEA模型的工业生产效率研究［J］．科研管理，2012，33（11）：16-23.

［11］国家发展改革委．《中国开发区审核公告目录》（2018年版）说明［EB/OL］．http：//www.ndrc.gov.cn/gzdt/201803/t20180302_878826.html.

［12］国家统计局．http：//www.stats.gov.cn/statsinfo/auto2073/201708/

t20170816_1523975. html.

　　［13］何辉. 我国工业经济增长方式转变的障碍及对策［J］. 岭南学刊,
1997（1）: 8 - 12.

　　［14］洪振华, 童纪新. 基于 ECM 模型的能源消耗与工业经济增长的实
证分析［J］. 中州煤炭, 2016（10）: 167 - 172.

　　［15］胡锦涛在庆祝中国共产党成立 90 周年大会上的讲话［EB/OL］.
http: //www. gov. cn/ldhd/2011 - 07/01/content_1897720. htm.

　　［16］《湖北省工业“十三五”发展规划》［EB/OL］. http: //www. hubei.
gov. cn/govfile/ezf/201610/t20161010_1032870. shtml.

　　［17］《湖北省国民经济和社会发展第十个五年计划纲要》［EB/OL］.
https://wenku. baidu. com/view/fd627ccc05087632311212d2. html.

　　［18］《湖北省经济和社会发展第十一个五年计划纲要》［EB/OL］.
https://wenku. baidu. com/view/e7413f1ca76e58fafab003be. html.

　　［19］《湖北省 2005 年国民经济和社会发展统计公报》［EB/OL］.
http://www. stats - hb. gov. cn/wzlm/tjgb/ndtjgb/hbs1/10. htm.

　　［20］黄群慧, 原磊. 步入“新常态”的工业经济运行: 发展特征与未来
趋势［J］. 区域经济评论, 2015（3）: 24 - 33.

　　［21］计志英. 基于随机前沿分析法的中国沿海区域经济效率评价［J］.
华东经济管理, 2012, 26（9）: 63 - 66.

　　［22］抗战胜利 70 周年纪念大会习近平发表重要讲话［EB/OL］. http://
politics. people. com. cn/n/2015/0903/c1001 - 27543265. html.

　　［23］孔婷, 孙林岩, 何哲. 中国工业能源消耗强度的区域差异——基于
省（市）面板数据模型的实证分析［J］. 能源科学, 2010（7）: 1222 - 1229.

　　［24］李斌, 彭星等. 环境规制、绿色全要素生产率与中国工业发展方式
的转变——基于 36 个工业行业数据的实证研究［J］. 产业经济, 2013（4）:
56 - 68.

　　［25］李海东, 吴波亮. 中国各省经济效率研究: 基于超效率 DEA 三阶
段模型［J］. 贵州财经大学学报, 2013, 31（3）: 14 - 22.

　　［26］李洪伟, 任娜, 陶敏等. 基于三阶段 DEA 的我国高新技术产业投
入产出效率分析［J］. 中国管理科学, 2012（s1）: 126 - 131.

［27］李苗．天津市滨海新区工业经济绩效研究［D］．天津：天津商业大学，2014.

［28］李宁，王星，杨印生．基于并行链式 DEA 模型的工业企业绩效评价研究［J］．河南科学，2013（1）：118－122.

［29］李鹏，胡汉辉．我国工业细分行业效率研究——基于三阶段 DEA 模型的分析［J］．山西财经大学学报，2014，36（2）：72－82.

［30］李艳．工业经济发展的新特点新趋势［J］．现代工业经济和信息化，2018（7）：7－8.

［31］林昌华．东部地区经济发展动态绩效评价及路径启示［J］．产业经济评论，2015（4）：98－106.

［32］林源源．我国区域旅游产业经济绩效及其影响因素研究［D］．南京：南京航空航天大学，2010.

［33］刘和东．中国工业企业的创新绩效及影响因素研究——基于 DEA—Tobit 两步法的实证分析［J］．山西财经大学学报，2010（3）：68－74.

［34］刘建国．中国经济效率的影响机理、空间格局及溢出效应［D］．大连：东北财经大学，2012.

［35］刘晓辉，闫二旺．能源与产业结构调整下我国工业碳排放峰值调节机制研究［J］．工业技术经济，2016（12）：107－114.

［36］毛国平，吴超．湖南省工业能源消耗及污染物排放与产业结构关系［J］．价值工程，2009（4）：25－27.

［37］齐志新，陈文颖，吴宗鑫．工业轻重结构变化对能源消费的影响［J］．中国工业经济，2007（2）：35－41.

［38］商务部公布国家级 开发区综合发展水平排名［EB/OL］．http：//digitalpaper. stdaily. com/http_www. kjrb. com/kjrb/html/2013－01/12/content_187799. htm？div＝－1.

［39］邵名．应用岭回归方法分析我国工业经济效益的影响因素［J］．数量经济技术经济研究，1986（3）：25－28.

［40］沈宏达，万振茂．试论我国工业管理原则［J］．辽宁大学学报（哲学社会科学版），1982（2）：19－23.

［41］史安娜，李淼．基于 LMDI 的南京市工业经济能源消费碳排放实证

分析 [J]. 能源科学, 2011 (10): 1890 - 1896.

[42] 孙早, 宋炜. 企业 R&D 投入对产业创新绩效的影响——来自中国制造业的经验证据 [J]. 数量经济技术经济研究, 2012 (4): 49 - 63.

[43] 外国投资管理司副司长邱丽新解读关于促进国家级经济技术开发区转型升级创新发展的若干意见 [EB/OL]. http://www.gov.cn/wenzheng/wz_zxft_ft64/. 2014 - 12 - 10.

[44] 万浪. 中国能源经济的发展和前景 [J]. 数量经济技术经济研究, 1984 (10): 3 - 7.

[45] 汪亚莉. 基于投入产出的中国中部六省工业企业创新绩效比较分析 [D]. 武汉: 湖北大学, 2013.

[46] 王萱. 湖北工业发展的现状及对策建议 [J]. 当代经济, 2013 (7): 74 - 75.

[47] 隗斌贤. 经济增长的能源障碍分析与对策 [J]. 中国软科学, 1996 (6): 48 - 56.

[48] 魏楚, 沈满洪. 工业绩效、技术效率及其影响因素——基于2004年浙江省经济普查数据的实证分析 [J]. 数量经济技术经济研究, 2008, 25 (7): 18 - 30.

[49] 吴传威, 黄章树, 易全萍. 基于 DEA 的工业行业绩效评价研究 [C]. 中国管理科学学术年会, 2009.

[50] 吴磊. 当前我国工业发展的思考 [J]. 北方经贸, 2016 (7): 83 - 84.

[51] 吴岐山. 重视工业经济结构的研究——并略论重型结构和轻型结构问题 [J]. 财经科学, 1981 (4): 1 - 2.

[52] 肖涛, 张宗益, 汪锋. 我国区域能源消耗与经济增长关系——基于能源输入省与输出省面板数据的实证分析 [J]. 管理工程学报, 2012 (3): 74 - 79.

[53] 徐妍. 基于三阶段 DEA 模型的新疆工业创新效率及其区域差异 [J]. 地域研究与开发, 2016, 35 (1): 82 - 86.

[54] 杨爱婷. 基于可持续发展和福利增长的经济绩效研究 [D]. 武汉: 华中科技大学, 2012.

［55］杨春柳，王鹏等．工业经济发展的新特点新趋势［J］．内蒙古煤炭经济，2016（16）：34－65．

［56］袁达，吴承业．衡量我国工业经济和环境协调发展指标的选择和应用［J］．华侨大学学报（哲学社会科学版），1999（s1）：1－6．

［57］张明慧，李永峰．论我国能源与经济增长关系［J］．工业技术经济，2004（8）：77－80．

［58］张仁寿，黄小军，郑传芳等．基于 DEA 方法的区域科技自主创新绩效评价实证研究——以广东南沙为例［J］．科技管理研究，2012，32（9）：9－14．

［59］张湘赣．产业结构调整：中国经验与国际比较——中国工业经济学会 2010 年年会学术观点综述［J］．中国工业经济，2011（1）：38－46．

［60］张艳，李楠，牛爽．黑龙江省工业产业绩效分析——基于 2005 年黑龙江省经济普查数据的分析［J］．北方经贸，2006（10）：113－115．

［61］赵爽，刘红．基于三阶段 DEA 模型的我国工业企业生态效率研究［J］．生态经济（中文版），2016，32（11）：88－91．

［62］中国开发区网．http：//www.cadz.org.cn/kaifa/economy.php．

［63］周维富．我国工业经济运行中存在的问题及其调整对策［J］．广西社会科学，1998（3）：27－30．

［64］周亚虹，贺小丹，沈瑶．中国工业企业自主创新的影响因素和产出绩效研究［J］．经济研究，2012（5）：107－119．

［65］朱永俊．中国当代科技成果与经济绩效相关性实证研究［D］．合肥：安徽医科大学，2013．

［66］2017 年国家级经济技术开发区综合发展水平考核评价总体情况［EB/OL］．http：//mini.eastday.com/bdmip/180510221336891.html．

［67］2017 年人均 GDP 国内生产总值世界排名预测［EB/OL］．http：//www.8pu.com/gdp/per_capita_gdp_2017.html．

［68］H.钱纳里，S.鲁宾逊，M.赛尔奎因．工业化和经济增长的比较研究［M］．上海：上海三联书店，上海人民出版社，1995：56－205．

［69］Brumbrach A. Performance Management［M］．London：The Cromwell Press，1998．

［70］ Dasgupta P. , Heal G. The optimal depletion of exhaustible resources ［J］. Review of Economic Studies, 1974.

［71］ Garg P. C. , Sweeney J. L. Optimal growth with depletable resources ［J］. Resources and Energy, 1978.

［72］ Stiglits J. E. Growth with exhaustible natural resources: The Competitive Economy ［J］. Review of Economic Studies, 1974.

［73］ https: //baike. so. com/doc/435524 - 461153. html.

［74］ https: //baike. so. com/doc/1018247 - 1076935. html.